序　文

「平成」という時代がもうすぐ終わろうとしている。この約30年を振り返ると、インターネット、iPS細胞、AIなどといった技術革新の時代だったといえよう。確かに何かにつけ、便利になった。いくつかの不治の病も治せるめどがついた。しかし、その一方で、世界各地で内戦やテロが相次ぎ、国内でも東日本大震災をはじめとする自然災害が次々と発生した。人類史上最悪とも言われる東京電力福島第一原子力発電所の爆発事故も起きてしまった。いわゆるバブル経済が破綻するまでは、多くの日本人は日本は「貧困」とは縁のない国だと勘違いしていたが、現在では貧困問題は他人事ではなくなった。子どもの虐待やドメスティック・バイオレンス（DV）、学校でのいじめ、社会的ひきこもり、学校、企業、スポーツ団体におけるハラスメント、少子高齢化に伴う過疎地域の増加、異文化間摩擦など、自治体あるいは国家レベルで取り組まなければならない問題が、科学技術の進歩と反比例するかのように拡大してきた。

そんな時代の中で、公認心理師法が平成27年9月9日に成立した。今後、様々な領域から心理専門職あるいは心理学自体に対する期待が高まってくることが予想される。これまでの心理専門職の役割といえば、主に心理検査（アセスメント）とカウンセリング・心理療法だったといえる。臨床心理学の発展の歴史を振り返っても、臨床心理士はまず、テスター（心理検査を実施する人）としての地位が確立し、二度の世界大戦とベトナム戦争を経て心理療法士としての役割が期待されるようになってきた。

しかし、個々人を対象として、心理検査を実施したりカウンセリングをしていても、右記に連ねた諸問題の根絶は不可能であろう。公認心理師法に規定されているように、心理職に求められるのは、心理的な支援を要する個人に対するアプローチにとどまらず、支援を要する個人の関係者への支援（たとえばコンサルテーション）や心の健康教育（予防）であり、他職種との連携が守るべき義務であることが明示されている。今後ますます、心理専門職以外の専門家やボランティア団体などとの協働が重要性を増してくるものと思われる。これらの法的規定や義務は、コミュニティ心理学が長年、主張し続けてきたことに他ならない。

コミュニティ心理学の誕生は、周知のように、1960年代中頃のアメリカである。それまでの伝統的な個人志向的アプローチに限界を感じた臨床心理士らによって、コミュニティ心理学と呼ばれる新たな領域が誕生した。その特徴は、（1）集団（ポピュレーション）を対象に、（2）治療や行動変容ではなく、疾病や問題行動の予防を重視し、（3）当事者のみならずその関係者への支援にも力を注ぎ、（4）カウンセラーやセラピストに会いに来られない大多数の人々に対して専門職の方から出向いていくというものである。この基本的な考え方や理念が1970年代中ごろにわが国にも紹介され、「コミュニティ心理学シンポジウム」という研究会が立ち上がった。1975年から20年以上も続いたこの研究会によって、徐々にではあるがコミュニティ心理学の存在意義が認知されるようになってきた。そして1998年、学術団体としての日本コミュニティ心理学会が発足した。

この度、日本コミュニティ心理学会研究委員会の編集によって刊行された本書は、『よくわかるコミュニティ心理学』（初版2006年、ミネルヴァ書房）、『コミュニティ心理学ハンドブック』（初版2007年、東京大学出版会）に続く、学会を挙げて取り組んだ3番目の書籍となる。日本コミュニティ心理学会が旗揚げして20年の節目に当たる時に出版できたことは一つのマイルストーンであり、今後のさらなる発展を期待させるものである。前の2冊はコミュニティ心理学の紹介ないし解説書であったが、本書はそれらとは一線を画している。即ち、かつてクルト・レヴィンが提唱したアクション・リサーチの考え方——研究と実践が常に表裏一体として行われるべきである——を基盤としつつ、実践研究からのアプローチに焦点を絞って執筆されたものである。

本書が、心理社会的な問題に取り組み、少しでも社会を変革していこうとする研究者やそれを目指す大学院生、さらには実践家にとって何らかの「道しるべ」となればこれに勝る喜びはない。

２０１８年10月

日本コミュニティ心理学会会長　久田　満

コミュニティ心理学　目次

装幀＝加藤光太郎

第Ⅰ部

コミュニティ心理学の視座に立つ

コミュニティ心理学の学びへようこそ。コミュニティ心理学という学問を知り、本当にこの学問に携わっていくか否かを決めるうえでは、コミュニティ心理学という考え方やアプローチがどれだけ腑に落ちるか、つまりコミュニティ心理学の視座に心から共感できるかが試金石となるでしょう。コミュニティ心理学は、心理学の一領域であるものの、伝統的な心理学にみる心の世界の探究を目的とした学問ではありません。その証拠に、コミュニティ心理学における探究そして実践（支援・援助）の対象、文脈、方法論などは、他の心理学領域に比して、極めて多岐にわたっています。そのため、時には常識や既成概念にとらわれず物事を考えていくスタンス（"think out of the box"）や縦横無尽に探究・実践のアプローチを探ることが必要になってきます。第Ⅰ部では、このようなコミュニティ心理学という学問がもつ独特の視点を習得するうえで必要不可欠となる研究と実践のスタンス、価値観、そして倫理についてみていきます。

第1章 ◉ 研究と実践

1-1

コミュニティ心理学の研究と実践の往還

1998年、日本コミュニティ心理学会はその設立趣意書に、コミュニティ心理学は「コミュニティの抱える諸問題を心理学的に解決しようとする、実践活動と研究活動を統合する領域」であると記している。[1]

若手の心理学研究者が、コミュニティ心理学に惹かれる理由はまさにそこにある。また、現場では、自分たちの実践を学問的に支えてくれる研究者が求められている。

しかし現実には、研究は研究、実践は実践とかい離している例が多い。さまざまな現場のコミュニティの要請に応じて、研究者が入っていくという事例は、まだそれほど一般的になっているとはいえないだろう。

コミュニティ（地方自治体、非営利活動法人、第三者機関、NGO、各種審議会など）がある新規事業や施策を企画する際、事業や施策の変更をおこなう際に、その事業や施策の効果をエビデンスとして出すための研究をセットで考えることが求められている。コミュニティ心理学のニーズが高い所以はここにある。そして、さまざまな分野で**エビデンスベースド**[2]の実践が求められている現在、まさにその動きは必要なも

[1] 日本コミュニティ心理学会（Japanese Society of Community Psychology）のウェブサイトには、学会案内設立趣意書を始め、大会や研究会の案内、学会誌投稿規程など参考になる情報が多く出ている。常に最新情報を得られるよう、チェックする習慣をつけるとよい。（jscp1988.jp）

[2] 科学的な証拠や学術的な根拠を明瞭に持ち、それらを基盤としていること。

のである。

本来、現場の課題から「変革や解決が必要だ」という認識が生まれ、「なぜだろう」「どうしたらいいのか」「何か解決策はないか」という模索が始まり、多方面からの現状分析がなされ、「そうだ」という気づきが生じ、新たなオルタナティブを探す動きが促進され、そのような動き方が発見され、試行され、課題解決に至る。このような流れがあることが望まれる。そのために、途中で資料として、あるいは**リソース**として提供される、質の良い、現場で役に立つ研究結果が存在する必要がある。コミュニティ心理学はそのような研究結果を生みだせる学問である。その活用が図られるような動きがもっと活発になってよい。

コミュニティには、絶えず解決すべき課題が存在する。活発に動いているコミュニティは、その動きの中で問題が生じ、硬直化したコミュニティは、固定化の問題を有する。あるコミュニティに所属しているすべての成員の幸せの実現を目指すためには、より良いコミュニティを構築し、その状態を常に維持するための何らかの実践が必要である。

しかし、その際に、慣習的な思い込みや硬直化したシステムによって変革が阻害されたり、時の権力者の意向や上昇志向者の懐柔策、既得権益を持つ中心的勢力による根回しなど、コミュニティ成員にとっての真の利益とはならない動きが浮上してきたりすることは歴史上稀ではない。また、相対、拮抗する意見が出てきたとき、コミュニティがどの意見を採用するかは、そのときどのような情報がコミュニティ成員に提供され、信用されるかによって、あるいはコミュニティ成員をどのように育ててきたかによって変わってくるだろう。

小規模なコミュニティが原始的に運営されていて、それが自然にうまく機能している場合が少なからずある。しかし世代交代、リーダーの加齢や変化、成員の増減、利害関係の対立などによって、そのようなコミュニティにも、いつか変革が必要になるときが来る。

そのようなときに、コミュニティが健康的に、科学的に機能するためには、理論的な思考にもとづく議論や、統計的なエビデンスの提示などが必要となる。あるいは、ある施策や対応に対する事前、事後分析をおこなうにあたって、心理学的な視点が求められることもあるだろう。そのような場合に、心理学という学問の使命と方法にもとづき、対象の事項を適切に研究し、また実践できるようにしていくのがコミュニティ心理学である。

したがって、コミュニティ心理学者は、

1　コミュニティの課題と変革に関心を持つことが必要である。
2　実践者、現場、当事者との協働ができなければならない。
3　課題を心理学的に分析できることが必要である。

4　質的かつ／また量的研究を含む心理学研究の力量が必要である。

逆にいうと、

1　研究やその成果、報酬や権力など自分のメリットに関心を持つあまりに、コミュニティの真の課題から離れてしまうようなことがあってはならない。

2　現場を動かしたり、そこで暮らしたりしている人びとを尊重し、彼らとのコミュニケーションを基本とした動き方をしなくてはならない。

3　他の研究分野を専門としていたとしても、心理学的な素養があることが前提となる。

4　科学的研究の手続きや方法に精通していなければならない。

ということになるだろう。

現在、地域コミュニティの崩壊が問題視され、**限界集落**が話題になっている日本において、一方で、SNSによる広域のコミュニティが構成され、大きな活動が広がっている日本において、コミュニティの組織化（オーガニゼーション）の理論が注目を集め、**コミュニティ開発**の発想が**地域活性化**のために用いられ、**公共政策**の在り方が問われている。あるいは、**多様性**や**シチズンシップ**、ソーシャルワークサービスの重要性も指摘され始めた。

そのなかで心理学が必要とされるのは、その学問が、さまざまな対象を扱いつつ、理論的に構築され、科学的に確立された手法を持ち、実際に社会的な影響力を持ってきたからであるといえる。

さきほど提示した４つの必要な力に基づいて、順に解説していくこととしよう。

1 「コミュニティの課題と変革に関心を持つことが必要である。」

そもそも、現前の課題をコミュニティの課題として捉えることができるかどうか、がまず問われる。

たとえば、内閣府『平成26年度自殺対策白書』において、日本の18歳以下の子どもの自殺が、この42年間で、９月と４月の初めの特定の５日間で５００人に及んでいる、という統計が発表されたが、もし、自分の研究対象とする地域で、学校開始時期に自殺者が出たと聞いたとき、それを個人の問題と捉えるか、あるいは、もしかしたら他にも学校開始時期に自殺している子どもたちがいるのではないか、と考えるかで、この問題への対応の仕方は変化するだろう。個人へのカウンセリングなどの対応の強化でいいのか、国の教育政策の問題を根本から問い直す必要があるのか、ということを考えるために、コミュニティ心理学のアンテナが必要なのである。

とりわけ、既存のコミュニティにおいては、すでにある現状があたりまえになっていて、変革が必要であると気づかれないことも少なくない。自分たちのことばの届か

表１　18歳以下の自殺者が多い日

日付	人数
①９月１日	131人
②４月11日	99人
③４月８日	95人
④９月２日	94人
⑤８月31日	92人

（1972～2013年の自殺者数を日付別に合算。内閣府『平成26年度自殺対策白書』より）

ない社会的な意味での弱者の立場にあるものや、変革を志す少数の活動者が、課題を一身に負って苦労しているというようなコミュニティもある。このようなとき、大多数の「傍観者」「現状肯定者」「変化を望まない者」「受動的な立ち位置を取る者」に、どう課題の存在に気がつかせるか、それが自分たちの立場にとってデメリットであるということを認識させるか、が問題となる。[3] このようなコミュニティの組織化は、コミュニティ心理学では、これまであまり焦点として扱われてこなかった。むしろ、既存のコミュニティの変革からその議論が始まる場合が多いのだが、現実のコミュニティメンバーの問題をコミュニティ心理学のテーマの1つである予防という観点から考えていくと、コミュニティの組織化は免れない動きであり、そのために、コミュニティ心理学者は、組織化によって解決する必要のある課題、にももっと関心を持ってよいだろう。[4]

2 「実践者、現場、当事者との協働ができなければならない。」

研究が現場の課題とかい離しないためには、現場の当事者の生の声を聞き、実践者と協働して研究を進行させていかなければならない。実際のところ、実践にも、よい実践と、見かけ倒しで進めてはまずい実践がある。それを見極めて、コミュニティにとってよりよい実践に協力し、推し進めていく必要がある。そのためには、研究が誰の方向を向いておこなわれているのかを確認し、もっとも社会的地位の低い者の声も

[3] 日本コミュニティ心理学会ワークショップ「コミュニティワークの方法」(2005) において、「Roots Cause Analysis」の技法をカナダ・マクマスター大学准教授ビル・リー (Bill Lee) に学ぶ機会が設けられた。

[4] 武田信子 (2007) 教育講演「コミュニティワークに学ぼう」日本コミュニティ心理学会第10回大学

聴き取れるようでなければならない。当事者の意向を無視することなく、当事者が動きやすいような場を作ることに貢献することが必要といえよう。

先ほどの自殺の例を考えてみると、もっとも声の小さい当事者は、自殺してしまった子どもたちである。その声をどのように聴き取っていくのか、周囲の人たちの協力をどのように得て、本音を語ってもらうのか。そのために信頼される研究者としてどのように現場に入っていくのか。これらは、もっとも難しいところであろう。[5]場のダイナミクスを理解し、タイミングを見計らい、そのコミュニティのルールや常識に則り、まず一員として迎え入れられることが、研究の前提となる。

そもそも、コミュニティメンバーが、コミュニティの変革のために研究が必要であるから研究者に入ってほしいと願うかどうか、そのような動きを作れるか、そして最後に仲間として認められるか、ということがある。

被災地の支援活動をしている間に、それをまとめてもらうことが今後の役に立つからと研究の依頼を受けた、という例がある一方で、良い研究テーマになると思って人づてに頼み込んで現場に乗り込んで調査研究をし、結果をフィードバックしたところ、現場から猛反発を受けた、という例も聞いている。

また、日本コミュニティ心理学会大会の企画した「プログラム評価」ワークショップ[6]の後で、参加者から自分のコミュニティでおこなっているプログラムの評価を継続的に支援してもらえないかという依頼が来て、そのつながりでコミュニティ心理学と

[5] 奥田睦子ほか著・訳（2009）『ヒア・バイ・ライト（子どもの意見を聴く）の理念と手法——若者の自立支援と社会参画を進めるイギリスの取り組み』萌文社

[6] 安田節之・武田信子（2010）「地域コミュニティ領域の実践におけるプログラム評価」『コミュニティ心理学研究』14, 43-51.

子育て支援がつながったこともある。[7]

行政からの依頼で現地に入ったり、大学としてコミュニティ支援に入ったりするところから研究が始まるなど、さまざまな場合があるが、いずれにしても、当事者の人たちとの円滑なコミュニケーションと当事者目線の研究活動を心がけることが、スタート時点ではなによりも大切なポイントとなるのである。

[7] 藤後悦子（2010）講演「プログラム評価とは何か、子育て支援にこそ今、プログラム評価が求められている」こころの子育てインターネット関西主催

3 「課題を心理学的に分析できることが必要である。」

もし、コミュニティの課題が見えてきたとしたら、今度は自分がどのようにその課題に対して、心理学的に関与できるか、を考える段階となる。コミュニティ成員の精神的健康を保つためのリサーチ・クエスチョンは、課題を個別なものと捉えるというよりもむしろ、**エコロジカルなベース**つまり、社会の連関する構造や芋づる式に起きてくる動きの中で課題が生じてくるという考え方に乗せて考えることとなる。

コミュニティ心理学は予防の学問でもあるから、[8] 9月と4月の学校開始時期の子どもたちの自殺をどのように予防することができるかについて、子どもたちの心理状態や、教員をはじめとする学校教育関係者や保護者の心理の理解が必要だろうし、この42年間の数値変化、地域差等の現状分析に始まり、原因、経過、学校の性質、生徒たちの夏の過ごし方など、比較できる情報を得ることも必要になる。得た情報をどのように分析するかは、次の研究方法とつながることでもある。

[8] 武田信子（2006）「心理的課題の予防的アプローチ」串崎真志・中田行直編『研究論文で学ぶ臨床心理学』ナカニシヤ出版

コミュニティ心理学の研究者は、その背景に自分の専門とする心理学分野を持っていることが多い。臨床心理学、社会心理学、医学心理学などの自分の専門的分野から見たときに現象がどのように見えるか解説できること、他の研究者や当事者、関係者と協働して活動する際に、他者の持たない視点からアイデアを出すことができることは、強みとなる。

4 「質的かつ／また量的研究を含む心理学研究の力量が必要である。」

また、実際には、課題解決に寄与するエビデンスを示すために、どのような研究手法を用いて、そのような研究成果を得、どのようにその成果を現場に還元していくかということについて見取り図が立てられなければならない。その社会的意義を示して、予算を獲得し、研究者を組織化して、研究を実行し、その結果を公表していく力も求められる。単に、研究のための研究、学会発表のための研究ではなく、現場に還元する、実践に貢献するということが、コミュニティ心理学の目指すところなのである。研究結果が、どのように伝わっていき、どのような社会的効果を生むか、というところまで見通して、研究していくことが求められるのである。

先ほどの自殺の問題であれば、個人の問題、たとえばいじめや家庭内の問題と結論付けることもできれば、集団の問題、学級や学校の問題と結論づけることもでき、社会の問題、教育制度の問題と結論づけることもできるなかで、どのようなエビデンスを出していくかは、今後の対応方針を決めていく上での要となっていく。課題分析にもとづき、適切な方法を選択し、結果分析の上で、しっかりと考察を加えていく力が必要であろう。

おわりに

現場の動きは時間の流れとともに変化していく。研究にはタイミングやスピードも大切である。チームを組んで、コミュニケーションを良好にし、様々な制約の中で柔軟な研究計画を立てて対応していくことが求められる。そのような研究の積み重ねによって、コミュニティ心理学の存在がより世に知られ、研究がより求められるようになっていく。コミュニティの変革のために、国内外の良い実践研究に学びつつ、日本のコミュニティ心理学研究を充実させていく研究者が増えていくことが必要であろう。

〔**武田信子**〕

1-2 コミュニティ心理学研究のあり方

コミュニティと心理学。この一見、相容れない2つの言葉から成る「コミュニティ心理学」の虜になる実践者・研究者は多い。かく言う筆者もその1人であるが、ここでは、その独自性という切り口から、コミュニティ心理学の魅力を掘り下げていきたい。

1 ウェルビーイングの追求

コミュニティ心理学は、その名の通り、心理学の学問・実践体系である。そのため、まず「個人」を出発点として物事を考えていく。個人の視点をとことん追求していくと、究極的には〝如何《いか》に生きるか〟という問いに辿り着く。コミュニティ心理学は、個人がその人らしく生きる、より良く在る（"being well"）ことを可能にする社会的文脈（コンテクスト）とは何かを探究し、支援することを基本姿勢としている。したがって、コミュニティ心理学の実践研究では、**ウェルビーイング（well-being）**の追求がまず前提として存在する。

心理学と名の付くほぼすべての学問が人の心を体系的に模索するが、ことコミュニティ心理学においては、個人がコミュニティという共同体・共同意識のなかでどのように発達・成長・適応そして自己実現していくかを探究するアプローチをとる。そのため、後述するエンパワメントやコミュニティ感覚といった、個人とコミュニティとの接点や交互作用に関する構成概念が軸となってくる。ここでは、米国のコミュニティ心理学のテキスト *Community Psychology : Linking individuals and communities*[1] のサブタイトルにもあるように、人とコミュニティとをどのようにつなぐか（"linking"）に焦点が当てられる。このように考えると、「個人が多様なコミュニティをどのように活かし、そして逆に活かされ、自分に合った生き方そしてウェルビーイングを追求するのか」という問いが、コミュニティ心理学における実践研究の基盤となるのである。

[1] Dalton, J., Elias, M., & Wandersman A. (2001) *Community psychology : Linking individuals and communities (2nd. ed.)*. Thomson Wadsworth. ［笹尾敏明訳 (2007)『コミュニティ心理学──個人とコミュニティを結ぶ実践人間科学』トムソンラーニング］

2　個人をエンパワーするとは

自分に合った生き方をする、つまりその人らしく生きるとはどういうことか。コミュニティ心理学では、自分自身が持つ力、つまりその人の能力（abilities）やスキル（skills）を継続的に発達・向上させ、社会に貢献していくこと、すなわち自らが〝エンパワー〟された状況を自分らしく生きることと捉えている。

エンパワメント（empowerment）は、古典的には、米国のコミュニティ心理学者

J・ラパポートによって「個人・組織・コミュニティが自らの問題をコントロールするプロセスやメカニズム[2]」と定義されている。エンパワメントは、一見すると、「行動の科学（scientific study of behavior）」である心理学諸領域で扱う概念とはおおよそ趣を異にしている。その対象は、個人レベルからコミュニティレベルまで幅広く、かつ認知・知覚・感情といった心理学が主に扱う要素はまったく入っていないからである。実際のところ、エンパワメントは〝力（power）〟の再分配という意味で、むしろ〝政治（学）的（political）〟な概念である。

それでは、このエンパワメントをどのように心理学的に捉えるのか。その鍵となるのが、いかに個人をエンパワーするかという視点である。エンパワメント概念には〝他者が人をエンパワーすることはできない（you can't empower someone）〟という前提がある。

援助（helping）という形で困難を抱えた人に手を差しのべることと、個人の能力やスキルを活用しその人らしい生き方を〝黒子として支える〟こと[3]、つまりエンパワーする（empowering）こととは、主旨や方法が異なる。エンパワメントは、例えていうなら、魚が獲れずに困っている村の人びとに対して単に魚を与えるのではなく、自分たちで魚を獲ることができるように魚の釣り方を教えることである。あるいは、馬を水辺に連れていくことはできても、水を飲ませることはできない[4]といわれるが、これは、本当に必要とされていること（水を飲むこと）が他者の援助だけではかなわ

[2] Rappaport, J. (1987) Terms of empowerment/exemplars of prevention: Toward a theory for community psychology. *American Journal of Community Psychology*, 15, 121-144.

[3] 山本和郎（1986）『コミュニティ心理学——地域臨床の理論と実践』東京大学出版会

[4] You can lead a horse to water but you can't make it drink. テレビ東京放送『孤独のグルメ』（Season 1. 第6話中野区鷺宮のロースにんにく焼き）2012年2月8日OA。

ないこともあることを意味している。[5] つまり、個人はその人自身でしかエンパワーされないというわけである。

したがって、本節の見出しにかかげた〝個人をエンパワーする（エンパワメントする）〟という行為・行動は、逆説的ではあるが、そもそも存在しないことになる。援助とエンパワメントとの違いは些細なように思えるが、コミュニティ心理学では、客体（援助者）からの視点（援助）ではなく、主体（困難を抱えた個人・利用者）からの視点（エンパワメント）に実践研究の価値が置かれている。

以上を総合的に捉えると、心理学の視点から捉えたエンパワメントは「自らの内なる力に自ら気づいてそれを引き出していくということ、その力が個人・グループ・コミュニティの3層で展開していくこと」と言え、それを端的に捉えると「能力の顕在化・活用・社会化」であると理解できる。[6] 個々人の能力やスキルの〝顕在化・活用・社会化〟を鑑みたエンパワメント概念にもとづく実践研究は、生き方（ライフキャリア）が多様化するなかで、今後ますます重要なテーマになるといえる。

[5] もちろん、援助することはエンパワーすることの前提・前段階として必要なことである。

[6] 三島一郎（2001, p. 164）「精神障害回復者クラブ――エンパワーメントの展開」山本和郎編『臨床心理学的地域援助の展開――コミュニティ心理学の実践と今日的課題』培風館

3 アクション志向

コミュニティ心理学が依って立つ概念やアプローチは、従来の心理学とどこがどう違うのか。前述のとおり、行動の科学とされる現代の心理学では、そもそも行動の源泉となる価値（観）については議論されないのが一般的である。その意味で、従来の

心理学が対象とする概念はいわば価値中立的（value-free）であり、個人の心理状況・特性を構造化することが目的となっている（例：自尊感情）。

一方、コミュニティ心理学では、個人や社会のウェルビーイングの追求という究極的な目的に向けて、価値依存的（value-laden）となる。先のエンパワメントの定義をみても分かるように、よりアクション志向の強い概念を研究対象とするところに特徴がある。つまり、人間の心（〝内側〟）を探究しつつも、それが個人の内面だけに留まらず、社会やコミュニティといった〝外側〟との接点や関係性の改善・向上につながることがコミュニティ心理学のミッションなのである。再度、エンパワメントを例にとれば、その考え方（エンパワメント概念）を「手段」として活用し、人とコミュニティをつなげるためのアクションという「目的」を達成することが肝要となるのである。コミュニティ心理学が**アクション志向（action-oriented）**の強い学問・実践体系とされる所以はここにある。[7]

4 変化・変革（チェンジ）の視点

アクション志向が強い実践研究と聞くと、アクション・リサーチ（action research）を想定することも多いだろう。実際、コミュニティ心理学のなかにもアクション・リサーチによる研究が数多く存在する。[8] それは、コミュニティ心理学者がアクションの前後におこるコミュニティや社会の変化・変革、つまりチェンジ

[7] 米国のコミュニティ心理学会は、その名称をSociety for Community Research and Action（SCRA）という。米国心理学会（American Psychological Association）のDivision 27に所属しつつも、独自のアクション志向の強い研究・実践アプローチを基本としている。

[8] Jason, L. A., Keys, C. B., Suarez-Balcazar, Y., Taylor, R. R., & Dais, M. I. (2004) *Participatory community research : Theories and methods in action.* American Psychological Association. 【6―1】参照。

（change）に関心を寄せるためである。

アクション・リサーチの生みの親である社会心理学者K・レヴィンは「理論」に関して、「良い理論ほど実用的なものはない（There is nothing so practical as a good theory）」という名言を残している。しかしコミュニティ心理学は、「変化」に関する彼のもう1つの名言「物事を理解するうえで最良の方法は、それを変えることを試みることである（The best way to understand something is to try to change it）」に特に着目する。

個人を取り巻くコミュニティの文脈や社会システムが変化すれば、当然、そのなかにいる個人に変化がもたらされることになる。レヴィンの発想は、コミュニティに存在する多様な規範や仕組み、社会ネットワークなどを変化させようとする際（変化させた結果）、個人やグループにもたらされる（もたらされた）変化・変容は何かを評価することによって、そのコミュニティの意義や価値が自ずと明らかになることを意味している。

したがって、コミュニティ心理学の実践研究には、諸々の変化の〝事前・事後〟にコミュニティにどのような〝摩擦〟や〝問題〟が生じると考えられるか、そしてそれがコミュニティに生きる個人にどのような肯定的・否定的変化をもたらすのか、を問うリサーチ・クエスチョンが重要となるのである。そして、その問いにもとづいて、つぶさに調査・観察することが求められるのである。

コミュニティといっても多種多様であるが、どのコミュニティにも当事者である個人を含む様々な利害関係者（ステークホルダー）や行為・行動の主体（エージェント）そしてそれらをつなぐ関係性やシステムが必ず存在する。そして特に、個人の不適応の予防やウェルビーイングの向上などを目的としたコミュニティのあり方が問われるとき、仮想的にでもそれらを〝変化させる試み〟に軸足を置いた実践研究が、本来のコミュニティの姿を理解するために有用となる。そして、それがより大きな変化であるソーシャル・チェンジ（social change）のあり方や方法論を検討することにつながるのである。

5　システム変数の重要性

コミュニティ心理学では、個人をその人が置かれた環境に適応させるようなアプローチはとらない。なぜなら、ここでいう個人とは、多くの場合、問題を抱えた利用者やクライエントや社会的な弱者といった〝ディスエンパワー（disempower）〟された人びとであり、個人が置かれた環境は、不適切で機能不全を起こしたシステムであるからである。

より具体的にコミュニティ心理学は、個人の不適応を自己責任あるいは自助努力が足りないという理由で個人のせいにして、その人が置かれている環境に無理やり適応させようとするアプローチはとらない。すなわち、個人の持つ心理的資源（例：自尊感情やレジリエンス）と引き換えに、集団やコミュニティといった社会的文脈に適応させようと試みるアプローチはとらないということである。

これは、端的には、〝**犠牲者非難（victim blaming）**[9]〟をしないことを意味している。コミュニティ心理学では、その人の本来の生き方や生活に近づけるように、逆に、環境やシステムに働きかけていくアプローチをとる。したがって、実践研究では、質的・量的な方法論を問わず、〝システムレベル〟の概念を〝変数〟として探究し、その働きや影響に関する情報を収集することが、犠牲者非難を回避し、その個人が置かれた環境やシステムに対して、根拠に基づくアクション（行動）を起こすための第一歩となるのである。

[9] Ryan, W.（1976）*Blaming the victim.* Random House, Inc.（Vintage Books Edition）

6　コミュニティ感覚とコミュニティ介入

これまで、不適応や機能不全といったネガティブな行動や働きについてみてきたが、最後に、コミュニティがもつポジティブな側面に焦点を当てつつ、そもそもなぜコミュニティ心理学およびその実践研究がコミュニティに着目するのかを検討していきたい。

個の視点を重視しつつ、実践や研究の対象となるコミュニティが多岐にわたるのがコミュニティ心理学の特徴であり、独自性でもある。対象となるのは、地理的なコミュニティはもとより、教育機関での教育・支援活動、企業での組織行動や職場環境、対人援助の実施主体、インターネットを通した社会活動といったものから、本書の以下の項でくわしくみていく、個々のつながりから生まれる心理的なコミュニティまで実に幅広い。実際、コミュニティを捉える視点は多種多様であり、洋の東西、学問の如何を問わずコミュニティの定義は数多く存在する。

なかでも特に、「人間が、それに対して何らかの帰属意識をもち、かつ構成メンバーの間に一定の連帯ないし相互扶助（支え合い）の意識が働いているような集団[10]」と定義されるコミュニティは、コミュニティ心理学の発想に相通じるところがある。なぜなら、ここで定義されるコミュニティとは、個と個、個と集団との〝つながり〟について言及されたものであり、先に見た、人とコミュニティをどのようにつなぐか(linking)、そして、そのつながりによって人をどのように支えていくか、というコミュニティ心理学が追究するテーマそのものだからである。

この〝心理的なつながり〟からコミュニティ心理学を体系化したのがコミュニティ心理学者S・サラソンである。彼はそのつながりを「**心理的コミュニティ感覚(Psychological Sense of Community)**」と呼び、「他者との類似性や相互依存的な関係性の認識、またその関係性を維持するために自身が他者からしてもらいたいことを率先して行う意思、そして自身が依存可能で安定した大きな構造の一部であるという感覚[11]」と定義した。特に、個人が〝依存可能（dependable）〟で〝安定（stable）〟した大きな構造の一部である、という感覚をコミュニティに抱けることは、1人ひとり

[10] 広井良典（2007）『コミュニティを問いなおす——つながり・都市・日本社会の未来』ちくま新書

[11] Sarason, S.（1974, p.157）*The psychological sense of community : Prospects for a community psychology*. Jossey-Bass.

がバラバラに生きているわけではないことを認識する上で欠かせない感覚となるといえ、また、現代社会でもっとも欠如している可能性が高い感覚であると言える。

では、どのようにこのコミュニティ感覚を育み、そして最終的に個人のウェルビーイングの向上につなげるのか。これまで見てきたように、コミュニティ心理学が「個人からコミュニティ」ではなく、逆に、「コミュニティから個人」というアプローチをとることを鑑みると、同様のロジックがここでも当てはまる。それが、「健全なコミュニティ（healthy community）を創造し、そのコミュニティの資源や力に頼ることにより、健全な個人（healthy individual）を育てる」[12]という基本理念にもとづいた**コミュニティ介入（community intervention）**という考え方である。従来の心理学および心理援助が、個への支援を主たる介入として専門的な発展を遂げてきたことを踏まえると（例：臨床心理的介入）、コミュニティ介入の理論と方法は、コミュニティ心理学における実践研究でもっとも発展が急がれるテーマであるといえよう。

〔**安田節之**〕

[12] Hill, J.（1996）Psychological sense of community : Suggestions for future research. *Journal of Community Psychology*, 24, 431-438.

1-3 コミュニティ心理学の介入・実践研究

コミュニティ心理学は、コミュニティにおける心理社会的問題の解決と予防を課題とする実践学であり、コミュニティへの介入に関する心理学的諸科学の総合領域と定義されている[1]。

したがって、その研究方法は、親学問である心理学で用いられている幅広い研究法に多くを依拠している。一方、コミュニティ心理学は、その特色あるアプローチのゆえに、心理学以外の学際領域から取り入れられた研究法を利用する傾向も強い。これは、コミュニティ心理学の研究・実践課題が社会の要請に応じて、多岐に及ぶことが多いからである。

「科学」としての心理学は、厳密かつ統制可能な研究デザインによってのみ成り立つと一般的には考えられがちだが、それは事実ではない。研究しようとする対象や現象の様相に応じて、多様なアプローチを適用する態度こそ、真に「科学的」だといえるのだろう[2]。

コミュニティ心理学という実践学にとって最適の研究パラダイムは何か、という命

[1] Korchin, S. J. (1973) *Modern clinical psychology : Principles of intervention in the clinic and community*. Basic Books.［村瀬孝雄監訳（1980）『現代臨床心理学——クリニックとコミュニティにおける介入の原理』弘文堂］

[2] Duffy, G. K., & Wong, F. Y. (1996) *Community psychology*. Allyn & Bacon Company.［植村勝彦監訳（1999）『コミュニティ心理学——社会問題への理解と援助』ナカニシヤ出版］

題はまだ完全には明らかではないが、重要なアプローチのひとつとして、**コミュニティ・リサーチ（community research）**があげられる。

本項では、介入・実践研究としてのコミュニティ・リサーチがコミュニティ心理学の研究方法のなかでどのような位置を占め、その基本的な特徴と接近方法は何かについて検討する。

1　介入・実践研究としてのコミュニティ・リサーチ

コミュニティ心理学の文脈のなかで、コミュニティ・リサーチの概念や方法論を明確にとりあげたのは、K・ヘラーら[3]が最初である。その後、J・H・ダルトンら[4]およびG・ネルソンら[5]は、コミュニティ・リサーチを、コミュニティ心理学の中核的な研究パラダイムとして位置づけ、詳細に論じている。また、L・A・ジェイソンら[6]は、コミュニティ・リサーチの実践的・協働的側面を包括的にとりあげ、多様な領域への展開についてまとめている。

コミュニティ・リサーチについての明確な定義は、これまでなされていない。ここでは、「人びとの生活基盤となるコミュニティを活性化することによって、コミュニティとそのメンバーが直面している心理社会的課題の解決を図り、新たな社会価値を創出することを協働で探求する研究的努力」[7]とおおまかに捉えておきたい。すなわち、コミュニティにおける生活の質を改善し、個人と環境との適合を図ることがコミ

［3］Heller, K., Price, R. H., Reinharts, S., Riger, S., & Wandersman, A. (1984) *Psychology and community change : Challenge of the future.* Brooks/Cole Publishing Company, Pacific Grove CA : Wardworth.

［4］Dalton, J. H., Elias, M. J., & Wandersman, A. (2001) *Community psychology : Linking individuals and communities.* Wardworth, Thomason Wardworth.［笹尾敏明訳（2007）『コミュニティ心理学――個人とコミュニティを結ぶ実践人間科学』トムソン・ラーニング］

［5］Nelson, G., & Prilleltensky, I. (2005) *Community psychology : In pursuit of liberation and well-being.* Palgrave Macmillan.

ユニティ・リサーチの最終目標となる。また、コミュニティ・リサーチは、「コミュニティとそのメンバーに働きかける介入・実践を通して、コミュニティおよびそのメンバーのウェルビーイング（well-being）やＱＯＬ（Quality Of Life）を高め、新しい価値の創出や社会体制の変革を目指すという研究である[8]」と言い換えることができる。

以下では、介入・実践研究としてのコミュニティ・リサーチの視座と接近方法、方法論的特徴、コミュニティとの協働の原理、研究方法の次元などについて検討していく。

2 コミュニティ・リサーチの視座と接近方法

Ｊ・Ｈ・ダルトンら[9]およびＧ・ネルソンら[10]によれば、コミュニティ・リサーチを進めていく場合の背景にある理論には、大きく分けて、２つの認識論的立場があることを指摘している。ひとつは、**「論理実証主義（positivism）」**の視座であり、価値観によらない中立的・客観的研究を通して、多くの環境やコミュニティ現象に適用可能な一般法則を見いだすことを強調する立場である。因果関係の理解、変数の統制、データの測定など、伝統的な心理学研究において共通して重視されてきた方法である。もうひとつは、**「文脈主義（contextualism；社会構成主義 social constructivism と同義）」**の視座であり、コミュニティ場面という特有の文脈のなかで、より深い現象理

[6] Jason, L. A., Keys, C. B., Suarez-Balcazer, Y., Taylor, R. R., & Davis, M. I. (Eds.) (2004) *Participatory community research: Teories and methods in action.* Washington: American Psycological Association.

[7] 箕口雅博（2007）「コミュニティ・リサーチ」日本コミュニティ心理学会編『コミュニティ心理学ハンドブック』東京大学出版会 pp. 354-376.

[8] 高畠克子（2011）「コミュニティ心理学における研究法」高畠克子『コミュニティアプローチ』東京大学出版会 pp. 105-153.

[9] Dalton, J. H. et al. (2001) 前掲書

[10] Nelson, G., & Prilleltensky, I. (2005) 前掲書

解を目指すものである。個人と環境との社会的相互作用を重視し、研究者と対象者（研究協力者）との「社会的つながり」を通して対象を理解しようとするため、「協働関係」を通して研究が進められる。これまで、コミュニティ・リサーチの多くは実証主義的立場から研究が進められてきたが、コミュニティ場面における「変数統制の問題」をどう扱うかが大きな課題となってきた。一方、文脈主義的立場はこの20年間で影響力を増してきており、「研究者とコミュニティ（コミュニティメンバー）の関係性の構築」はコミュニティ・リサーチ全体のテーマとなっている。

以上の「論理実証主義」と「文脈主義」という2つの認識論的立場に加えて、コミュニティ・リサーチを進めていく際には、コミュニティまたは社会で起きている問題にどのようにアプローチしていくかという課題がある。R・プライス[11]は、こうした課題について、**「科学的・技術的（techological）」**と**「弁証法的（dialectical）」**という2つのアプローチを示した（表1参照）。

「科学的・技術的」アプローチにもとづくコミュニティ・リサーチは、価値観によらない中立の立場から社会問題（たとえば、AIDSの感染予防、10代の妊娠率の低減、校内暴力の減少など）を研究し、問題に対する具体的・実際的な答えを得ようとする。このアプローチは、初期のコミュニティ心理学の発展を支えており、今日でも有用だとされている。方法としては、まず研究対象となる問題を定義し、その原因を特定し、それらの要因に対処するプログラムを開発し、プログラムの有効性を評価す

[11] Price, R. (1989) Bearing witness. *American Journal of Community Psychology*, 17, 151–167.

る。このアプローチの有用性は、研究の各段階で社会的コンセンサスをどのように得ていくかが鍵となる。R・プライスは、社会的ジレンマを、「解決すべき社会問題」と捉えるのではなく、「社会的葛藤」として理解するアプローチを提唱している[12]。彼はまた、このアプローチによって仮定された客観的知見が、社会の一部の考えや体験しか反映しておらず、過大視や偏見が生じる危険性についても触れ、こうした問題の低減を図るために、社会的コンセンサスについての点検を常に明確におこなうことの必要性を指摘している。

　これに対し、社会的コンセンサスが得られなくとも研究を意義あるものにするアプローチが弁証法的視点である。この立場の特質は、大胆かつ詳細に研究の大前提を設定し、聞かれてこなかった声に耳を傾け、強さやリソースに焦点を当てることにある。社会問題は往々にして強い立場の人びとに支配されている。弁証法的アプローチは、そこで無視されてきた弱い立場の人びと（社会的に孤立している人、差別を受けている人、サービスを受けられない人、コミュニティ活動を阻害されている人など）の声に注意を向ける。その際、社会システムのなかでもっとも権力のない人びとの立場から研究を始めることとなる。そうした人びとは社会システムの影響をもっとも強く受けているにもかかわらず、そのシステムへの統制力を欠いているからである。その際、研究者は２つ（あるいはそれ以上）の異なる価値観・問題理解・理論を汲み取りつつ、研究者自身の価値観に沿った

表１　コミュニティ・リサーチの視座と接近方法

〈認識論（パラダイム）〉		〈社会問題へのアプローチ〉
①論理実証主義 (positivism)	⟶	科学的・技術的アプローチ ◆対象となる問題を定義し、原因を特定する。 ◆問題解決のためのプログラムを開発する。 ◆プログラムの有効性を評価する。
②文脈主義 (contextualism)	⟶	弁証法的アプローチ ◆大胆かつ明確な前提をはじめに設定する。 ◆「声なき声」に着目する。 ◆大局的な視点を強化する。

（Dalton, J. H. et al.（2001）および Price. R.（1989）をもとに作成）

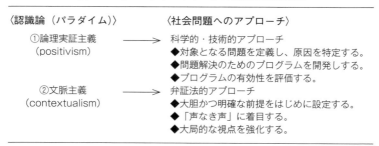

立場で研究に取り組むのである。一方、弁証法的アプローチを取る場合、研究者の弁護的・擁護的なスタンスの取り方が、複雑な社会問題を過度に単純化してしまう危険性も有している。R・プライス[13]は、対立しあう立場それぞれの理論的根拠やエビデンスを認識することでこの問題は低減されうると指摘している。

コミュニティ・リサーチを進めるにあたり、「論理実証主義」と「文脈主義」、「科学的・技術的アプローチ」と「弁証法的アプローチ」のいずれの視座・接近方法を選択するかは、哲学的な問題でもある。いずれの立場を取るにせよ、①コミュニティとの協働、②コミュニティメンバーの視点に立って、注意深く彼らの声を聴くこと、③コミュニティの強さを見出すことは、コミュニティ心理学の中核的価値であり、コミュニティ・リサーチの根幹となる研究姿勢である。

4 コミュニティ・リサーチの方法論的特徴と意義

コミュニティ・リサーチとはどのような特徴を持つ方法論なのであろうか。ここでは(1)生態学的視点の重視、(2)アクション・リサーチとしての側面、(3)コミュニティとの協働というの3つの側面から、コミュニティ・リサーチの方法論的特徴とその意義について検討する。

[12] Price, R.(1989)前掲論文

[13] Price, R. 同上論文

（1）生態学的視点の重視

K・レヴィン[14]の有名な公式にあるように、行動と環境との関係は相互連関性をもち、人間の行動や発達・成長はコンテキスト（文脈）のなかで起こるという**生態学的モデル**[15]は、コミュニティ心理学の中核を成すものであり、コミュニティ・リサーチを進めていく上でも、きわめて重要な概念である。[16] 方法論的特徴としては、「空間的・時間的文脈を重視する」アプローチと言い換えることができる。

このような生態学的視点は、すべての行動は、〝場（setting）〟のなかで起こり、しかも特定の行動がなぜ起こるかを理解すると同時に、人とその人をとりまく環境の両者を追究する必要性を私たちに知らしめてくれる。**文脈内に存在する人間（person-in-context）**[17]を見渡すことが行動へのアプローチをより全人的なものにするからである。すなわち、ここでいう文脈とは、ミクロからメゾ・エクソ・マクロレベルまでの環境システムの影響を同時に考慮に入れて人間行動の様相を捉えていくアプローチを指す。それは、「生活環境場面」や「社会システム」のことであり、具体的には、家庭・学校・企業などの集団や組織、一般市民の住む住宅街や団地、都市の中のスラム地区、高齢者・障害者のための社会復帰施設やグループホーム、コミュニティに存在するさまざまな支援組織、そして、社会文化的環境、心理的風土のことである。

こうした人間行動に対する生態学的研究の特徴として、E・P・ウイレムスは次の

[14] Lewin, K. (1951) *Field theory in social science.* Harper. [猪股佐登留訳（1956）『社会科学における場の理論』誠心書房]

[15] Brofenbrenner, U. B. (1979) *The ecology of human development.* Harvard University Press. [磯貝芳郎・福富護訳（1996）『人間発達の生態学――発達心理学への挑戦』川島書店]

[16] Kelly, J. G. (1986) Context and process: Ecological view of the interdependence of practice and research. *American Journal of Community Psychology,* 14, 581-605.
Trickett, E. J., & Mitchell, R. E. (1992) An ecological metaphor for research and intervention. In M. S. Gibbs, J. R. Lachenmeyer, & J. Sigal (Eds.) *Community psychology and mental health* (pp. 13-28). Gardner.
箕口雅博（2001）「生態学的研

ような点をあげている。[18]

①人間行動は複雑なまま研究されなければならない。
②その複雑さは、人、行動、社会的環境、物理的環境の関係システムにある。
③このシステムはばらばらに理解することができない。
④行動―環境システムは長い時間を経て変化する。
⑤システムのある部分に加えた影響は全体に変化を与える。

以上のような特徴を持つ生態学的アプローチは、「人間の営みの文脈を壊さないで人間と環境との相互作用を研究する方法」と言い換えることもできるし、「現象が起きている現場（フィールド）に身をおいて、そこで直接体験された生のデータや一次資料を集めて**生態学的妥当性**の高い現象把握をめざすアプローチ」として特徴づけられる**実践的フィールド調査**[19]や**現場心理学**[20]とも重なる部分が大きい。

このように生態学的視点からコミュニティにおける心理社会的問題にアプローチしていくことは、学問的蓄積として有用であるのみならず、より多くのコミュニティへの介入を一般化し、生活のなかで起きる問題を軽減し、人と環境の適合性を創りだしてくれるのである。

究」下山晴彦・丹野義彦編『講座臨床心理学第2巻：臨床心理学研究』東京大学出版会 pp. 101-124.

[17] Orford, J. (1992) *Community Psychology: Theory and practice.* John Willey & Sons.［山本和郎監訳（1997）『コミュニティ心理学――理論と実践』ミネルヴァ書房］

[18] Willems, E. P. (1977) Relations of models to methods in behavioural ecology. In Mccgurk, H. (Ed.) *Ecological factors in human development* (pp. 21-36). NorthHolland P. C.

[19] 箕口雅博（2000）「実践的フィールドワーク」下山晴彦編『臨床心理学研究の技法』福村出版 pp. 93-102.

[20] やまだようこ編（1997）『現場心理学の発想』新曜社

(2) アクション・リサーチとしての側面

実践学としてのコミュニティ心理学が採用する研究方法は、もっぱら**アクション・リサーチ**である。アクション・リサーチは、研究者が、組織、グループ、コミュニティに介入し、研究対象のメンバーとともに実際の問題解決を図りながら現象の理解を深める研究を指す。[21] これは、単なる対象の観察や記述ではなく、研究者自らもアクションに参加していくことによって洞察を得ることから、実践と研究の両方を兼ねることになる。具体的には、研究者がコンサルタントあるいはファシリテータの役割も兼ねて調査対象となる組織や活動集団に参加し、実際のマネジメントを支援しながら研究を進めていくことになる。

アクション・リサーチは1940年代にK・レヴィンによって導入された概念で、彼自身が関心をもった社会問題（ファシズム、ユダヤ人排斥、貧困、マイノリティ問題）を解決するためのアプローチであった。[22] R・ラパポートによれば、「現下の差し迫った問題状況に置かれている人びとの実際的な問題を解決することに貢献するとともに、相互に受容できる倫理的な枠組みのもとで共同研究をおこない、社会科学の目標に貢献することを目的とする」と定義されている。[23] すなわち、アクション・リサーチの中心となる発想は、ある重要な社会的問題や組織的問題を、それを直接経験している人びとが一緒になって解決する方法を探るために、科学的なアプローチを用いるという点にある。

[21] 大野木裕明（1997）「アクションリサーチの理論と技法」中澤潤・大野木裕明・南博文編『心理学マニュアル――観察法』北大路書房 pp. 46-53.

[22] Lewin, K. (1946) Action research and minority problems. *Journal of Social Issues*, 2, 34-46.［末永俊郎訳（1954）『アクション・リサーチと少数者の問題、社会葛藤の解決――グループダイナミックス論文集』東京創元社］

[23] Rapoport, R. (1970) Three dimensions of action research. *Human Relations*, 23, 499-513.

「コミュニティにおける生活の質を改善し、個人と環境との適合を図る」ことを最終課題とするコミュニティ・リサーチも「環境への働きかけ」としての**ソーシャル・アクション（社会的実践活動、social action）**を重視したアプローチであり、アクション・リサーチそのものであると言い換えることができる。

コミュニティ・リサーチとしてのアクション・リサーチでは、心理学などの基礎研究と、そこから引き出された知見の実践過程の相互のやりとりを強調する。研究（research）、実践（action）、訓練（training）は3つの柱であり、相互に補足しあいながら作用する。**参与観察法**は、データを入手するおもな手段であるが、**テスト法**、**面接法**、**質問紙調査法**、あるいはコミュニティ内に蓄積された記録、資料など、多様なデータ収集方法を併用して、総合的に接近することがより効果的である。

アクション・リサーチャーには、理想的には、研究と問題解決という2つの目標を最適に組み合わせ、ひとつのプロジェクトあるいは一連のプロジェクトにすることが求められる[24]。実践によって運良く問題の解決がなされたとしても、そこで用いられた手法や考え方が、他の類似的な状況下にある問題の解決に展開・応用できないようでは、せっかくの実践が科学的な理念・方法として後世に伝わっていかない。一方、研究者の科学的関心が強すぎて、困難に直面している人びととの間題解決が二の次になれば、何のためのアクション・リサーチかという疑問に突き当たる。実践家と研究者とが、互いに密接な関係を築き、問題状況にいる人びとのために、研究者として、また

[24] 渡辺直登（2000）「アクション・リサーチ」下山晴彦編『臨床心理学研究の技法』福村出版 pp. 111-118.

実践家として何ができるのかを考えることが、アクション・リサーチとしてのコミュニティ・リサーチには不可欠なのである。

(3) コミュニティ・リサーチにおける協働の原理

コミュニティ・リサーチにおける研究データの質と有用性は、収集された文脈、特に研究者と研究協力者(コミュニティメンバー)との協働のあり方に依存する部分が大きい。どのような協働関係のもとにコミュニティ・リサーチを進めていくかは、以下のように分類できる。[25]

①「ゲストと主人」の関係:ゲストである研究者は、コミュニティによって提供されたデータという〝協働〟の贈り物を受け取る一方、主人である研究協力者のコミュニティに有益なかたちでのなんらかの生産物を提供する。②「パートナーシップ」の関係:研究者と研究協力者が同じ程度の統制力を持ち、開かれた誠実なコミュニケーションと歩み寄りのもとに、相互の選択を尊重する。③「同盟」関係:参与的なアクションリサーチのもとに、コミュニティメンバーの視点に立って、注意深く彼らの声を聴き、コミュニティの長期的なwell-beingの維持を重要視する。

いずれの協働関係においても、コミュニティとのパートナーシップにもとづく、研究と実践の統合は、コミュニティ心理学の中核的な価値であり、「研究と活動は実質的に分かちがたく、同時におこなわれる」のである。[26]

[25] Dalton, J. H. et al. (2001) 前掲書

[26] Serrano-Garcia, I. (1990) Implementing research: Putting our values to work. In P. Tolan, C. Keys, F. Chertoc, & L. Jason (Eds.) *Researching Community Psychology*, Washington, DC: American Psychological Association.

アクション・リサーチとしてのコミュニティ・リサーチでは研究者とコミュニティメンバーとの協働関係を成立させるために、研究前そして研究の実施中に、研究者が自身に問いかけねばならない5つの協働の原理がある。

表2に示すように、コミュニティ・リサーチにおける協働の原理は、研究者と市民（研究協力者）の関係性がどんなに進展したとしても、変わりはない。以下では、これらの原理について若干の検討を加えておく。

原理①：コミュニティ・リサーチは、コミュニティの問題解決への取り組みを強調するが、研究者の持つ価値観と両立する問題が選ばれる傾向がある。したがって、研究者は、対象とするコミュニティの文脈に沿ったニーズと関心を優先することが必要となる。たとえば、校内暴力に直面している学校コミュニティは、問題の解明と解決方法、予防のための方法をリサーチに期待しているのであり、研究者はコミュニティと協働して問題に取り組み、予防のための方法をともに探っていく姿勢が求められるのである。原理②：コミュニティ・リサーチはコミュニティに存在する資源を変化させる。すなわち、研究者と研究協力者は、コミュニティ・リサーチを通して、知識や価値観やスキルを共有することが可能となり、協働関係の構築によって、市民と研究者が共有できる資源を提供することを可能にするのである。原理③：コミュニティ・リサーチはコミュニティが決定をくだす際に情報を提供し、決定に影響を及ぼす手段にもなりうる。[27]

表2　コミュニティ・リサーチにおける協働の原理

①コミュニティ・リサーチは、コミュニティに存在するニーズを掘り起こす。
②コミュニティ・リサーチは、コミュニティのさまざまな資源を結びつける。
③コミュニティ・リサーチは、ソーシャル・アクション（社会的実践活動）の道具となる。
④ソーシャル・アクション（社会的実践活動）についての評価は必須である。
⑤コミュニティ・リサーチは、コミュニティの創成に貢献する。

（Dalton, J. H. et al.（2001）前掲書より改変）

リサーチのもたらす効果的な知見は、身近な犯罪・校内暴力・薬物の乱用・高齢者問題等に対する**コミュニティ感覚**を育て、問題解決への取り組みを可能にするのである。原理④：コミュニティの意思決定と導入したプログラムの効果を評価する研究は、倫理的にも必要なことであり、次の段階の決定のためにも、その評価をフィードバックをすることが重要である。原理⑤：アカデミックな研究報告は、長期に及ぶ知識体系の形成には寄与してきたが、それぞれのコミュニティにとっては、必ずしも現下の意志決定のニーズに応えうるものではない。すなわち、コミュニティ・リサーチを実りあるものにするためには、コミュニティの意思決定に関わるさまざまな人びと（たとえば、立法の委員会、NPOグループ、マスメディアの消費者、政治家、民間のリーダー、行政担当者など）のニーズと価値感を尊重し、研究者自身がコミュニティの創成に貢献できることと、できないことを明確にしておくことが必要となる。

以上のような、コミュニティとの協働の原理にもとづくコミュニティ・リサーチは、統制された実験室的研究より長く用いられていくであろう。しかしながら一方で、アクション・リサーチとしてのコミュニティ・リサーチには、研究における**〝統制（control）〟**の問題がつきまとっている。そこで重要となるのは、研究者とコミュニティメンバーがいかに〝統制〟の問題を共有し、協働関係のなかで研究をおこなっていけるか、という点である。

これまで述べてきたような明確な協働関係のもとにコミュニティ・リサーチがおこ

［27］Heller, K. et al.（1984）前掲書

なわれるのであれば、コミュニティメンバーからも多様な視点と見識がもたらされ、さらに新たな方法を発展させることが可能となる。そして、もっとも重要なことは、コミュニティ・リサーチがコミュニティの生活に関連して研究者と市民に活力を与え続けていくことである。

5　コミュニティ・リサーチにおける研究方法の次元

コミュニティ現象を研究するために利用可能なアプローチには、**疫学（epidemiology）**、**社会指標研究（social indicators study）**、**フィールド実験（field experiments）**、**準実験法（quasi-experiments）**、**シミュレーション（simulations）**、**ネットワーク分析（network analysis）**、**参与観察（participated observation）**、**エスノグラフィ研究（ethnographic studies；民族誌研究）**、およびアクション・リサーチ（action research）などが含まれる。これらのアプローチの各々が、以下に述べるような3つの主要な次元のどこに位置づけられるかを明確にしておくことは、コミュニティ・リサーチを進めていくうえで重要かつ有用である。[28] 表3は、この3つの次元とそれぞれの研究アプローチの関係を示したものである。

まず第一に、研究者が、研究参加者（研究協力者）であるコミュニティメンバーとどれだけ協働できるかの次元が存在する。この次元には、コミュニ

表3　コミュニティ・リサーチにおける研究方法の次元：協働・統制・実践

〈現象に対する統制度〉＼〈コミュニティメンバーとの協働の程度〉	低位	中位	高位
低位	・疫学 ・社会指標	・ネットワーク分析 ・エスノグラフィ	・参与観察
中位		・準実験デザイン	・アクションリサーチ
高位		・フィールド実験	・シミュレーション

注：明朝体は、分析的アプローチを指し、ゴシック体は、実践的アプローチを指す。
（Heller, K. et al.（1984）前掲書より改変）

ティメンバーとの接触をほとんど要しない社会指標研究がある一方、アクション・リサーチのように、研究テーマの設定、研究計画の立案、データ収集と分析まで、コミュニティメンバーとの協働がきわめて重要となるアプローチがある。

第二は、対象となる現象を明らかにするために、どのくらい変数（条件）統制が可能かという次元である。たとえば、フィールド実験のように、研究協力者がいくつかの条件統制グループに振り分けられる場合がある一方、研究者が対象となるフィールドに入り込み、そこの〝グループの一員〟として行動や活動をともにする参与観察のようなアプローチもある。

第三の次元は、研究の最終目的がどの程度「分析指向」か「実践指向」かによる分類である。疫学、ネットワーク分析、エスノグラフィなどの分析指向アプローチでは、起きている現象をどのくらい深く解明または説明できるかを主な目的とする。一方、アクション・リサーチ、シミュレーション、準実験法などの実践指向アプローチでは、個人・グループのみならずコミュニティ全体の変革を目指している。すなわち、コミュニティ・リサーチを通して、コミュニティにおける生活の質を改善することが最終目標となる。

以上のように、それぞれの研究アプローチがどのような次元のもとでおこなわれているのかを検討しておくことは、コミュニティ・リサーチの目的と多様な方法論を明確化するうえでも有用である。

［28］Heller, K. et al.（1984）前掲書

おわりに――新たな社会的価値の創出に向けて

コミュニティへの介入・実践研究としてのコミュニティ・リサーチは、人びとの生活基盤となるコミュニティを活性化することによって、豊かな市民社会を形成し、コミュニティにおけるさまざまな心理社会的課題の解決と新たな社会価値の創出につながる学問的・研究的努力を基本理念としている。

では、そのような努力は、どのような基準をもって「よい（妥当性のある）研究」と判断することができるのだろうか。コミュニティ・リサーチは、客観性や価値にとらわれないようなアプローチであり、研究が目指しているのはコミュニティとそのメンバーが直面している問題を理解し、方向づけるための知識や能力を協働で探ることである。それゆえ、コミュニティ・リサーチは、よりよい方向にプロセスやシステムを変化させることによって、そのプロセスやシステムに関する知識を生み出すようにデザインされている。すなわち、コミュニティという現場における個人とそれをとりまく環境の相互作用に変化をもたらすことを通して新たな知識の創造をもたらすことができたとき、「よい研究」であったといえるのであろう。

しかしながら、現場にもたらされた変化や知識がすべての実践者にとってよりよい結果であったのか、その変化は持続するのか、理論構築や一般化の可能性が保証されているのかなど検討すべき課題も多い。

コミュニティ・リサーチのように、実践現場に関わる研究は概して理論が抜け落ちてしまいがちであるが、「よい理論ほど実践的なものはない[29]」のであり、地道な理論構築への努力を抜きにしてコミュニティ・リサーチは語りえないのである。

〔**箕口雅博**〕

［29］Willems, E. P.（1977）前掲論文

1-4 コミュニティ心理学の7つの中核概念

1 個人と環境の適合（Person-Environment Fit）

1975年にアメリカで、オースティン会議「コミュニティ心理学の訓練に関する全国会議」が開かれ、その時の全体テーマとして選ばれたのが、「人と環境の適合」であった。この概念はコミュニティ心理学の数ある理念や価値観の中でも、中核的位置を占めているといって良い。ところで心理学を学びだすと、必ずK・レヴィン[1]の行動方程式：B＝f（P、E）が最初に出てくる。臨床心理士はもっぱらPersonに働きかけて、個人が環境に適応（Adjustment）することを目指すが、コミュニティ心理士は、人と環境の双方に働きかけて両者が適合（Fit）するようにしてきた。言い換えると、J・オーフォード[2]は「人の行動は、彼がその一部でありつつ、影響を受けたり与えたりしている社会的場面やシステムという文脈の中での相互作用の結果である」と述べている。このようにコミュニティ心理学では、環境の中で生活する個人を尊重しつつ、個人にとって棲みやすい環境を目指すのが重要な役割であるといえる。なお、環境に働きかけるとき、footworkとnetworkとheadwork（要請されている現

[1] Lewin. K.（1951）*Field theory in Social science.: Selected theoretical papers.* Harper［猪股佐登留（1979）『社会科学における場の理論』（増補版）誠信書房］

[2] Orford. J.（1992）*Community Psychology: Theory and practice.* John Wiley.［山本和郎監訳（1997）『コミュニティ心理学――理論と実践』ミネルヴァ書房］

場に出かけてゆく軽やかなfootwork、当事者・関係者・関係機関等とのnetwork、実践成果を研究成果にするためのheadwork）という3つのワークが不可欠であるが、これは後述するCollaboration（「4　協働」の節参照）ともつながる理念である。

さて、2011年の東日本大震災を例にとると、筆者は大学を空けてすぐに現地に行くというfootworkはできなかったが、精神衛生学会・電話相談学会・心理臨床学会の3学会とnetworkをして、事務所の一室に無料電話回線を3本準備して、被災地からの電話に対応することができた。被災地からかかってくる深刻な電話を丁寧に聴きとり、大学院生と協働して必要な社会資源や人脈を調べて伝えることができ、多少なりとも「個人と環境の適合」に貢献できたかと思う。また、2012年3月のコミュニティ心理学会誌（第15巻2号）では、村本邦子が「東日本・家族応援プロジェクトを立ち上げて」[3]という論文の中で「自分にできるのは、被災と復興の証人"witness"として存在することではないか」と記している。さらに、萩原豪人ら[4]は被災した子どもたちに「遊び」を出前で届けるという心のケアをおこない、同時に「NPO法人しゃり」（萩原らが理事をしている運送会社）は、生活必要物資をトラック便で避難所に届けて「個人と環境への支援」を同時におこない、3つのワークを駆使したユニークで強力なコミュニティ心理学的支援だったと思う。また、池田忠義ら[5]は東北大学学生相談所を拠点に、相談所スタッフの相互支援をBaseにして、第一次支援（来談者）、第二次支援（被災学生を支援する教職員）、第三次支援（全学生・全教

[3] 村本邦子（2012）「東日本・家族応援プロジェクトを立ち上げて」『コミュニティ心理学研究』15(2), 55-65.
村本邦子ほか（2015）「東日本大震災後のコミュニティ・エンパワメント」『コミュニティ心理学研究』19(1), 1-36.

[4] 萩原豪人ほか（2012）「東日本大震災において被災した子どもに対する心理的支援——避難所生活を送る子どもへの「遊びの出前」活動」『コミュニティ心理学研究』15(2), 74-84.

[5] 池田忠義ほか（2012）「東日本大震災後の大学コミュニティにおける学生相談活動の展開——「結（ゆい）プロジェクト」による震災直後からの初期活動」『コミュニティ心理学研究』15(2), 85-98.

職員）へと、学内の人脈を通して大学環境に支援の輪を広げていった。

２　生態学的アプローチ（Ecological Approach）

前記の「人と環境の適合」を考えるとき、そこにシステム論の枠組みを提供したのがＳ・Ａ・マレル[6]であり、個人の問題と環境との関係を考慮した「問題領域」と「システム・アサイメント」を取り入れて適合の良さを評価した。このシステム論の考え方から、Ｕ・ブロンフェンブレンナー[7]の生態学的システム論が登場し、コミュニティ心理学の重要な理念となった。彼は４つの生態学的レベルを提唱した。①**ミクロ・レベル**（個人が直接的・対面的な相互交流を持っている環境で、家庭・学級・学校・職場集団等）、②**メゾ・レベル**（個人が直接関係している複数のミクロ・システムの結びつきで、家庭と学校や企業、患者と病院との関係等）、③**エクソ・レベル**（個人は直接関係していないが、ミクロおよびメゾ・システムに影響を及ぼす環境で、親の働く職場・教育委員会・行政等）④**マクロ・レベル**（イデオロギーや社会構造に影響する環境で、文化・政治・景気等）である。各レベルは同心円で表示されることが多いが、それぞれが入れ籠状の関係にあるシステムとして理解することが重要である。これに関しては、「7　予防―危機介入―後方支援による円環的支援」と組み合わせて後述する。

[6] Murrell, S. A. (1973) *Community psychology and social systems: A conceptual framework and intervention guide.* Behavioral Publications.［安藤延男監訳（1977）『コミュニティ心理学――社会システムへの介入と変革』新曜社］

[7] Bronfenbrenner, U. (1979) *The ecology of human development: Experiments by nature and design.* Harvard University Press.［磯貝芳郎・福富護訳（1996）『人間発達の生態学――発達心理学への挑戦』川島書店］

3 エンパワメント（Empowerment）

エンパワメントという概念は、１９６０年以降に差別撤廃運動・公民権運動・フェミニズム運動等の中から誕生し、黒人や女性など社会的弱者と呼ばれる人びとが、差別的・抑圧的環境の中で失った力（power）を取り戻す概念（empowerment）として位置づけられ、１９７０年代以降は社会福祉学・精神医学・精神看護学・精神保健学・臨床心理学等の領域でも使われるようになった。

コミュニティ心理学では、J・ラパポート[8]の「人が生まれ持っている力に目を向け、個人を変えるより社会を変えよう」という考えにもとづいて、「エンパワメントとは、個人、組織、コミュニティがそれぞれの生活を統制できる過程であり、メカニズムのことである」と述べている。それを受けて、M・A・ジンマーマン[9]は、エンパワメント理論を3つの分析レベル（個人レベル・組織レベル・コミュニティレベル）に分けて、それぞれエンパワー過程とエンパワー成果を比較して表1のように整理した。たとえば、組織レベルを例にとると、個人が企業やNPO等に参画すると、意思決定に加わったり、リーダーシップを発揮したり、責任を共有したりして、個人がエンパワーされ、それが結果的に組織をエンパワーすることになり、双方がエンパワーされることになる。一方日本では、第22回コミュニティ心理学シンポジウムにおいて、山本和郎[10]が、「エンパワメントの概念は、自治の精神に基づいて、受動的な存在でなく自分たちの問題を自分たちで能動的に変えていこうとし、しかも変化させてい

[8] Rappaport, J. (1981) In praise of paradox : A social policy of empowerment over prevention. *American Journal of Community Psychology*, 9(1), 1-25.

[9] Zimmerman, M. A. (2000) Empowerment theory : Psychological organizational, and community levels of analysis. In J. Rappaport & E. Seidman (Eds.) *Handbook of community psychology*. (pp. 45-63). Kluwer Academic/Plenum. Publishers.

[10] 山本和郎（1997）「エンパワメントの概念について」『コミュニティ心理学研究』1(2), 168-169.

[11] Fettermann, D., & Wandersman, A. (Eds.) *Empowerment evaluation : Principles in practice*. New York : Guilford.

くための資源を周りから引き出すために自発的に参加し自己決定していくという発想をもっている。環境との適切な折り合いをつけるために、環境側に積極的に働きかけ、環境から個人に適切な影響をうけるよう、環境側の変化を求める力を個人が獲得することにある」とまとめている。

次に**エンパワメント評価**について、D・フェッターマンとA・ワンダースマン[11]は、３つのステップとして、①ミッションの把握、②現状把握、③将来計画の策定とし、エンパワメント評価にあたって参加者の実感や感覚等を重視した具体的な10原則を挙げている。①参加者の生活の改善、②参加者・当事者の主人公感覚（ownership）、③利益関係者の包摂（inclusion）、④民主的参加感覚、⑤社会正義、⑥コミュニティに関する知識、⑦エビデンスにもとづく戦略、⑧コミュニティ・メンバーの能力開発、⑨組織的に学習主体になること、⑩説明責任（accountability）等である。これらにもとづいて、dispower されてきた女性・障がい者・患者・少数民族・多様な性的志向性をもつ人たちが、政策決定の場に加わることを通して社会的な power を身につけ、現在起っている問題の解決に向けて、人びとと協働して実践活動を行い成果を出すことになる。

表１　分析レベルにおけるエンパワー過程とエンパワーの成果の比較

分析レベル	エンパワー過程	エンパワーの成果
個　人	意思決定スキルの学習 社会資源の管理 他人と仕事をすること	コントロール感覚 批判的な気づき 参画的行動
組　織	意志決定に参画する機会 責任性の共有 リーダーシップの共有	社会資源への有効な競争 他の組織とのネットワーク 政策への影響力
コミュニティ	社会資源へのアクセス 透明な政策構造 多様性への耐性	組織的連合 複数のリーダーシップ 住民の参画的スキル

（Zimmermam（2000）前掲論文）

4　協働（コラボレーション、Collaboration）

D・B・シーバーンら[12]は、精神保健の専門家と健康ケア提供者との協働を、①信頼できる人間関係、②共通の目標、③変化と健康と病気のパラダイムの設定、④共通言語によるコミュニケーション、⑤サービス提供者同士の物理的距離の近さ、⑥柔軟な組織構造の元での職業上の配置である。また、R・I・ヘイズ[13]は協働を①相互性、②共有された目標、③共有された資源、④見通し、⑤発展的対話の5点で定義している。以上を踏まえて、高畠克子[14]は、協働を「さまざまな臨床現場で続出している困難な問題に対して、その解決が一人の専門家の力量だけでは不可能である状況を踏まえて、さまざまな専門家、時には非専門家も交えて、積極的で生産的な相互交流や相互対話を重ねながら、共通の目標や見通しを確認し、問題解決に必要な社会資源を共有し、必要ならば新たに資源や社会システムを開発する活動」と定義した。最後のフレーズからも分かるように、コラボレーションは社会・福祉的な視点から、専門家も非専門家も当事者にとっても棲みやすい社会を作るという点で「社会を変革する」（Social Change）というニュアンスが強い概念（理念）である。

なお、コラボレーション以外に、連携、コンサルテーション、コーディネーション等、類似の用語や概念が使われるが、①ボランティアや市民など非専門家も加わること、②各職種間に指導・被指導の関係はないこと、③それぞれの持つ役割と責任を果たすことの3点については他の概念と多少異なり、コミュニティ心理学的協働には、

[12] Seaburn, D. B., Lorenz, A. D., Gunn, W. B. et al. (1996) *Models of collaboration : A guide for mental health professionals working with health care practitioners*. Basic Books.

[13] Hayes, R. I. (2001)「カウンセリングにおけるコラボレーション」『東京大学大学院教育学研究科心理教育相談室紀要』24, 108-113.

[14] 高畠克子(2007)「コラボレーション」日本コミュニティ心理学会編『コミュニティ心理学ハンドブック』東京大学出版会 pp. 100-114.

当事者重視の棲みやすい環境づくりが不可欠であると言える。具体的にコラボレーションをどのように進めるかについては、「6　コンサルテーション」でさまざまな領域での専門家とのnetworkを報告しているので、それらを参照しながらさらにコンサルテーション・コラボレーションという上位概念をめざして、実践・研究でのchallengeが必要であると考える。

5　コミュニティ感覚（Sense of Community, SC）

S・B・サラソン[15]は、コミュニティとは「人が依存することができ、たやすく利用が可能で、お互いに支援的な関係のネットワークである」と述べ、生活環境を共にする地理的コミュニティと、共通の規範や価値観や目標を共有する関係的コミュニティから成り立つという。さらにコミュニティ感覚（SC）とは、①他者との類似性の認知、②他者との相互依存関係の承認、③他者が期待するものを与えたり、自分が期待するものを他者から得たりして、相互依存関係を積極的に維持しようとする感覚、④自分はある大きな依存可能な安定した構造の一部分であるという感覚からなると定義した。

また、D・W・マクミランとD・M・チャビス[16]は、SCを尺度化するために、4つの構成因子を提示し、その上で**コミュニティ感覚尺度（SCI）**を作成した。①メンバーシップ：メンバー自身がコミュニティに所属していて、コミュニティのために自

[15] Saranson, S. B. (1974) *The psychological sense of community : Prospects for a community psychology.* Jossey-Bass.

[16] McMillan, D. W., & Chavis, D. M. (1986) Sense of community : A definition and theory. *Journal of community psychology*, 14, 6–23.

分の一部を捧げる感覚。②影響力：メンバーが集団全体に対して持つパワーと集団がメンバーに対して及ぼす集団力動とで測られる。③統合とニーズの充足：影響力がメンバーと集団全体との垂直関係だとしたら、ここでいう統合はメンバー同士の水平関係であり、「価値観の共有」により個々のニーズが充足されて、ＳＣが増大する。④情緒的つながりの共有：感情・情動を重視し、メンバー間のポジティブな交流、メンバーへの賞賛、コミュニティへの情緒的な参与や投資等である。

さて、我が国におけるコミュニティ感覚尺度に関しては、笹尾敏明[17]らが前出のマクミランら[18]のＳＣＩを基に日本語版を作成し、大学教員の学問共同体としての大学コミュニティに対するＳＣとwellbeingとの関連を明らかにした。一方、石盛真徳[19]は、「コミュニティ意識とまちづくりへの市民参加」で、ＳＣＩとは異なる日本独自のコミュニティ意識尺度を作成し、４因子の内「自己決定」因子が市民参加に重要であるとし、２００９年の研究[20]と、２０１４年の写真と語りを組合わせた地域生活環境の研究[21]へと発展させた。

6　コンサルテーション（Consultation）

コンサルテーション場面をもっともよく連想させるのは、学校現場において「いじめ」を受けている子ども（クライエント）、当該の子どもを受け持つ教員（コンサルティ）、さらに教員の抱える問題を協働して考える異職種の専門家（コンサルタン

[17] 笹尾敏明・小山梓・池田満（2003）「次世代型ファカルティ・ディベロップメント（ＦＤ）プログラムに向けて――コミュニティ心理学的視座からの検討」『教育研究（国際基督教大学）』45, 55–72.

[18] McMillan & Chavis（1986）前掲書

[19] 石盛真徳（2004）「コミュニティ意識とまちづくりへの市民参加――コミュニティ意識尺度の開発を通じて」『コミュニティ心理学研究』7(2), 87-98.

[20] 石盛真徳（2009）「大都市住民のコミュニティ感覚とまちづくり活動への参加――京都市における調査から」『コミュニティ心理学研究』13(1), 21-36.

本書【4―1】参照。

ト）という構図が成り立つだろう。なお、コンサルテーション関係が成り立つ基本的特徴について、山本和郎[22][23]は次の4点にまとめている。①異なる専門領域の人びととの間で行われる対等な支援関係：上記の例でいえばコンサルティは教員、コンサルタントはスクール・カウンセラーあるいはコミュニティ心理士。②始まりと終わりがはっきりしている関係：「いじめ」問題の解決には、ほぼ何回・何時間というかたちで契約が結ばれる。③組織内のコンサルティと組織外のコンサルタントとの関係：もし組織内に同職種のコンサルタントがいる場合は、スーパービジョンと言われる。④クライエントの問題中心で成り立つ関係：いじめにどう対処するかを二人で協働して考える。このようにコンサルタントは常に、コンサルティの専門性を尊重し、相手の持つ強み（strength）を引き出して、問題解決に活用できるように支援するのである。山本以前に、G・キャプラン[24]はコンサルテーションを4タイプに分けている。①クライエント中心のケース・コンサルテーション：（例）このいじめのケース。②コンサルティ中心のケース・コンサルテーション：コンサルティがケースをどのように査定し理解し対応していくかに焦点を当てて、コンサルティの専門性を強化する。③コンサルティ中心の管理的コンサルテーション：コンサルティが抱えている組織管理上・活動計画上の困難に専門家の立場から支援する。④プログラム中心の管理的コンサルテーション：介入プログラムの計画・立案・実行・評価などアクション・リサーチの視点のコンサルテーションの四点である。

[21] 石盛真徳・岡本卓也・加藤潤三（2014）「写真による高齢者の地域生活把握の試み——写真・ナラティブ誘出法による写真とナラティブの内容分析を中心として」『コミュニティ心理学研究』18(1), 42-57.

[22] 山本和郎（1986）『コミュニティ心理学——地域臨床の理論と実践』東京大学出版会

[23] 山本和郎（2000）『危機介入とコンサルテーション』ミネルヴァ書房

[24] Caplan, G. (1970) *The theory and practice of mental health consultation.* Basic Books.

なお、『コミュニティ心理学研究』（第18巻第2号、２０１５年３月）では、特集「コンサルテーションの理論と実際」が組まれ、丹羽郁夫[25]はG・キャプランに始まるコンサルテーションを概観し、大石幸二[26]はJ・R・バーガンの行動理論を基に「行動コンサルテーション」を論考・実証し、黒沢幸子ら[27]は「問題解決志向のブリーフセラピー」を取り入れたコンサルテーション理論を展開している。他に若い実践・研究者たちからの報告として、安田はスクール・カウンセラーの立場から、郷は大学相談室から、榊原は大学ハラスメント相談室から、上田は総合病院から、大林は産業領域から、勝田は母子福祉施設からなどが具体的に報告されている[28]。

7　予防―危機介入―後方支援による円環的支援（Circular care through Prevention-Intervention-Postvention）

（Ⅰ）予防については、もともと医療や公衆衛生の領域から発生したもので、C・E・ウィンスロー[29]は公衆衛生を「疾病を予防し、寿命を延長し、身体的・精神的な健康と能率の増進を図る科学と技術」と述べており、１９６３年のケネディ教書の中の「1オンスの予防は1ポンドの治療にまさる」というフレーズを引き合いに出すまでもなく、コミュニティ心理学でも予防は重要な概念である。予防精神医学を確立したG・キャプラン[30]は、一次予防：各人のライフサイクル期に健康診断・予防接種・健康指導等をおこなうことで疾病発症を予防できる。二次予防：無症状期に治療や処置を

[25] 丹羽郁夫（2015）「ジェラルド・キャプランのメンタルヘルス・コンサルテーションの概観」『コミュニティ心理学研究』18(2), 160-174.

[26] 大石幸二（2015）「行動コンサルテーション――実践と研究の現在位置」『コミュニティ心理学研究』18(2), 175-185.

[27] 黒沢幸子ほか（2015）「事例とコンサルティを活かす解決志向ブリーフセラピーのコンサルテーション――11ステップモデルの効果研究と実践への誘い」『コミュニティ心理学研究』18(2), 186-204.

[28] 安田みどりほか（2015）「心理臨床実践におけるコンサルテーション」『コミュニティ心理学研究』18(2), 205-250.

[29] Winslow C. E. (1920) "The untilled fields of public Health," *Science*, 51, 23-33.

おこなうことで有病率を下げることができる――早期発見・早期治療。三次予防：病気の臨界期に機能訓練やリハビリをおこなうことで再発を予防できる、等を提唱している。しかし、G・キャプランの言う予防は治療や維持介入とすべきで、1994年に米国科学アカデミーからはJ・M・パトリシアとJ・ロバート[31]によるIOMレポートが出され、次の3つの予防が提唱されている。①普遍的予防：リスク状態になる前に、安価で母集団から受け入れやすくリスクの少ない支援をおこなう（例：全従業員へのストレス・マネージメント等）。②選択的予防：生物学的・心理的・社会的リスク要因があり、放置すると問題が起こる可能性がある場合におこなう（例：両親が離婚した後の子どもへの支援等）。③指示的予防：精神障害の兆候を持つ人に対して、発症を遅らせることもできる支援をおこなう（例：行為障害の子どもに対する問題解決訓練等）。

（Ⅱ）危機介入については、G・キャプランが「危機は、人が大切な目標に向かう時、障害に直面し習慣的な問題解決方法を用いても克服できない時に生じる」と述べた[32]。コミュニティ心理学では、この危機状態をアセスメントした上で援助・介入計画を立て、モニタリングして評価する一連の支援（アクション・リサーチ）をおこなう。なおここで、G・J・グリーンら[33]によって提示された解決志向セラピーにもとづく解決型危機介入モデル（6ステップ）を述べる。第1ステップ（joining）：CW（危機ワーカー）は、Cl（来談者）を専門家（強みをもった人間）として尊重しな

[30] Caplan, G. (1964) *Principles of Preventive Psychiatry.* Basic Books [福尚武監訳 (1970)『予防精神医学』朝倉書店]

[31] Patricia, J. M., & Robert, J. (Eds.) *Reducing risks for mental disorders: Frontier for prevention intervention research.* National Academy Press.

[32] Caplan (1970) 前掲書

[33] Greene, G. J., Trask, R., & Rheinscheld, J. (2000) How to work with clients' strengths in the crisis intervention: An solution-focused approach. In A. Roberts (Ed.) *Crisis intervention handbook: Assessment, treatment and research.* Oxford University Press.

がら、生命の安全と死の危険性を査定する。第2ステップ（問題の定義）：Ｃｌの問題状況とそれに付随する辛い感情を言語化した上で、懸案・課題として焦点化し、努力やコントロールしてきたことを評価する。第3ステップ（目標の設定）：過去から将来へと方向転換し、将来の状況や将来の自分の思考・感情・行動を言語化する。第4ステップ（解決策の同定）：課題解決を想定して、将来を細かく思い描いた後に、ＣＷは例外質問や対処質問をおこない、過去の成功体験を聞き、スケーリング質問等をおこなって、将来のビジョンを現実化する。第5ステップ（アクション・プランの開発と実行）：ＣＷは、Ｃｌの状況・強み・例外質問などから適切なアクション・プランを作成する。第6ステップ（終結とフォローアップ）：問題解決よりＣｌが元の機能レベルに戻ったことを確認し、以後必要なときの依頼を担保する。

（Ⅲ）後方支援については、解決型危機介入の6ステップにつながるもので、同時に予防にもつながる円環的支援の要になる概念で、ＩＰＶの事例から具体的に述べる[34]。

ＩＰＶは、従来使われてきたＤＶ（Domestic Violence）より広い概念で、わが国では近年デートＤＶが老若男女に広がり、さらに文化・階級・人種などのダイバーシティが加わり複雑な様相を呈しているが、とりあえず「親密なパートナー間に起こる暴力」をＩＰＶ（Intimate Partner Violence）と表記して使用する。ＩＰＶの被害者支援として、予防―危機介入―後方支援による円環的支援を具体的に述べるととも

［34］高畠克子（2013）『ＤＶはいま――協働による個人と環境への支援』ミネルヴァ書房

に、生態学的レベルも加味して、簡単に説明する。

（ⅰ）予防（Prevention）

①ミクロ・レベル：ＩＰＶ相談など、身近に相談できる社会資源（電話相談や配暴センター等）を開発して、被害者相談の充実を図る。②メゾ・レベル：地域や公的機関でのＩＰＶ防止の講座や研修会を普及させ、ＩＰＶの起こらない地域社会を目指す。③マクロ・レベル：マスメディアや出版物を介してＩＰＶ関連の情報等の提供、さらにＩＰＶ防止法案に向けてのロビー活動等。

（ⅱ）危機介入（Intervention）：暴力被害者のためのシェルターにおける支援

①ミクロ・レベル：安心・安全の場の確保、複雑性ＰＴＳＤ等に対する個人療法や、集団療法や自助グループによる回復、新しい人生と人間関係の構築等。②メゾ・レベル：シェルター・スタッフによる同行支援（福祉事務所、不動産屋、ハローワーク等）。③マクロ・レベル：スタッフによる同行支援（保護命令や離婚等で法テラスや裁判所等へ）。

（ⅲ）後方支援（Postvention）

①ミクロ・レベル：新しい人間関係の構築と、人生における自己肯定感やエンパワー感の獲得等。②メゾ・レベル：医療・職業・住居が保障される地域コミュニティの充実。自らの語りによる「個人と環境」へのエンパワー感の達成。③マクロ・レベル：メディアや出版物を介してのＩＰＶ関連等の情報の発信。ＩＰＶ防止法案等の成

立に向けてのロビー活動や運動等。

おわりに

以上、筆者の考える7つの中核概念（理念）を述べたが、J・M・ダルトンら[35]は、①個人と家族の wellness、②コミュニティ感覚、③多様性の尊重、④社会正義、⑤市民参加、⑥協働とコミュニティの強さ、⑦実証的基盤、の7点を挙げている。このように、多くのコミュニティ心理学研究者は多くの中核概念をあげているが、山本和郎[36]はコミュニティ心理学者の役割として、次ぎの5点を挙げている。①変革の促進者、②コンサルタント、③評価者、④システム・オーガナイザー、⑤参加的概念構成者で、これこそが私たちの取るべき役割と守るべき理念を示していると思う。

〔**高畠克子**〕

[35] Dalton, J. H., Elias, M. J., & Wandersman, A. (2006) *Community psychology: Linking individuals and communities* (*2nd. ed.*). Thomson Wadworth.

[36] 高畠克子（2016）「女性・子どもへの「暴力と貧困の連鎖」に対するコミュニティ・アプローチ」箕口雅博編著（2016）『コミュニティ・アプローチの実践——連携と協働とアドラー心理学』遠見書房

1-5 コミュニティ心理学的研究における倫理的問題

他人に何かをお願いし実行してもらいたいときには、事前に相手の承諾を得る必要がある。そんなことは小学生でもわかるだろう。授業中、隣の同級生から鉛筆を借りようと思ったときには、「えんぴつ、貸して下さい」と声をかけなければいけない。もし、黙って隣の人の鉛筆を拝借して使い始めれば、それは倫理に反した行為（大人の世界では犯罪）とみなされる。同じように、他人の噂をあちこちで吹聴したがる人は、周囲から警戒され信用されない。そんな人に自分の話をしてしまったら、たちまち周囲に知られてしまうからだ。

このような一般社会の常識的な倫理観と同じように、コミュニティ心理学者がどこかのコミュニティに関わろうとする場合、対象とするコミュニティに何らかの礼儀を尽くす必要がある。また、彼らから知りえた情報は、許可なくしては第三者に伝えてはならない。

コミュニティ心理学的アプローチで研究や実践活動に携わろうとする場合、右記のような一般社会の常識的な倫理観を超える倫理的配慮が必要となる。それが研究倫理であり、専門職倫理でもある。

本項では、コミュニティ心理学的研究を実施する際に、知っておくべき最小限の情報を取り上げて解説する。コミュニティ心理学は、その学問的特殊性によって、「研究＝実践」あるいは「研究＝臨床」となる場合が多い。したがって、ここで述べる研究者の倫理には、実践家ないしは臨床家の倫理も含まれる。

1 研究倫理とは

倫理とは、広辞苑第六版（二〇〇七）によれば、道徳と同じ意味であり、個人の内面的な規範となる原理である。道徳には、判断の困難さは別として、善か悪かが付いて回るものである。世界中の人間一人ひとりに倫理が存在するが、専門家の行為の善悪に関わる倫理は、特に**「専門職倫理（professional ethics）」**と呼ばれ、金沢[1]の表現を借りれば、「ある職業集団において、その成員間の行為やその成員が社会に対して行う行為の善悪を判断する基準としてその職業集団内で承認された規範」である。専門職が保持する影響力の大きさや影響範囲の広範さから、より高度で厳しい規範が要請される。

コミュニティ心理学にかかわらず、あらゆる領域の研究者はある種の専門家である。そして専門家とは、一般の人が知らないことを知っていて、一般の人ができないことができる人のことである。つまり、専門知識を持ち、専門技術を駆使する人を専

［1］金沢吉展（2006）『臨床心理学の倫理を学ぶ』東京大学出版会

門家という。

料理を他人に提供して代金をもらう人は、調理師と呼ばれる専門家であるが、「ふぐ料理」を客に提供できるようになるためには、それに関する特別な知識と技術を身に付けなければならない。それは、ラーメンや焼肉定食よりも「ふぐ料理」のほうが客に与えるリスクが大きくなるからであり、ふぐを扱う調理師にはより高い倫理観が求められるのである。同じように、人と直接関わることの少ない数理心理学者に比べて、人やコミュニティと直に触れ合うコミュニティ心理学者には、より高い倫理性が求められるといえる。ましてや、社会改革を伴うような規模の大きな介入の場合、人の命に係わるリスクと同等の大きなリスクが伴うこともあり得るのである。

2　倫理原則

前述したように、倫理とは、行為の善悪を判断する基準として一般に承認されている行動規範の総体であるが、行為の判断基準として、いくつかの基本的な原則が倫理学者らによって提唱されている。

参考までに、医療行為の妥当性の判断基準として、よく知られている倫理原則を紹介しよう。その原則は、以下の4つから成っている。[2]

[2] Beauchamp. T. L. & Childress, J. F. 1989 *Princeples of Biomedical Ethics.* Third Edition. Oxford University Press. [末安幸正・立木教夫監訳（1997）『生命医学倫理』成文堂]

（1）善行原理（The Principle of Beneficence）
（2）無危害原理（The Principle of Nonmaleficence）
（3）自律尊重原理（The Principle of Respect for Autonomy）
（4）正義原理（The Principle of Justice）

まず善行原理とは、医師を含む医療者は、患者のためになることをおこなわなければならないという意味である。当たり前のことだと思えるが、時にこの原理に反する行為が表沙汰となることは周知のとおりである。次の無危害原理は、医療者は患者に危害を与えてはならないということである。この原理も当然だと思われるかもしれないが、医療行為はしばしば苦痛を伴うものであり、医療現場でこの原則に沿って行動しようとしても、困難な状況が存在する。3つ目の自律尊重原理は、個人の自律性を重んじる欧米の思想が反映されているように思えるが、日本でも戦後、このような思想が優勢となってきた。しかし現実では、専門知識の乏しい一般人が、たとえば治療方針や治療方法を自らの意思のみで決めることは極めて困難である。4つ目の正義原理とは、すべての患者は等しく医療を受ける権利があるという意味があり、公正と公平に関する原理のことである。たとえば、限られた医療資源を患者一人ひとりに公平に分配することを意味するが、薬品が慢性的に不足している発展途上国では大きな問題となっているし、支払い能力の差が受ける医療の質に反映する場合も少なくない。

一方、研究倫理の原理としては「ベルモント・レポートの3つの倫理原則」が有名である。

その第一原則は人格の尊重、第二原則は善行、そして第三原則は正義であり、先に述べた医療倫理とほぼ同じだといえる。まとめると、「研究や介入の対象を大切に思って傷つけないよう扱い、彼（ら）のためになることをおこない、そしてその行為が公正であらねばならない」ということである。

コミュニティ心理学者にとっても、上記の4ないし3原則は、ある行為を判断する際に参考になると思われる。現実場面では、時に2つ以上の原理が相反する状況が起こり、簡単に結論を下せないことも多い。そんな倫理的ジレンマをいかに解決すべきなのかを、専門家は日々問われ続ける。参考までに、解決に導く際のポイントを以下に示しておく。

（1）自分の研究や実践に関係する法律や規程を学んでおく。
（2）どんな場合に倫理的問題が生ずるのか、そしてそれをどのようにして解決するのかに関する啓発書を読む。本書はその1つである。
（3）1つ1つの倫理的問題に対する「正解」を暗記するのではなく、決め方・判断の仕方を学ぶ。
（4）各種研修会や学会等が主催するセミナーなどに参加して学ぶ。

（5）ケースのスーパービジョン（指導者による教育・訓練）の場で、倫理的問題も必ず話題にするようにする。

3　インフォームド・コンセント

１９９０年頃にアメリカから導入され、当初「説明と同意」と訳されたインフォームド・コンセントという概念も、今や市民権を得たようである。しかし、その本質を知る人は少ないかもしれない。英語では「Informed consent」、すなわち情報（information）を与えられたうえでの同意（consent）という意味だが、日本ではその本質が十分に理解されないまま「ＩＣ」と呼ばれている。

インフォームド・コンセントの重要性が世界的に共有されるようになった歴史的な背景として、次の２つを挙げておきたい。一つは、ヒトラー率いるナチスドイツがおこなった残虐な人体実験の反省である。第二次世界大戦の後、この悲劇が明るみになり、医学の発展に寄与する人体実験は不可欠ではあるが、事前に実験協力者の承諾が必要とされたのである。ホロコーストと呼ばれる悲劇自体については広く知られているが、強制収容所でユダヤ人を対象とした数多くの悲惨極まりない人体実験がおこなわれたことや、その前段階として、「Ｔ４作戦」と呼ばれる重度の身体障害者や精神障害者（合計で約７万人）が組織的に虐殺された政策があったことは、あまり知られていない[3]。また、その頃の日本でも、旧陸軍の７３１部隊（関東軍防疫給水部本部）

[3] 宮坂道夫（2005）『医療倫理学の方法――原則・手順・ナラティヴ』医学書院

は、3000人以上もの中国人、ロシア人、モンゴル人、朝鮮人などの捕虜（子どももいた）を対象として細菌兵器の効果を試す人体実験をおこなっていたことも知られていないかもしれない。1947年に、戦争犯罪を裁くための裁判（ニュルンベルク裁判という）が開かれ、同年、ニュルンベルク綱領が採択された。その後のいくたびかの議論の結果、1964年ヘルシンキにおいて、人を対象とした研究では協力者からのインフォームド・コンセントが必要であると宣言された（ヘルシンキ宣言）。

もう1つの歴史的背景は、主としてアメリカにおいて、医師のパターナリズム（専門家がすべてを決めるべきという思想）に対抗する形で登場してきた患者の自己決定権という考え方である。治療に関係するすべてを医師に委ねるのではなく、患者は自分の意志を明確に伝え、限りなく希望に近い形の医療を受ける権利があるとされた。換言すれば、医療の場においては、患者の自律性が尊重され、患者は可能な限り自分の希望に沿った形の医療を受けられるようになってきたのである。

中島[4]によれば、インフォームド・コンセントとは「医療者と患者が十分に対話を行い、その対話を通じて信頼に基づく治療関係を構築し、両者による共同の意思決定を行うことによって、患者自身が主体的に治療に取り組んでいくこと」であるという。医師が説明し提案したことに対して患者が承諾するという単純な作業ではないのである。

日本コミュニティ心理学会の倫理綱領でも、第5条において「本学会員は、調査研

［4］中島一憲編（1995）『現代のエスプリ339号 インフォームド・コンセント――これからの医療の在り方』至文堂

究活動において、その手法、方法、手続き及び予測される成果等について、対象者にわかりやすく説明し、協力の同意を得なければならない」と定めてあるように、コミュニティ心理学の研究者や実践家が調査研究や介入を計画する際、必ず事前に対象となる人やコミュニティの人々との間でインフォームド・コンセントが必要となる。対象が子どもや認知症の高齢者のような意思決定能力が不十分な人びとの場合や、研究目的を対象者に正確に知らせることによって何らかのバイアスが生じる場合は、慎重に倫理的な検討をおこなう必要がある。

4 個人情報の保護

前節で触れた日本コミュニティ心理学会の倫理綱領第6条には、その第1項に「本学会員は、調査研究活動において、対象者から得られた個人及び個人の属するコミュニティ情報について秘密を保持し、対象者のプライバシーの保護に努めなければならない」と定められ、そして第2項に「本学会員は、得られた成果の公表において、事前に対象者その他の関係者の承諾を得るよう努める」とある。この「秘密保持」あるいは「守秘義務」という倫理用語は、もっとも知られている言葉であるが[5]、その内容を熟知している人は案外少ないかもしれない。対象者の秘密を他に漏らさないという程度の理解では不十分である。そもそも、この言葉を英語でいうと「confidentiality」であり、もっとも重要なポイントは、単なる秘密ではなく「confidence」、すなわち

[5] 金沢（2006）前掲書

「(研究協力者との) 固い信頼」なのである。

コミュニティ心理学者が関わる人びとから得られる個人情報は極めて「個人的なもの」が多く、それを周囲に漏らすという行為は、研究者としての信用を失うことになり、さらにはコミュニティ心理学者全体に対する社会からの信頼を失墜させることにつながっていく。その結果、コミュニティ心理学的援助を必要としている人やコミュニティに支援が届かなくなり、不幸な人やコミュニティが増えていくことにもなりかねない。

以上のような理由で、研究者や実践家は、介入の対象者あるいは対象コミュニティに関する情報の取扱いに関しては、常に慎重でなければならない。とはいえ、実践場面でこの義務が問題となるのは、どうやって秘密を守るかということよりも、むしろが守れなくなってしまう、いわば例外的な場面のほうが多い。秘密保持の重要性の理解に加えて、介入の対象となる個人やコミュニティの情報を守らなくてもいい、あるいは守ってはいけない場合があることも十分に理解し、実践に活かしていかなければならない。守るためにはどうすべきかについては考えやすいし、マニュアル化されているが、守ってはいけない状況での判断は、容易ではない。

金沢[6]によれば、秘密保持義務が解除される事態とは以下のとおりである。

1　明確かつ差し迫った自傷あるいは他害の危険がある場合

[6] 金沢 (2006) 前掲書

攻撃的衝動が強い人（たとえばクライエントなど）が殺意をほのめかしたとき、あるいは抑うつ的な人が自殺を計画していることが明らかとなったとき、その個人の情報は他者（たとえば家族や警察）に伝えてもよい。秘密の保持よりも人命が優先されるのである。

2　虐待が疑われる場合

児童虐待は大きな社会問題になっている。親あるいはそれに代わる保護者によって虐待される子どもの数は増加の一途をたどっている。死亡するケースも珍しくない。児童虐待防止法における通告義務は、他の守秘義務を定めた法律よりも優先されるのである。

3　なんらかの立場で介入に関わっている専門家同士で話し合う場合

ケースカンファレンスやスーパービジョンでは、ある事例について直接関係していない専門家も含めてクライエントへの支援の在り方について話し合われるが、その際より適切な支援を考えるために、クライエントに関する情報は参加者の間で開示される必要がある。当然のことながら、ケースカンファレンスやスーパービジョンに参加する専門家も、題材となった個人やコミュニティに関する秘密保持の義務を負うことになる。コミュニティ心理学的アプローチでは、コンサルテーションが多用されるが、その場合でも同様である。

ちなみに、学生は厳密には「専門家」とはみなされないが、医学生や看護学生が患者の情報を入手できるのと同じように、秘密保持義務を負うものとみなすことができる。

4　法律や条例等によって定められている場合

先に例示した児童虐待防止法やＤＶ予防法などには、関わった専門家が入手した個人情報を関係者や関係機関に開示する義務が明記されている。

以上挙げた４つ以外にも、たとえば、クライエントと専門家の間で訴訟が起きたときは法廷で個人情報は開示される。また、医療保険などの関係で個人情報が第三者に知られることも完全には避けられない。当然のことながら、本人の承諾があれば、その人の個人情報は開示される。

5　多重関係

個人臨床の場では、臨床心理士などの専門家とクライエントの間で心理学的支援関係以外の関係が形成されることを多重関係という。多重関係の中でも特に大きな問題となるのは、専門家とクライエントが性的関係に陥ることであるが、定められた料金の他に「プレゼント」をもらうとか、予約してあった時間帯以外で対応するとかにおいても多重関係の恐れが生じる。

なぜ、このような関係が問題となるのか。それは、援助以外の関係が専門家によるクライエントに対する「搾取」につながるからである。専門家からの支援を受ける立場の人びとは、自分たちを援助してくれる専門家に対して信頼や尊敬の他に、時に強い依存欲求を持つことがあるが、その分専門家の要求には逆らえなくなってしまう。専門家とクライエントとの関係にはどうしても権力の不平等が伴ってしまう。多重関係の本質は、この両者の間の大きな力のアンバランスとこの現実に対する専門家の無理解にある。[7]

多重関係が生じれば、専門家の客観的な判断が妨げられ、クライエントの秘密を知ることでさらに不平等な関係となり、さらには専門家への社会的信頼が崩れてしまうのである。とはいえ、多重関係を完全に回避することは極めて困難である。コミュニティ心理学的アプローチにおいては、関わる対象が時に不特定多数に及ぶこともあり(住民を対象にした心の健康教育など)、その対象と日常的に接する機会も多いからである。それゆえに、コミュニティ心理学者は、多重関係に関する理解を深め、そのリスクを最小限に留める努力を怠ってはならない。

6 コミュニティ心理学特有の倫理的問題

[7] 金沢(2006)前掲書

以上みてきたような研究あるいは実践家としての倫理は、主として大都市で活動する専門家を前提として形づくられたものである。自律した個人が自らの意志で契約を取り交わしたうえで援助関係が開始され、援助者と被援助者は原則として面接室（オフィス）でしか顔を合わさないという状況である。これに対して、コミュニティという舞台（フィールド）で行動する専門家は、しばしば以下のような現実に直面される。

村本[8]の挙げた例を参考にいくつか示しておきたい。（1）時にオフィス以外での関与が重要となり、同じ援助対象者と複数レベルでの関係を持ってしまう。（2）援助が終わった後も関係が無期限に継続する。（3）援助対象者からのプレゼントを断れない。（4）援助対象者の情報を様々な別の場面で入手してしまう。（5）援助に対する対価としての現金という観念がない。（6）いつも誰かに見られている。（7）様々な職種やボランタリーな集団との協働において、それぞれの団体の倫理規定が異なる。

これらの例を見ても分かるように、コミュニティ心理学的研究や実践において重要なのは、いかにしてインフォームド・コンセントを得るかでも、個人情報を保護するかでも、多重関係を避けるかでもない。むしろ、それらが実行できない場合には、どのようにして援助対象者を保護し、尊重し、無用のリスクを避けるかが問われるのである。

［8］村本詔司（2015）「職業倫理とコミュニティ心理学」『コミュニティ心理学研究』19(1), 37-49.

なお、「研究」という側面に焦点を絞って倫理的問題について解説している良書として、以下の2つを紹介しておく。[9][10]

〔久田　満〕

[9] 日本学術振興会編（2015）『科学の健全な発展のために』丸善出版

[10] 眞嶋俊造・奥田太郎・河野哲也編（2015）『人文・社会科学のための研究倫理ガイドブック』慶應義塾大学出版会

第Ⅱ部

研究事例から学ぶ

コミュニティ心理学は、洋の東西を問わず、実践主義と言えるアプローチをとってきました。これは理論や理念を単なる机上の空論、そして研究活動を論文や報告書の執筆のためだけで終わらせないという実践研究のミッションに沿ったものとも言えます。学んだ理論や研究方法を用いて何を世に問うていくのか、必要とされる支援・援助をどう提供していくのか、どのように持続可能でより良い社会に向けた変革に貢献していくのか、といったリサーチ（research）とアクション（action）のあるべき姿を念頭におくのがコミュニティ心理学の意義であり醍醐味です。第Ⅱ部では、本書の重要なテーマである「実践研究からのアプローチ」について23の研究事例から広く、深く学んでいきます。そのために、「コミュニティ援助」「エンパワメント」「コミュニティ研究」「ダイバーシティ」「プログラム開発・評価」という研究の柱となる5つの枠組みを設定し、そもそも各研究者がどのようにしてコミュニティ心理学の研究主題と出会い、そして継続的に実践研究をおこなってきたのかを様々な事例とともにみていきます。

第2章

◉コミュニティ援助

2-1 子どもの虐待を減らすには

——より良いアウトリーチと多機関連携

私は、小さい頃からやんちゃで落ち着きがなく、家族や近所の人たちからもよく怒られて育ちました。大学時代はバックパッカーとして1人でいろんな国を旅歩いていたのですが、東南アジアに滞在していたときに、8歳くらいの小さな女の子が「私を買って」と言ってきました。当時19歳だった私は驚き、もちろん断りました。しかし、その子が次に声を掛けた外国人は何も抵抗なくその子を連れて行きました。目の前で起きた子どもの買春に対して、何もできず呆然と立ち尽くした自分がとても情けなく感じました。また学部生時代に日本で子育て支援や虐待対応にかかわるボランティアやベビーシッターをするようになり、自分が育てられた経験との違いを感じ、子育て支援・子ども虐待分野に興味を持ち始めました。虐待事例では自ら進んで「虐待していますと相談する保護者はほぼいません。子どもも様々な理由から相談できないことが多いのが現状です。私の研究は、そのような自ら援助を求めない・求められない子どもや保護者を、科学的知見と臨床経験をフル活用して、どのようにすれば、より良い介入から支援・再発予防ができるのか、効果的なアプローチを構築していくことです。

1　子ども虐待における援助を自ら求めない人へのアプローチ

もっとも援助が難しい事例とは何か。その1つは、対象者が自ら援助を求めない事例である。心理学的にはクライアントの**援助要請**（help-seeking）が低い事例と言う。[1] クライアントの援助要請が低いと、リスクがあるにもかかわらず適切な援助機関につながらず、また支援者も援助要請が低い人たちを見つけることは容易ではない。それゆえに、必要な支援を届けるために、**支援者自らが出向く支援**（**アウトリーチ**）が求められる。しかしながら、子ども虐待現場ではアウトリーチは一筋縄ではいかない。支援者が訪問したとしても、対象者となる保護者は支援に対するニーズが少なく、攻撃的／拒否的な態度になりやすい。[2] なぜならば、自分なりに精一杯だった子育てを行政が否定しにきたという認知が生じたり、保護者の精神障害などの問題も背景にあるからである。一筋縄でいかないアウトリーチだからこそ、現場が何を困難に感じ、どのように効果的な対応をしていければいいのか、科学的に研究する必要がある。

また、アウトリーチの対象者はハイリスクであることが多い。そのため1機関だけでなく多機関のコラボレーションによりリスクを分散し、対応することが求められる。そのため、アウトリーチをする際に、各機関がどのように役割分担をするのか、また情報共有をするのかが重要な問題となる。事実、虐待死亡事例では、各機関の役割分担の不備や情報共有の不十分さが、支援者の効果的な介入を妨げ、適切な援助を

[1] Trotter, C. (2006) *Working with involuntary clients : A guide to Practice* (2nd. ed.). Sage.

[2] Turnell, A., & Edwards, S. (1999) *Signs of safety : A solution and Safety oriented approach to child protection casework.* New York : W. W. Norton & Co Inc.

提供できないことが指摘されている。欧米では、福祉‐医療‐司法‐教育の**多職種・多機関連携チーム（Multi-Disciplinary Team）**の役割分担が、各機関間協定によってシステム化されており、リスクに応じた各機関の責任（Differential Responsibility）が規定されている。[3] 日本でもその理念は導入されているが、まだうまく連携できているとはいえない。多くの場合限られた人員の体制だからこそ、各現場のケースバイケースな判断が尊重される必要もあるが、一方で「同じようなリスクの事例に対して、ある機関は対応してくれるけど、その他の機関は対応してくれない」などの問題も生じる。このような現場の問題を解決するため、各現場の意思決定を科学的に検討し、現状の課題を仮説生成する必要が生じた。

2　グラウンデッド・セオリー・アプローチを用いた仮説生成

アウトリーチについて、現場でアウトリーチに関わる専門職92人（児童相談所の児童心理司・児童福祉司、市区町村のソーシャルワーカー・心理士、保健センターの保健師、保育園の保育士）にインタビューをおこなった。主な質問内容は、①「どのようなアウトリーチが困難だったか」、②「①において、アウトリーチがうまくいった（と思われる）事例について、どのような工夫や判断がうまくいったと思うか」、③「①において、アウトリーチが失敗した（と思われる）事例は、どのような点や判断がうまくいかなかったと思うか」、である。

[3] Graham, B. (2014) *Effective child abuse investigation for the multi-disciplinary team*, Boca Raton, CRC press.

一方、多機関連携については、現場で多機関連携（医療－福祉－司法－教育）に関わる専門職116人（児童相談所職員、市区町村の子育て支援センター職員、保健センター保健師、保育園保健師、警察生活安全課・刑事課、検察官、学校教員、スクールカウンセラー）にインタビュー調査をおこなった。主な質問内容は、㋐「どのような多機関連携が困難だったか」、㋑「㋐において、多機関連携がうまくいった（と思われる）事例について、どのような工夫や判断がうまくいったと思うか」、㋒「㋐において、多機関連携が失敗した（と思われる）事例は、どのような点がうまくいかなかったと思うか」、である。

1人当たり、1時間～3時間の半構造化インタビューをおこない、得られたデータをすべて逐語録におこし、**グラウンデッド・セオリー・アプローチ**により、仮説を生成した。[4]

3　どのような要因が現場の支援と成功と失敗を分けるのか

アウトリーチの成功例と失敗例を比較すると代表的な3つのカテゴリが生成された。【保護者に対する先入観】を支援者がどれだけ意識できたか（例：先入観を意識しない場合は〝あの親は加害者だ〟と思うこと、先入観を意識した場合は〝あの親も本当は困っているかも〟と考えることなど）、【子どもの安全に関する一貫性】を持てるかどうか（例：叩きたくなった気持ちや考え方には共感を示すが、叩くという行動

[4] Strauss, A., & Corbin, J. (1998) *Basics of qualitative research: Techniques and procedures for developing grounded theory* (2nd. ed.). Thousand Oaks, CA: Sage.

は認められないという一貫性のことである。支援者が、叩くのも仕方ないと行動を肯定すると、あの支援者は叩いても良いと言った等と支援の一貫性が崩れてケース進行がうまくいかない)、【非常時を想定した多職種とのセーフティネットワーク形成】ができるかどうか(例:飴と鞭のように、強く出る専門職と、最悪その専門職との関係が切れたとしても別の支援者・機関とは保護者がつながっておけるようにリスクヘッジ用のセーフティネットを同時に作っておくことである。これをしないと積極的なアウトリーチができない)。そのため、上記3つのカテゴリから、アウトリーチを成功させるためには、支援者バイアスを意識した支援スキル、リスクについては一貫するリスクアセスメントスキル、そして多機関・多職種連携の構築スキルの3つがアウトリーチの成否を分けるという仮説が生成された[5]。

一方、多機関連携の成功例と失敗例を分ける要因については、同様に3つのカテゴリが生成された。【支援者ごとの意思決定プロセスの違い】(例:同じような虐待リスクに対する専門職や機関毎の意思決定のバラツキがなぜ生じているのかを曖昧にしておくと)、【情報共有の不足】(例:忙しい現場にもかかわらず、情報共有の仕組みが会議と電話のみに限られるシステムの不整備が根底にある。個人情報を守ることは前提だがデータベースの仕組みが欧米と比べて非効率である)、【各機関への臨床経験の蓄積されなさ】(例:各現場で2、3年かけて育った人材が、異動のため、臨床スキルや知見が各機関に蓄積されにくい。そのため、毎年ケースバイケースの判断が繰り

[5] 髙岡昂太(2013)『子ども虐待へのアウトリーチ――多機関連携による困難事例の対応』東京大学出版会

返され、組織としての成熟がシステム的に難しい)。そのため、上記のカテゴリから、多機関連携を成功させるためには、根拠に基づく合理的な意思決定、柔軟な情報共有システムの整備、臨床経験の蓄積を支援する仕組みが不可欠という仮説が生成された。

4　ＰＤＣＡサイクルへの展開

今回紹介した研究は、多くの人たちが現場で困っているアウトリーチと多機関連携の成功例・失敗例を比較し、２００事例以上の知見を蓄積した結果といえる。さらに、今回の研究結果から得られた仮説を今後検証できれば、研究結果を一般化することができる。それができて初めて、支援計画(Plan)・現場での支援実践(Do)・支援の評価(Check)・評価にもとづく効果的な支援方針にアップデート(Action)というＰＤＣＡサイクルを回す素地ができたといえる。

おわりに

筆者の最終的なビジョンは子ども虐待をゼロにすることであり、そのために私の研究プロジェクトは、子どもの安全を社会全体で効果的に増やすことが目的である。今回紹介した研究は仮説生成研究であったが、現在は仮説検証研究として、モバイルアプリによる現場データ収集と人工知能を用いた量的研究[6]、攻撃的・拒否的態度を示し

[6] Takaoka, K. (2014) Effective decision-making supportfor intervention of child abuse and neglect: UsingInformation-Communication-Technology. The Linknewsletter, ISPCAN, 24, 3, 4-5.

た保護者側の研究[7]、そしてアウトリーチと多機関連携の国際比較研究を同時に進めている。また、多機関連携のカテゴリから得られた内容を現場のニーズと捉え、情報共有の仕組みや、臨床経験の蓄積を目的に、各支援者の意思決定をサポートするビッグデータを用いたリコメンデーションシステムを開発中である。

近年、科学的な研究視点を持った支援者、または支援者としても現場に関わる研究者として**科学者兼実践家モデル（Scientist Practitioner model）**が世界標準になり[8]、私たちは1つの学問体系にとらわれず、多職種チームで協働しながらプロジェクトを進めることが重要となった。そのため、私自身も今現在、さまざまな専門職・研究者とチームを組み、子どもを守るプロジェクトを進めている。本研究プロジェクトは、今後どれだけの新しい仲間と、どれほどの新しいアイデアを、どこまでの発展に導けるかが課題となる。

最後に、日本におけるコミュニティ心理学の展望について述べる。公認心理師においてコミュニティ心理学は選択必修の中にあてられているが、科目区分は、援助技法関連科目となっている。資格認定上、座学での履修が多いと考えられるが、本来コミュニティ心理学は現場で即役立つフレームワークを提供し、問題に対して解決策を提案する〝ＨＯＷ〟を重視した実践的学問と考えられる。そのため読者が現場に入った際にコミュニティ心理学が、どのような役割を担い、どのような価値を提供しえるのか、を意識しておく必要がある。私自身はその問いに対して、子どもの安全をイノベ

[7] Takaoka, K., et al. (2016) How parents suspected of child maltreatment change their cognition and behavior: A process model of outreach and child protection, generated via grounded theory. *Children and Youth Services Review*, 71, 257-265.

[8] Chwalisz, K. (2003) Evidence-based practice: A framework for twenty-first-century scientist-practitioner training. *The Counseling Psychologist*, 31, 5, 497-528.

ーティブに守るために、コミュニティ心理学は支援－研究－教育－技術開発の多職種チームをつなぐリーダーシップを発揮することが、1つの価値と考えている。

〔**髙岡昂太**〕

2-2

患者をチームで支えるには

——医療現場におけるコラボレーション

大学でコミュニティ心理学に出会った後、臨床心理士として現場に出てからは、コミュニティアプローチを志して実践をおこなってきました。

医療領域で最初に勤務した精神科のクリニックでは、出勤から退勤まで割り当てられた個室の中で「一対一のカウンセリング」をおこなうスタイルであり、医師やスタッフ、他の心理職との関わりは非常に限定的なものでした。その後、総合病院で緩和ケアの仕事に携わることになり、緩和ケアチームに所属しました。そこでは、医師や看護師をはじめとする多職種とともに患者のサポートをおこなったり、病棟を訪問してニーズを掘り起こし予防的な介入を工夫したり、心理職の仕事は他の職種との関わりなしには成り立ちませんでした。

緩和ケアチームでの関わりのように、コミュニティでの実践においては、間接的なアプローチや予防的なアプローチなど、他の職種とのコラボレーションが重要となる側面が多々あります。多職種との実践には課題や困難も伴うため、その解決のための研究や実践が求められますが、学び合う楽しさや支え合う心強さ、ともに感じる喜びには、コラボレーションならではの充実感があるように思います。

1　医療の領域で心理職が他職種とともに働くには

近年、医療現場において心理職の活動がより広がっている。精神科での仕事にとどまらず、小児科などの他の科に所属したり、精神科リエゾンチームや緩和ケアチームなどにチームの一員として加わったりするなど、心理職の活動のあり方が多様化している。患者（クライエント）への直接的な援助だけでなく、**「他職種」と連携**するなかで心理職の専門性を活かしながら患者を支えていくことは、従来の臨床心理的援助のアプローチと異なる点となっている。つまり、患者を点ではなく面で支える**「コラボレーション」**が医療現場では欠かせないのである[1]。

他職種と関係性を築き、〝コラボ〟（コラボレート）する際に、心理職がどのような役割を期待され、どのような関わりができるのかについて考えることは、患者をチームで支える上で重要である。本項では、医療現場でのコラボレーションの実践に向けて、心理職に対する他職種からの期待や心理職による他職種への援助に関する研究を取り上げて検討する。

2　心理職に対する他職種からの期待にはどのようなものがあるのか

コラボレーションにおいて大切なことの1つに役割分担がある。協力して活動するにあたり、各専門家がどのような専門性を持っているのか、そしてそれぞれどのような役割が期待されているのかを知ることが必要となる。ここでは、以下の3つの質的

［1］「コラボレーション」とは「さまざまな臨床現場で続出している困難な問題に対して、その解決が1人の人間の力量だけでは不可能である状況を踏まえて、さまざまな専門家、時には非専門家も交えて、積極的で生産的な相互交流や相互対話を重ねながら、共通の目標や見通しを確認し、問題解決に必要な社会資源を共有し、必要ならば新たに資源を開発する活動」と定義されており、コミュニティ心理学において重要な考え方である。（高畠克子（2007）「コラボレーション」日本コミュニティ心理学会編『コミュニティ心理学ハンドブック』東京大学出版会 pp.100-114.）

研究を取りあげる。[2]

（1）心理職は他職種（看護師）からどのようなことを期待されているのか

医療の現場では、医師のほか、看護師、薬剤師、理学療法士、作業療法士、言語聴覚士、栄養士、ソーシャルワーカー、事務職など多くの職種が働いている。なかでも看護師は患者や患者家族と接する時間も長く、心理的な問題に気づいたり援助したりする役割を担うことも多い。そのため、心理職に対する看護師の期待を調査するということは実践において重要なポイントとなる。看護師を対象に、心理職に相談したい内容について調査を行った研究[3]では、質問紙の自由記述で得られた回答を類似のカテゴリーに分類している。その結果、患者との関係や関わり方に関する「患者・看護」の悩みや問題のほか、職場での人間関係やモチベーションなどに関する「職場」での悩みや相談、キャリアやメンタルヘルスに関する「自分自身」の悩みや問題、業務や待遇などの「業務」に関する悩みや問題を相談したいと考えていることが明らかになった。看護師の期待は、①患者や患者家族の理解や対応に関する悩みや問題の相談と、②仕事に関連する悩みや問題の相談に大別できるといえる。

このように他職種が心理職に何を期待しているのかを調査することで、心理職に期待される役割や専門性が明らかになり、具体的な実践を検討することができる。例えば、患者や患者家族に関する内容については、**コンサルテーション**[4]や研修が活用でき

[2] 実践や研究がまだあまり行われていないテーマに関しては、質的研究による探索的なアプローチが行われることが多い。

[3] 大畠みどり（2008）「対人援助職における心理専門職への相談ニーズ——看護師の職業上および個人的な悩みの場合」『日本教育心理学会第50回総会発表論文集』331.

[4] コンサルテーションとは、2人の専門家（一方をコンサルタント：consultant と呼び、他方をコンサルティ：consultee と呼ぶ）の間の相互作用の一つの過程であり、コンサルタントが、コンサルティに対して、コンサルティのか

るであろう。仕事に関連する悩みや問題については、個別の対応が必要な場合はコラボレーションの枠組みでは対応が困難な場合があり、それぞれの組織における心理職の役割によって対応できる範囲が異なると考えられる。

(2) チームでの活動において心理職はどのようなことを期待されているのか

心理職の役割や専門性への期待には、チームでの活動に対するものもある。コラボレーションにおいては、複数の職種とチームで活動することも多いため、チームならではの役割を明らかにすることが重要である。たとえば岩満らの研究[5]では緩和ケアチームでの活動経験のある医師および看護師を対象としてフォーカスグループ・インタビュー[6]を実施している。分析の結果、心理職におこなってほしいこと・望むことは、「患者・家族への対応」「チーム内での連携」「医療者へのサポート」「研究」の4カテゴリーに分類されている。

チームに焦点をあてて調査をおこなうことで、患者や患者家族への直接的な援助に加え、チームメンバーとしてチームに貢献する役割が期待されていることがわかる。「医療者へのサポート」としては、コンサルテーションや心のケア、心理教育などが具体的にあげられているほか、「連携」というチームならではの視点が見いだされている。コラボレーションにおける心理職の役割として、必要な側面が明らかにされたといえる。

かえているクライエントのメンタルヘルスに関係した特定の問題を、コンサルティの仕事の中でより効果的に解決できるよう援助する関係をいう。(山本和郎 (1986)『コミュニティ心理学』東京大学出版会。Caplan, G. (1970) *The theory and practice of mental health consultation*. New York : Basic Books.)

【2—5】参照。

[5] 岩満優美ほか (2009)「緩和ケアチームが求める心理士の役割に関する研究」*Palliative Care Research*, 4(2), 228-234.

[6] フォーカスグループ・インタビューとは、ある特定のテーマに関して、グループで議論をしてもらいながらおこなうインタビューのことである。フォーカスグループインタビューのメリットとして、幅広く自由な意見が得られることや相互のやりとりからより深い意見を得られることなどがある。

（3）実践に基づいた心理職への期待の検討

心理職に期待される役割や専門性は、その心理職が所属するコミュニティや関わる対象によっても異なる。そのため活動を通して実際の期待を知ることも必要である。たとえば緩和ケアでの実践にもとづいた研究では、看護師が心理職に依頼した関わりの内容をもとに、コンサルテーションにおける期待を検討している。[7] 実際の看護師からの依頼内容について、ＫＪ法を活用して分析をおこなった結果、「患者が不安を訴えているとき」「精神科依頼の調整」など10カテゴリーが得られた。調査によってその病院の緩和ケアにおいて、看護師が心理職に期待するコンサルテーションの内容を明らかにすることができ、必要な知識を身につけたり心理職から積極的な働きかけをおこなったりするなど、実践に活用することが可能となった。一方、看護師自身の心のケアに関するカテゴリーは得られなかった。医療者への心のケアに関しては、期待されてはいるものの、コンサルテーションにおいては直接的には表明されにくいことが考えられる。

実践にもとづく調査では、そのコミュニティに合った結果が得られる一方、活動のあり方や組織の特徴などの影響も受ける。コラボレーションの実践にあたっては、方法や対象などの異なる複数の先行研究を参考にしながら、実践の中からニーズを汲み取ったり掘り起こしたりすることも必要であろう。

［7］安田みどり（2012）「緩和ケアにおける心理専門職に対するコンサルテーションニーズの検討」『日本コミュニティ心理学会第15回大会発表論文集』pp. 88–89.

3　他職種への援助に向けて

他職種を対象とした研究から、コラボレーションにおいて心理職に期待することとして、患者や患者家族への直接的援助だけでなく、コンサルテーションや医療者のメンタルヘルスのケアなどがあることが明らかとなった。しかしながら、期待があるからといって心理職による援助がスムーズに受け入れられるわけではない。組織によってはコンサルテーションを実施することも難しい場合がある。その理由として多忙であったり心理職の役割への理解がなかったりする場合もあれば、組織の特徴として自分で解決することを求められたり、他者への相談が否定的に評価されたりする場合もあり、活動の際には配慮が必要となる。さらにメンタルヘルスの問題においては、患者や患者家族がカウンセリングなどに対して抵抗感があるのと同様、医療者であっても抵抗感を抱く傾向がある。問題を抱えていても援助を求めない場合もあり、メンタルヘルスの支援をおこなう場合には特に配慮が必要となる。

心理職による援助を活用してもらうには、心理職に援助を求めやすくする工夫や働きかけをすることが必要である。援助を求める行動は、**援助要請行動（help-seeking behavior）**と呼ばれる。[8] ここでは援助要請の枠組みを用いて看護師を対象に心理職に援助を求める際に関連する要因を検討した研究[9]を取り上げる。

看護師が心理職に期待する援助の内容として、患者や患者家族の理解や対応に関するコンサルテーションと仕事に関連するさまざまな悩みや問題の相談がある。これら

[8]　援助要請とは、「自分の力で解決できない困難な場面や問題に直面した個人が、他者に援助を求めること」と定義されている。（相川充（1987）「被援助者の行動と援助」中村陽吉・高木修編著『他者を助ける行動』の心理学』光生館 pp. 136-145.）【2—1】参照。

[9]　安田みどり・久田満（2013）「看護師における心理専門職への援助要請に対する態度および意図」『心理臨床学研究』31(1), 107-117.

にもとづいて、「コンサルテーション」（例：精神的に混乱している患者への関わり方について、相談しようと思う）、「人間関係相談」（例：同僚との人間関係がうまくいかないとき、相談しようと思う）、「キャリア相談」（例：看護師としての将来のキャリアに見通しが立たなくなったとき、相談しようと思う）、「メンタルヘルス相談」（例：自分自身のメンタルヘルスがよくないと感じたとき、相談しようと思う）に対してどの程度援助を求めるか、その場合にどのような要因が影響を与えているのかについて調査を行うことにした。

影響を与えている要因としては、援助要請に関する先行研究を参考に、性別、職位、相談経験、自尊感情、抑うつ感、職場サポートを選び、**計画的行動理論（Theory of planned behavior）**[10]を適用して、援助要請態度、職場の勧め、援助要請の困難度もあわせてモデルを設定し、共分散構造分析を用いて検討した。その結果、「コンサルテーション」に関するモデルと「人間関係・キャリア・メンタルヘルス相談」に共通するモデルの２つのモデルが得られた[11]。２つのモデルの共通点としては、援助を求めるということに肯定的で関心があり、職場の上司や同僚から勧められる環境であると援助を求めるという特徴があることが明らかとなった。相違点として、「コンサルテーション」に関しては、心理的援助を特別なものととらえており、職場でのサポ

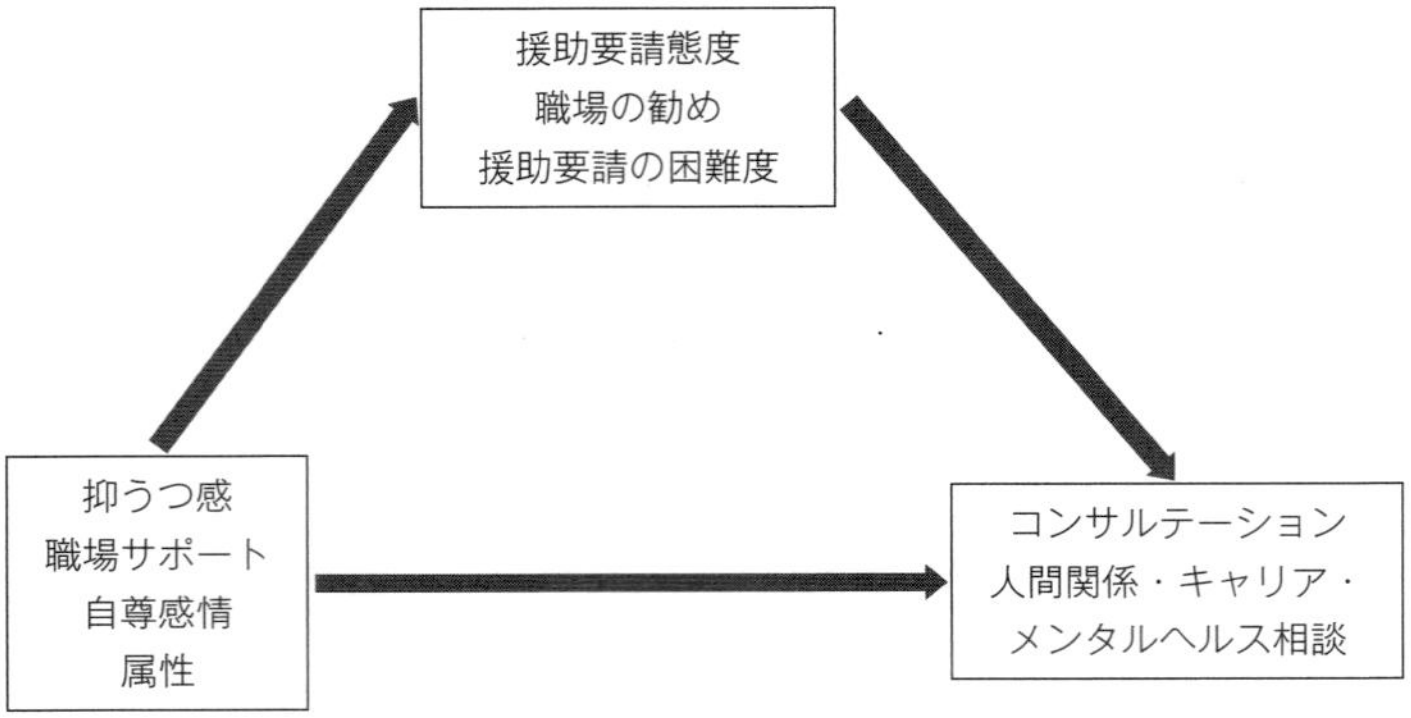

図１　計画的行動理論を適用した仮説モデル

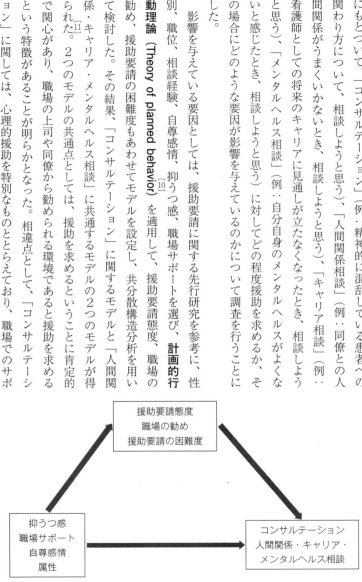

ートが少ない場合に援助を求める傾向がみられ、「人間関係・キャリア・メンタルヘルス相談」に関しては、抑うつ感が高いと援助を求める傾向がみられた。

この研究から、コンサルテーションでは職場の状況を把握すること、カウンセリング的な対応が求められる「人間関係・キャリア・メンタルヘルス相談」においては個人のメンタルヘルスを把握することが有効と思われることなど、援助をおこなう際に異なるアプローチをとる必要があることが明らかとなった。コラボレーションにおいて求められる役割によって、適切なアプローチを選ぶ必要があるだろう。

4　コラボレーションの実践に向けた研究の必要性

本項では、医療領域におけるコラボレーションをテーマに、①他職種とのコラボレーションにおいて期待される役割や専門性をどのように知るのか、②また明らかとなった期待に対して援助をおこなう際にどのようなアプローチが求められるのかについて検討した研究を取り上げた。①に関しては、質的研究を用いて探索的な検討がおこなわれ、②では①の結果や既存の理論にもとづいて量的研究による検討がおこなわれた。これらの知見を実践に活用するためには、それぞれの施設における違いも考慮に入れる必要がある。チーム医療における心理職の位置づけは、所属や雇用形態が多様であることも影響し、いまだ曖昧である場合も多く、施設間の相違が大きいと思われる。今後は、さまざまな活動や職種を対象とした調査研究や実践研究を積み重ね、コ

［10］計画的行動理論（Theory of Planned Behavior：Ajzen, 1985）とは、健康診断の受診や禁煙といった健康行動をはじめ様々な人間行動の予測に用いられる理論であり、心理職に対する援助要請行動についても適用されている。計画的行動理論においては、〝行動意図〟が行動を予測する決定要因であるとし、行動に対する評価である〝行動に対する態度〟、周囲の人々がその行動を容認している程度である〝主観的規範〟、行動の困難度などの〝知覚された行動統制感〟によって行動意図を説明し、行動を予測するとされている。

(Ajzen, I. (1985) From intentions to actions：A theory of planned behavior. In J. Kuhl & J. Beckman (Eds.) *Action-control：From cognition to behavior*. Berlin Heidelberg：Springer-Verlag. pp. 11-39.)

ラボレーションに役立つ実践についての知見を得ることが求められるであろう。

コミュニティ心理学において、コラボレーションは複雑で困難な問題を解決する方法として非常に重要である。今後はコラボレーションの質を高める要因についての研究が望まれる。たとえばメンバー同士の支援の方向性や価値観の異同の視点などを織り込んだ研究や協力的な関係づくりのあり方の研究[12]などがあるだろう。またこれらをエンパワメントやコミュニティ感覚など、コミュニティ心理学の他の概念と関連づけて考えていくことも可能であろう。そしてコラボレーションが生み出す効果の検討も重要であると考えられる。

〔安田みどり〕

〔11〕看護師367名を分析対象として共分散構造分析をおこなった。「コンサルテーション」モデルの有意なパスは、「援助要請態度」のうち［専門性に対する信頼と期待］=.264、［心理的援助に対する無関心］=-.260、［特殊な状況に対する抵抗感］=.134、「職場の勧め」=.091「職場サポート」=-.140、「職位」=.094であった。「人間関係・キャリア・メンタルヘルス相談」モデルにおける有意なパスは「援助要請態度」のうち［専門性に対する信頼と期待］がそれぞれ.262、.337、.305、［心理的援助に対する無関心］が-.208、-.151、-.288、「職場の勧め」が.173、.141、.179、「抑うつ感」が.160、.162、.099であった。

〔12〕医療領域を中心に行われる多職種連携教育（IPE：inter Professional Education）は、コラボレーションの実践において重要であると言われており、教育プログラムに関する研究も行われている。

2-3

職場環境改善のためのコンサルテーション

——事例研究法による効果検証

本項は、職場のメンタルヘルス対策として注目・展開されているEAPというサービスプログラムについて、その取り組みの実効力を高めるコンサルテーションの在り方を、「応用行動分析学」の理論体系から考察したものです。

心理の専門家として企業・組織を支援する中で感じた難しさの1つが、「職場環境改善のために必要な取り組みがあったとしても、それらが必ずしも実行されるわけではない」という点でした。コンサルティとなる企業の担当者（多くの場合、総務人事部門の方や産業保健スタッフが窓口となります）の問題解決に向けた行動を支援する必要性を感じました。

そこで、実際におこなっているコンサルテーションの内容やプロセスについて、コンサルティに求める行動と、そのためにコンサルタントがおこなった介入とを、具体的に記述し、その因果関係を探ることで、効果的なコンサルテーションについて検証することを試みました。応用行動分析学の特徴的な研究手法は、「一事例研究法」とよばれ、対象が少数事例（データ）であっても、独立変数（環境への操作）と従属変数（行動の変容）の因果関係を検証することが可能です。その手法を、実践の中で可能な範囲で取り入れ、検証を試みました。

1　EAPとは？

EAP（Employee Assistance Program）とは、「従業員援助プログラム」と訳され、企業などの組織における業務パフォーマンスの低下防止・維持・促進を目指した、従業員とその家族が対象の、電話やメールなどによるカウンセリングをはじめとする総合的な対人援助サービスのことである（カウンセリングの利用促進のためのプロモーション活動や、研修や情報発信などの啓発活動、**危機介入**の取り組みも含まれる）。EAPの最大の目的は、悩みや問題を抱えたことによる従業員のパフォーマンス低下を防ぎ、組織全体の生産性向上を目指すことにある。この点で、メンタルヘルス不調の治療を目的とする、通常の臨床心理学的支援とは大きく異なっている[1]。

2　応用行動分析学とは？

応用行動分析学とは、社会的に重要な問題を解決するために、基礎研究から導かれた行動の原理を応用する1つの学問体系で、そのもっとも基本となる理論は、**行動随伴性**[2]と呼ばれている。行動随伴性とは、行動の生起頻度は、行動の直前と直後の環境の変化によって決定されるという考え方で、図1のように示される。

応用行動分析学では、観察可能なものに限らず、すべての活動を（認知や

図1　行動随伴性（会議で発言するという行動の例）

行動は，先行条件によって生起されるが，将来的にその行動が増えるかどうかは，結果によって左右される。つまり，望ましい結果が提示されれば増加し（強化），望ましくない結果が提示されれば，低減・消失していく（弱化）。会議中の発言を扱った例では，「発言する」という行動は，あくまでも後に生じる環境の変化（他者から，認められる・否定される）によって変化することが示されており，発言する当人のやる気や意思を原因とは考えないことがわかる。

感情の変化といった直接観察できないものですらも）行動として捉え[3]、それらがなぜ生じるのか（あるいは、生じないのか）を、研究から明らかにされた「行動随伴性」という科学的知見（エビデンス）にもとづき記述・説明する点に大きな特徴がある。

そして、このような応用行動分析学の組織への応用は、**組織行動マネジメント**（あるいは、**パフォーマンス・マネジメント**）と呼ばれており、さまざまな企業・組織での実践・研究が展開され、専門誌（Journal of Organizational Behavior Management）も刊行されている。我が国でも、働きやすい職場づくりや職場のパフォーマンス向上のためのソリューションとして、この組織行動マネジメントへの注目が徐々に高まってきており、関連書籍も近年数多く出版されている[4]。

組織行動マネジメントの大きな特徴は、組織をそのまま対象とするのではなく、あくまで組織内の個人の行動を対象とし、その変容を目指す点にある。従来の産業組織心理学では、測定といえば人事考課や適性検査のためのテスト開発であり、質問紙による間接的で主観的な評価が多かった[5]ことと比較しても、極めて問題解決志向の強いアプローチと考えられる。

3　職場における行動変容を目指したコンサルテーション

ここでは、実践例として、職場のメンタルヘルス対策を目的とした**コンサルテーション**の取り組みを提示する。本事例は[6]、①企業の総務人事担当者（＝コンサルティ）

[1] 大林裕司（2006）「従業員援助プログラム」『よくわかるコミュニティ心理学』ミネルヴァ書房 pp. 162-163.

[2] 杉山尚子・島宗理・佐藤方哉／リチャード・W・マロット／アリア・E・マロット（1998）『行動分析学入門』産業図書

[3] このような立場は、徹底的行動主義（radical behaviourism）と呼ばれる。

[4] たとえば、以下のような著書が挙げられる。
石田淳（2007）『短期間で行動が変わる行動科学マネジメント』ダイヤモンド社
舞田竜宣・杉山尚子（2008）『行動分析学マネジメント――人と組織を変える方法論』日本経済新聞出版社

[5] 島宗理（1999）「組織行動マネジメントの歴史と現状とこれからの課題」『行動分析学研究』14(1), 2-3.

が、コンサルテーションによって提示されたアクションプランのうち、どのようなものを実行したのか、②その結果としての従業員（クライアント）の行動にどのような変容が生じたかを、**一事例研究法（シングルケースデザイン）**の手法を活用して測定したものである。

（1）目的

ＥＡＰサービスの最大の特徴は、職場における多様な問題を、カウンセリングという個別の対応によって、柔軟に解決していく点にあると思われる。その観点から、第一に、コンサルティが実行するカウンセリング利用促進を目指したアクションプランの特徴を、行動随伴性から検証する。そして、第二に、アクションプラン実行の結果として、従業員のカウンセリングサービス（提供されているＥＡＰサービスに含まれる）の利用促進を試みる。

（2）方法[7]

①対象：

・コンサルティ（企業3社〔A社・B社・C社〕の総務人事担当者[8]）

・クライアント（上記3社の企業で働く従業員、およびその家族）

②コンサルテーションの目的：クライアントの電話・メール・対面によるカウンセ

［6］本事例は学会大会において口頭発表したものである。大林裕司（2011）「外部EAP機関における企業へのコンサルテーションの実践――コンサルティへの行動支援的アプローチ」『日本コミュニティ心理学会第14回年次大会発表論文集』pp. 70-71.

［7］シングルケースデザインでは、誰の（対象）、どのような行動を（標的行動＝従属変数）、どのような介入で（独立変数）、どう変容させるか（結果の評価）ということを具体的に定めていく。

［8］3社への介入は、それぞれ異なる時期に実行されている。これは、シングルケースデザインにおける、多層ベースラインデザインとよばれる手法で、介入時期を変えることで、行動変容が他の要因によって生じた可能性がないことを示すことを目的としている（今回の取り組みでは、ベースラインの測定はおこなっていないが、過去の相談件数と比較することで、その変化を捉えている）。

リングサービスの活用（従業員が、必要時にカウンセリングを活用すること）促進のための施策（アクションプラン）の実行。

③場面設定：ＥＡＰサービスの利用状況やストレスチェック結果に基づく継続的なコンサルテーション場面。

④標的行動（従属変数）：

・コンサルティ（コンサルテーションによって示されたＥＡＰのカウンセリングサービス利用促進のためのアクションプランの実行）

・クライアント（コンサルティが実行したアクションプランによる、カウンセリング利用件数の変化）

⑤効果の検証方法：コンサルティが実行したアクションプランの特徴の検討および、その結果としてのカウンセリングサービスの活用状況（相談の利用状況）の変化を、比較検討する。

（3）結果

対象となる各社へのコンサルテーションの内容とその実行可否、従業員のカウンセリング利用数の変化を表1に示す。複数のアクションプランが提示され、そのうち半数以上（9プラン中5つ）が実行された。また、実行された5プランのうち、4プランで相談件数の増加が見られた。

すべての対象企業において、コンサルテーションによって提示されたアクションプランを、半数以上実行する結果となった。加えて、実行されなかったものについても、予算や時期、優先順位など、その理由を確認することができており、コンサルタントとコンサルティが、一定の共通認識をもって取り組みを進められたものと考えられる。また、実行されたアクションプランの結果として、1つを除き、クライアントである従業員のカウンセリングサービスの利用は増加しており、一定の成果はあったものと考えられる。そして、相談が減少したA社に対して提示された「メールマガジンなどによる情報提供」に関しては、その内容について従業員か総務人事担当者に声が寄せられるようになっており、目的とは異なるものの、ポジティブな結果を得ることができた。

(4) 考察

表1　対象企業別コンサルテーションによるアクションプランの実行可否とカウンセリング数の変化

コンサルテーションの内容	実行可否	カウンセリング数
A社：サービス活用実績にもとづくコンサルテーション		
メールマガジンなどによる情報提供	○	減少
研修の実施	○	増加
ストレスチェックの実施	×	-
会社からのメッセージ発信	×	-
※備考：メールマガジンに対する従業員からの反応が寄せられるようになった		
B社：ストレスチェック結果にもとづくコンサルテーション		
各支店の管理部門への定期的なヒアリング	○	増加
高ストレス部署への訪問カウンセリング	○	増加
長時間労働者へのフォロー	×	-
※備考：提案内容に対するコンサルティの意見を反映させて実行に至った		
C社：サービス活用状況にもとづくコンサルテーション		
高ストレスイベント後の研修	○	-
ポスターの掲示	○	増加
※備考：サービス活用状況をまとめたレポートが経営層に初めて提示された		

実行したコンサルテーションの詳細としては、3社とも、客観的なデータ（サービスの活用実績や相談・ストレスチェック傾向など）を含めたレポートとしてアクションプランを提示した。また、その実行に必要となるツール（例えばプロモーション媒体の原稿や研修資料など）の準備や、手順の具体化（各プランの企画書の作成など）、期待される成果の明示もおこなった。そして、それらの内容に対するコンサルティの意見にも耳を傾けながら、柔軟に内容を修正し、実行の検討をしてもらった。このようなコンサルテーションにおける工夫は、すべて図1に示した行動随伴性にもとづくものである。すなわち、行動を引き起こす「先行条件」としての環境を整え、コンサルティの「行動」を生じやすくさせ、「結果」として期待される成果指標の設定をおこなったわけである[9]。

なお、これらの工夫は、行動随伴性にもとづいて検討したものであるが、その指標として、「Behavior Engineering Model」を参考にしている（表2）。

表2を元に、提示したアクションプランを考えてみると、そのほとんどが、「①情報」と「②道具」に分類できる。これは、アクションプランの実行という行動を引き起こすことが、第一の目的であることからも妥当なものであると思われる。そして、「期待される成果」を示した点は、「③報酬」「⑥動機」に該当する。これらのことから、コンサルテーションが、一貫して行動随伴性の枠組みでなされていたと考えられる。

表2　T. F. ギルバートによる「Behavior Engineering Model」

	先行条件	行動	結果
環境へのサポート	①情報	②道具	③報酬
行動へのサポート	④知識	⑤能力	⑥動機

介入の手順として，①→⑥の順でおこなっていくことが，行動変容を促す上で，効率的・効果的であるとされている。（Gilbert, T. F. (1996) *Human Competence : Engineering worthy performance* Tribute ed. Maryland : International Society for Performance Improvement.）

4　行動変容をコンサルティからクライアントへ展開する

このように、組織行動マネジメントの実践では、対象の行動の変化を、客観的に測定しながら介入手続きを進められる点に、大きな特徴がある。すなわち、行動分析学の科学的裏づけにより、介入手続きがどうして効果的なのか、どんな時に効果的でないのかといった、手続きの仕組みや原理についての知識を有していることで、新しい問題が生じた場合や既存の手法に支障を来した場合などにも効果的に対応できる点において、他のソリューションと一線を画すものと考えられる。

一方で、コンサルテーションの文脈で考えた場合、コンサルティの行動を変容させ、クライアントの行動変容に間接的に取り組んでいくことが目標であり、今後の課題でもある[10]。このため、コンサルティ（本項における企業の総務人事担当者）と、クライアント（本項における従業員）の行動随伴性を、いかに効果的に結び付けるか、という点が今後の課題であると考えている[11]。

5　法改正により、高まる職場環境改善の要請に対して（展望）

本項を執筆している間に、労働安全衛生法が改善され、企業に対して、従業員を対象にストレスチェックを実施することが義務付けられた（ストレスチェック制度）[12]。その目的は、一次予防（メンタルヘルス不調の発生を防ぐこと）にあり、職場環境の改善が、一層求められることになる。この視点は、個人と環境との適合を志向するコ

[9] 行動を引き起こしやすくするための先行条件設定の例としては、「やりやすいものから取り組んでもらう」「相手に手間をかけさせない」などが挙げられる。大林裕司 (2015)「心理臨床実践におけるコンサルテーション：産業領域からの報告」『コミュニティ心理学研究』18(2), 236-242.

[10] このようなコンサルテーションは、行動コンサルテーションとよばれる。Dougherty, A. M. (2014) *Psychological consultation and collaboration in school and community settings* (6th ed.). Belmont, CA: Books/Cole, Cengage Learning.

[11] Malott, M. E. (2003) *Paradox of organizational change: Engineering Organizations with behavioral systems analysis.* NV: Context Press.

ミュニティ心理学の発想そのものであり、それを厳密にプログラム化することが可能な応用行動分析学の方法論は、科学と実践とを融合するアプローチになるものと考えている。

最後に、先述したストレスチェック制度について補足しておこう。制度の目的の1つは、依然職場のメンタルヘルス対策の実行が十分ではない中業企業への支援拡充にある。しかしながら、本制度自体も、労働者が50名未満の事業場において実施が努力義務にとどまっていることから、その目的を果たすことは容易ではない。企業の生産性向上に寄与し、その結果として従業員の心身の健康づくりへの投資につなげるという戦略を描くことも求められるだろう。これは、EAP本来の目的を果たすことでもあり、医師や保健師、看護師といった医療の専門家に加えて、弁護士や社会保険労務士、経営・人事コンサルタントなどの多様な専門家との連携が不可欠である。この点も、コミュニティ心理学の知見や発想が役立てられる文脈であろう。

〔**大林裕司・玉澤知恵美**〕

[12] 厚生労働省（2015）「心理的な負担の程度を把握するための検査及び面接指導の実施並びに面接指導結果に基づき事業者が講ずべき措置に関する指針」（2015年12月1日施行）

2-4

ハラスメントのない環境を作るために

——学生相談カウンセラーによるアクション・リサーチ

学生相談の模擬事例から：ある学生は研究室の指導教員に『明日から出入り禁止』と言われたことを契機に引きこもり状態に。別のある学生は「こんなのもできないの。よく入学できたね、君を雇うようなとこはどこにもないよ」と教員に言われたことを契機に死ぬことを考えるように。また、ある大学院生は、仲の悪い教員関係の巻き添えに――「論文主査の指導教授と副査の教授はとても仲が悪い。互いに互いの仕事を評価してない。昨年、論文提出の際に副査からダメだと言われ卒業を1年伸ばしました。副査の意見を取り入れて手直しし指導教授からはこれで問題ないと言われ、副査に見せたところやっぱりダメだと言われました。中間発表では何の指摘もなかったのに、今になって。このままでは永久に学位は取れない。大学に対応をお願いするしかない」と思って来談。大学院・研究科長に相談するも、残念ながら自分の権限の範囲では対応策が取れないとのこと。相談室のカウンセラーは、ハラスメント的言動の危険な影響についての予防・啓発活動の重要性と、学部長や研究科長が権限を行使できる仕組みづくりの必要性を痛感させられました。

1　アクション・リサーチとしての心理学的臨床・実践

心理学的臨床・実践の現場は、教育、福祉、医療、司法、産業の各領域に存在し、そこには数多くの心理専門職が働いている。こうした現場の心理専門職にとって、その臨床・実践は、常に**「事例に学びて問う（学問）」**実践研究として、コミュニティ・アプローチを含む**アクション・リサーチ**[1]として取り組むべき性質のものである。

筆者は、高等教育機関の学生相談室に相談員（カウンセラー）として勤務する心理専門職である。その立場から、以下では高等教育機関のハラスメント問題に関わるアクション・リサーチを通して明らかになった知見について述べる。

2　接近の対象

対象は高等教育機関におけるハラスメント問題であり、16年間にわたる経過を3期にわけて記述されるのは、この問題へのアクション・リサーチの一事例、その事例を通じて得られた〝気づき〟の理論的、方法論的定式化である。

問題ははじめから浮き彫りになっているというものではない　問題は実践の経過の中で、明確になったり、様相を異にしたりもする。ハラスメント問題についても然りである。

［1］　アクション・リサーチは、個人の変化を目指して営まれる、実践社会やコミュニティあるいは個人

［1］　アクション・リサーチは、社会やコミュニティあるいは個人の変化を目指して営まれる、実践的「学問」探求の一形態であり、実践の経過の中で、おりおりの結果（実践からの〝はねかえり〟）に気づかされながら、変化に関わる心理学的知見、すなわち心理学的理論（原理・原則：梅津八三の〝仮設系〟）と心理学的対処法（梅津八三の〝作業仮設〟）を定式化、あるいは再定式化して、練り上げていき、豊かにしていこうとするものである。梅津八三のアクション・リサーチについての考え方については、次の文献を参照されたい。

梅津八三（1977）「各種障害事例における自成信号系活動の促進と構成信号系活動の形成に関する研究」『教育心理学年報』17, 101-104.

梅津八三（2000）「行動体制と信号系」『心理学―梅津八三の仕事第3巻』春風社 pp. 175-184.

3　第1期　1999年～2004年

（1）問題への気づき：背景と発端

日本の高等教育機関はセクシュアル・ハラスメントについては対策委員会（あるいは人権委員会）、規程・ガイドライン、相談窓口をつくり、一定の対策を講じてきていたが、アカデミック（およびパワー）・ハラスメントについては、そうではなかった。しかし、学生相談のなかにはアカデミック・ハラスメントの被害事例が毎年含まれており、そうした例のなかで首尾良く解決に至る援助をなしえない例が少なくなく、そのたびに学生相談室や学生相談カウンセラーたちは、歯がゆい思いをさせられていた。筆者も、そうしたカウンセラーのひとりであった。

（2）学生相談機関の役割についての定式化

被害の相談に遭遇する中で、筆者は、高等教育機関にとっての学生相談機関の役割について、「**学生相談**は、高等教育機関が有する状況の病理に気づかされる場所であり、高等教育機関が環境改善に取り組む上での重要なセンサーの機能を有している」と定式化した。

（3）対処：マイクロあるいはメゾシステムへの働きかけ、予防活動

被害学生の問題を、学生の合意のもとに指導教授（問題解決へのマイクロシステム

の働きかけ）あるいは学科や専攻長の教授、学部・大学院の長（問題解決へのメゾシステムの働きかけ）に共有してもらうことで、解決を見る例もあったが、どうにもならない例も少なくなかった。

これに対して、その時点の筆者にできること、それは、アカデミック・ハラスメントの問題と留意点を全学執行部や学部・大学院執行部ならびに学内教職員に共有してもらうこと、それによって、問題の発生防止につとめることであった（予防活動）。このため、２００１年から２００２年にかけて、筆者は勤務大学の、ある学部・大学院の執行部の教授に問題を共有してもらうべく働きかけをおこなって当該学部でのアカデミック・ハラスメント防止を目的とする教授会構成員対象の講演会を実施し、これを皮切りに他の学部・大学院の執行部メンバーへの働きかけも努めておこなうようにしていった。

これらの講演は発生防止を主眼とするものであり、それも出席を義務づけるものではなく、きわめて限られた構成員を対象とする予防活動であった。また、実際に生じた事例の解決にあたって、「どうにもすることができない」という解決困難事例への対処策となるものではなかった。

4　第2期　2004年から2012年

(1) 問題：アカデミック・ハラスメント問題解決のシステム整備

解決が困難であった事例をみると、その多くが解決に至るためにはルールによる解決行為の行使という〝パワー〟とその行使のために必要となる、大学の構成員とりわけ学部・大学院の長の責務の規定ならびにハラスメント問題対応に関する専門性とを必要としていた。すなわち、欠如していたものは、(i) 規程・ガイドラインという学内ルール (〝パワー〟) にもとづいて解決行動および予防活動が行使される、すなわち責任者によって責務が遂行される仕組みづくりであり、(ii) 解決行為をおこないやすくするための相談解決組織体制の構築、そして (iii) 相談員と解決行為にあたる者が十分なスキルをもって相談にあたれるようにすること、すなわち不慣れな相談、対応とならないようにするためのハラスメント相談・対応の専門性の向上とその維持とであった。これらを充足させる仕組み作りが必須の状況であった。

(2) 対処①：防止と解決のルール策定へ向けマクロシステムでの働きかけ

2000年代はじめのこの時期、アカデミック・ハラスメントが対策を要する問題であるという認識は、筆者だけでなく広く学生相談カウンセラーや一部の教職員の間に、醸成されつつあった。そうした折、2004年、筆者の勤務大学である東北大学・学生相談所所長の発案により、北海道・東北・東京 (駒場キャンパス) 3大学の学生相談機関の長をオーガナイザーとする、東京工業大学、九州大学のカウンセラーも加わっての「5大学合同研究協議会」[2]が組織されることとなり、筆者もこれにメンバーとして参加した。

この合同研究協議会は、5回の会議を開催し、2006年3月にその成果報告書を全国の大学に送付した。報告書では、アカデミック・ハラスメントのセクシュアル・ハラスメントとは異なる性格づけの定義と、セクシュアル・ハラスメント解決手続きには盛り込まれていなかった、もうひとつの解決手続き、「調整」の手続きの必要性が模擬事例とともに提示され、これらは東北大学その他の大学によって規程・ガイドライン策定作業の参考とされることとなった。

2006年2月、筆者の勤務大学では、(i)学生相談所担当者からの意見聴取もおこなった上で、セクシュアル・ハラスメントの規程に替わる、アカデミック・パワーハラスメントを含むキャンパスで起きるハラスメント問題に対応するための規程とガイドライン[3]が制定、施行された。かつ、(ii)〝解決行為を行いやすくする〟ハラスメント対応組織が、また(iii)〝不慣れな相談とならない〟ようにする相談対応体制が整備された。

この規程で、大学や学部・大学院のトップの責務(「ハラスメント防止等のための必要な施策を講じなければならない」)について、また「職務上管理監督する立場にある者」の責務(「健全で快適なキャンパス環境を確保するため、その職務の一環と

[2] 学生相談関係者によって、このような協議会が設立されたのは、次のような理由による。近々に全国の大学・短大等においてアカデミック・ハラスメント問題の防止と解決のための規程・ガイドライン策定の動きが起こると予想されること、その際に、定義も含めてセクシュアル・ハラスメントの防止・解決のための規程・ガイドラインとの相違が議論される必要があること、これらの議論のためには、これまでアカデミック・ハラスメントに関して実際にどのような事例が生じてきたかがしっかり把握されることが必要であるが、これをもっともよく知るのはそうした事例の相談にのってきた学生相談カウンセラーたちであり、蓄積して事例をもとに全国の高等教育機関に知見の共有を図る責任を有しているといえること、こうした考えによるものであった。

してハラスメントの防止・排除に努めるとともに、ハラスメントに関する問題が生じた場合には、適切かつ迅速に対処しなければならない」）や「本学構成員」の責務（「ハラスメントを行い、又は他者が行うハラスメントを容認してはならない」）の明記がなされ、ガイドラインには「概ね3週間以内の」早期解決を目指す「調整」[4]手続きが明記された。

新制定の規程・ガイドラインに基づき相談解決体制も一新され、筆者ら常勤の学生相談所カウンセラーはハラスメント全学学生相談窓口相談員を兼務することとなった。このの ち、相談事例のうちの大半は「調整」によって早期の解決を見ることができるようになるなど、大きな改善を見た。

〝不慣れな相談〟を防ぐための対処の一つとしては、専門性を蓄積してきている全学の相談窓口相談員である筆者らが、学部・大学院、附置研究所の相談員（一般教職員により構成され、数年で交替することが通例）に、教育およびハラスメントの担当理事に働きかけて、２００４年以降の毎年、相談員対象のスキルアップ研修を企画、実施していった。

（3）対処②：メゾシステム、マクロシステムレベルの予防活動

相談解決体制が整備された後も、筆者らハラスメント全学窓口相談員は、ハラスメント相談に当たるとともに、ハラスメント防止をテーマとする、学内各学部・大学院

[3] 東北大学のハラスメントに関する「防止等規程（ＰＤＦ）」、「ハラスメント問題解決のためのガイドライン（ＰＤＦ）」が同大学のＨＰに掲載されている。

[4] 東北大学のガイドラインは、「事実関係の公正な調査に基づき、問題の解決を図る手続き」である「調査」に対して、「調整」を、「当事者双方の主張を公平な立場で調整し、問題解決を図る手続き」とし、「当事者同士の話し合い、又は調停案の提示により紛争解決を図る」「調停」の手続きとも異なるものとして定めている。

や附置研究所のＦＤあるいは全学的ＦＤ、ＳＤ、[5] 全学の新任教員研修や一部学部・大学院の新採用教職員研修（昇進者を含む）において、積極的に求めてあるいは求められて講師役を務めるようにしていった。

また、全国の他大学からの講演依頼にも極力応じるようにし、規程・ガイドラインに「調整」手続きを明文化することの有用性をはじめとする対策の要点を伝え、模擬事例による啓発、すなわちハラスメント問題の認識の共有化に努めていった。これに呼応して実際に、いくつかの大学で規程・ガイドラインが「調整」手続きを含むものへと改められた。

こうした取り組みの中で、アクション・リサーチの成果をもとに、他大学におけるハラスメント防止体制整備の一助になることを期待して、大学のアカデミック・ハラスメント対策整備・充実に関わる書物を刊行した。[6]

このように全国への発信をおこなうのは、他大学における体制の整備・充実が、勤務大学のハラスメント対策の維持と向上に資することにもなるからである。

予防活動を筆者は被害を受けた人の代弁者、すなわちアドボケーターの視点をもっておこなうよう努めてきた。予防活動ではいかに聴衆の〝心に届く言葉〟で伝えることができるかが問題となる。すなわちハラスメント問題に関する言葉をいかに適切で有用なレトリックとすることができるかという問題であり、それはまた、筆者の勤務校コミュニティで、また全国のキャンパスコミュニティで認識の共有化を如何に図っ

[5] ＦＤ（ファカルティ・ディベロップメント）とは、大学の学部・大学院などの教員組織や教員集団の能力開発の意で、教員相互の授業参観の実施、授業方法、学生対応や学生指導の方法についての研究会の開催、新任教員のための研修会の開催などの取り組みを指す。ＳＤ（スタッフ・ディベロップメント）は、教員以外の職員の能力開発の取り組みを指して使われている語である。

[6] 井口博・吉武清實（２０１２）『アカデミック・ハラスメント対策の本格展開』地域科学研究会高等教育情報センター

ていくことができるかという問題でもある。筆者は、予防のための講演を重ねる中で、ハラスメントとは何かについて、次のように定式化するに至った。

ハラスメントは、（i）精神的暴力、力の不適切な行使（濫用）であり、放置できない人権侵害である、（ii）大学ではゼミ・研究室・サークルの密室性故に、発生しやすい（一方、密室性が高いとはいえ、そこで起こるハラスメントの出来事は必ず漏れてくる）、（iii）教育・研究の損失を招来させ、修学・研究環境、職場環境が損なわれる。

筆者はまた、大学の執行部（学長、学部長等）と教職員にとってのハラスメント防止の取り組みの重要性を、次のように定式化した。

（i）大学はハラスメントを防止するためにしっかりと対策を講じる社会的責任を有しており、このことは大学評価の1項目でもある、（ii）ハラスメント対策は同時にメンタルヘルス対策、自殺防止対策でもある、（iii）研究室・ゼミ、授業クラスを運営する教員や、各部署の管理職職員はマネジメントロールを有する、（iv）マネジメントロールの重要な一部として、学生あるいは部下のメンタルヘルスへの配慮、ハラスメント防止義務が含まれる、（v）相互尊重の人間関係のあるところにハラスメントは生じない。防止は、研究室・ゼミ、クラス、職場等に相互尊重の文化を創造していくというチャレンジである。

加えて筆者は、この時期、大学教員を目指す大学院生向けに、学生指導上の心得についてのメッセージを発信した。[7]

5　第3期　2013年〜2017年

(1) 問題①：問題意識の共有者の量的拡大

大学の構成員は毎年一定数ずつ入れ替わっていくものであり、ハラスメント対策は、常に継続して実施していくべき性質のものである。すべての大学、学部・大学院に、ハラスメント防止のための講演等の催しに参加する人を毎年最大化し悉皆化（全員参加）のほうへ近づける努力が求められている。また、筆者らはこれまで、予防啓発活動としては主に教員対象の講演に注力してきたが、学生（特に研究室やゼミに配属になる学生）対象のそれについても拡大していくことが、必要である。

(2) 対処①：学内連携のさらなる推進とハラスメント防止用〝定番〟冊子作成・配付の試み

問題①に関して、筆者の勤務大学では各学部・大学院が実施するハラスメント研修

> **例（「要注意の教員行動33箇条」から）**
> **なじられて自殺衝動　ハラスメント対策はメンタルヘルス対策・自殺防止対策**
>
> 「卒業を控えた学生。卒論中間発表会の場でなじられ、その夕、自殺を図ろうとするが、なじられた場から心配し、その後の様子を『おかしい』と感じていた友人が電話。その電話で、学生は思いとどまり、友人に勧められて学生相談室に来談した。危機的な状態であった。」
>
> **学生や部下をどなること、なじることは、何の有益な効果ももたらさない。それどころか、危機的な影響すら与えることがあることに思いを至らすべきである。**

とは別に、２０１３年より新任教員研修のプログラム中にハラスメント防止に関する講演が含まれるようになった。これにより新規採用教員については毎年確実に受講してもらうことができることとなった。このほかに、気になる学部・大学院の長に働きかけてＦＤの場で講演をさせてもらえるよう働きかけをおこなっていった。学生向けの講演についても、研究室配属を控えた学年対象や大学院新入生対象の講演会について学部・大学院への働きかけを強めて量的拡大を図ることとした。

（３）問題②と対処：具体例を！という要望――33箇条の模擬事例の作成

講演会ではたいてい、具体例が知りたいという要望が寄せられる。実際、問題意識の共有化には例示が必須である。これに対して筆者は、長年の相談活動と予防的活動での経験をもとに、講演で配付する資料として、模擬事例で構成された小冊子（「キャンパス・ハラスメント防止へ『要注意の教員行動33箇条』――被害者も加害者も出さないために」）を作成し広く学内外に配布することとした。図は、小冊子中の「ハラスメント対策が自殺防止対策である」ことを示す模擬事例である。

（４）問題③と対処：効果的な研修を！――防止活動における問題概念の拡張

筆者は、長年、学内の学部・大学院や特定の学科・専攻といった組織から、あるいは他の高等教育機関から講師依頼を受けてきたが、この時期を通じて依頼の内容には

［7］吉武清實（2011）「第6日ゼミを運営する」東北大学高等教育開推進センター編『ＰＤブックレット　素敵な教員を目指すあなたに』pp. 63-73.
　マネジメントロールを有する運営者として、教員として、学生の適応やメンタルヘルスにどう留意し配慮するか、学生とのコミュニケーションにおいてどういうことに留意するか、という内容からなる。

っきりとした変化を感じるようになった。それは、特に、教員間、職員間のハラスメント問題を経験した組織や機関からの、あるいは、毎年ハラスメント研修を実施しているが一部の教員による加害的言動がなくならないという組織や機関からの依頼において見られる変化であった。

そうした組織や機関からは、筆者への講師依頼に当たってハラスメント研修の主眼を、〝問題意識（危機意識）の啓発〟から、それにとどまるのではなく〝指導の仕方／他者との接し方〟にシフトさせたものにしてほしい、とリクエスト[8]がなされるようになってきた。〝危機意識〟の問題から、危機意識を含む〝対人関係（他者との関わり方）とコミュニケーション〟の問題へ、ハラスメント対策における問題概念の拡張である。これを受けて、筆者のハラスメント研修の一部は、教職員や大学院生を対象に、〝相互尊重の関わり方〟についてのスキルアップ促進を図るものへと変化し、〝同僚間で、教職員と学生の間で、相手の言動を、どういう風に受け止め、どのように行動したらよいか〟、講演だけでなくグループワークも取り入れて考えてもらうものとなった。

[8] それらのいくつかは〝学級崩壊〟ならぬ〝研究室崩壊〟や〝事務室崩壊〟を経験した上でなされてきたリクエストであった。

（5）問題④と対処：相談・解決スキルの共有化――コンサルテーションの実践

この時期、筆者は、「ハラスメント相談に苦慮している。解決へ、どのようにしていけばよいだろうか」という相談を、学内だけでなく他の高等教育機関のハラスメント解決に当たる責任者や相談員から寄せられることが増えた。これに対して、筆者は、解決責任者へのコンサルテーション（助言）、相談員へのスーパービジョン（同業の相談員としての指導）を行なったが、この経験をとおして相談・解決のスキルを、学内だけでなく学外の解決責任者やハラスメント相談員ともどう共有するかという問題が存することを、それまで以上に強く意識させられることとなった。

6　ハラスメント防止対策の充実へ向けて

ハラスメントは〝大人のいじめ〟であり、初等・中等教育機関にとっていじめ対策がそうであるように、毎年、倦むことなく、怠ることなく取り組まなければならない重要問題である。第1期から3期の取り組みを経て、筆者に意識されるようになった今後の課題は次の5つのことがらである。

研修の悉皆化、すなわち研修受講者を100％にしていくという量の拡大の問題は、毎年意識して取り組まれていくべき課題である。

問題意識の継続的かつ効果的な共有化を図るためには、質の面での工夫とその見直しも必要となってくる。レトリックのさらなる見直しである。既述したように当初の、ハラスメント問題は〝危機意識とマネジメントロールの意識化の問題である〟というレトリックは、筆者の実践のプロセスで、〝いかにして他者との相互尊重の関係を築いていくか〟という〝対人関係とコミュニケーションスキルの共有化の問題である〉というレトリックへ、シフトした。

より効果的な研修の担い手、よきファシリテーターを務めうる人材が絶えず必要とされている。講演の内容の質をどうやったら高めることができるか、グループワークやロールプレーを取り入れた研修をいかにしてより効果的なものとしていくことができるか。相談・解決や予防活動に携わる者にとっての実践研究のテーマであり、コンサルテーションやスーパービジョンによる相談・解決スキルの共有化の問題と合わせて、マクロシステムレベルでの取り組み[9]やシステムづくりが必要な課題である。このほかに、着手されるべき問題として浮かび上がってきた課題がある。加害者となる人へどうやって改善を促していくことができるかという問題と、相談窓口への抵抗感はかなり低くなったとはいえ、いまだ来談に踏み切ることに困難を覚える一群の人たち）があり、こうした人たちが来談しやすくなるようにするための仕掛け作りの問題、そこに関連する、〝断ち切られるべき負の連鎖〟の問題である。

前者について、筆者はいくらかの加害者支援の経験をもってきたが、それらは、たまたまの要因の重なりで実現し一定の効果を上げることができたものであり、加害者支援をもっと多くの人に提供できるような積極的な仕組み作りは整備されるには至っておらず、その際の技法の洗練化もこれからの課題である。

後者は、主に博士課程大学院生や研究員、任期付き若手教員等で、いわば泣き寝入り〟の状態にある（あるいは、それを強いられている）人びとで、泣き寝入りするの

[9] 事例を検討し合うという研究協議会や学習会が持ちにくいという ハラスメント問題の性質上、取り組みは数少ない。わずかに日本学生相談学会が、開催する年次大会や全国学生相談研修会等の研修のプログラムの一部にハラスメント相談・対応者向けの企画を含ませる取り組みを行ってきている。

でなく、来談することで、むしろ自らのキャリア形成に資する結果になるのだと認知されるようにするための仕組み作りが必須である。現状ではそこに大きな困難が存在しているが、どう風穴を開けるか、重要かつ深刻な課題である。

ハラスメント解決における「調整」手続き、これに加えて、学生相談体制の学内整備とその充実化によって、学部生ならびに修士課程学生の救済は格段におこなわれやすくなり、来談者も増えた。しかしいまだ泣き寝入り状態の人びとが見受けられる。それらの例に共通するのは負の文化的伝達（力の濫用の連鎖の一型）の問題である。ハラスメント的言動をとる教員の指導体制のもとでキャリア形成を図るなかで、そこに順応して指導者と同様のコミュニケーションパタンを身につけ、その後に教員になる人が同じようにハラスメント的言動をとるようになるという連鎖である。これをどう断ち切ってキャンパスの隅々まで相互尊重の文化が築かれていくようにしていくか、障がいのある学生や留学生等、多様な人びとによる共生キャンパスへのチャレンジ課題と重なる、日本の大学にとっての教育的テーマであり、課題である。

7　おわりに

心理学的臨床・実践は、社会・コミュニティ・個人の変化を目指すアクション・リサーチの営みとして位置づけることができる。蓄積される知見は、マイクロシステム、メゾシステム、マクロシステムレベルの働き掛けと相互交流の過程で、当該コミユニティ成員との間で、また〝同業〟の専門家との間で、レトリックと定式化の洗練がなされ、共有化が図られていく。そこに、実践の場においてなされるコミュニティ・アプローチを含むアクション・リサーチの味わいと醍醐味がある。

〔**吉武清實**〕

2-5

コミュニティにおけるコンサルテーションとは

――ブリーフセラピーによるコンサルテーション

私はかつて自治体の教育相談室に勤務し、子どもたちの心理的問題への援助をおこなっていました。そこには親子の姿が多く見られましたが、保護者や担任だけが来室することが少なくありませんでした。臨床心理的援助というと、問題を抱えた本人におこなう心理療法やカウンセリングをまず思い浮かべますが、身近な人を援助することで間接的に援助する方法もあり、これをコンサルテーション（consultation）と呼びます。周囲の人の理解と対応が変化することで解決できる問題は少なくありませんし、専門家につなげにくいクライエントにはこの方法が役に立ちます。このように有用な援助方法ですが、日本では大学や大学院での教育が十分でないこともあり、コンサルテーションの名で実践・研究されている活動は実に多様です。それでも一定の理論と技法を共有して実践・研究されているコンサルテーショがいくつかあります。日本では行動主義[1]、システム論[2]、ブリーフセラピー[3]などによるものがそうでしょう。本項では、コミュニティ心理学の考えをもっとも実現していると考えられる点で、ブリーフセラピーによるコンサルテーションの効果研究[4]を紹介します。

［1］大石幸二（2015）「行動コンサルテーション――実践と研究の現在位置」『コミュニティ心理学研究』18(2), 175-185.

［2］吉川悟編（1999）『システム論からみた学校臨床』金剛出版

［3］黒沢幸子・森俊夫（2009）「学校コンサルテーション11ステップモデルの開発と検討」『日本心理臨床学会第28回秋季大会発表論文集』130.

［4］黒沢幸子・西野明樹・鶴田芳映・森俊夫（2015）「事例とコンサルティを活かす解決志向ブリーフセラピーのコンサルテーション――11ステップモデルの効果研究と実践への誘い」『コミュニティ心理学研究』18(2), 186-204.

1　コンサルテーションが持つ広い範囲への予防効果

日本にコミュニティ心理学を導入した山本和郎は、G・キャプランの**メンタルヘルス・コンサルテーション（mental health consultation）**[5]に関する記述[6]から「コンサルテーションは、2人の専門家：一方をコンサルタント（consultant）と呼び、他方をコンサルティ（consultee）と呼ぶ、の間の相互作用の1つの過程である。そして、コンサルタントがコンサルティに対して、コンサルティの抱えているクライエントの精神衛生に関係した特定の問題をコンサルティの仕事の中でより効果的に解決できるよう援助する関係をいう[7]」と定義した。この定義に示された基本的な考えは現在でも有効であるが、コンサルテーションが適用される場面の拡大とともに、コンサルティと扱う問題の範囲が広がっている。現在では、コンサルティは専門家に限定せず保護者やボランティアなども含むようになった。問題についても、教育などに関するものが含まれるようになり、メンタルヘルス（精神衛生）に限らなくなっている[8]（図1）。

コンサルテーションはコミュニティ心理学の基本的な考えと結びついており、コミュニティ心理学におけるもっとも重要な援助方法のひとつである。コミュニティ心理学の基本的な考えとは、個人よりもマスの重視、治療よりも予防の強調、心だけでなく環境へも介入すること、専門

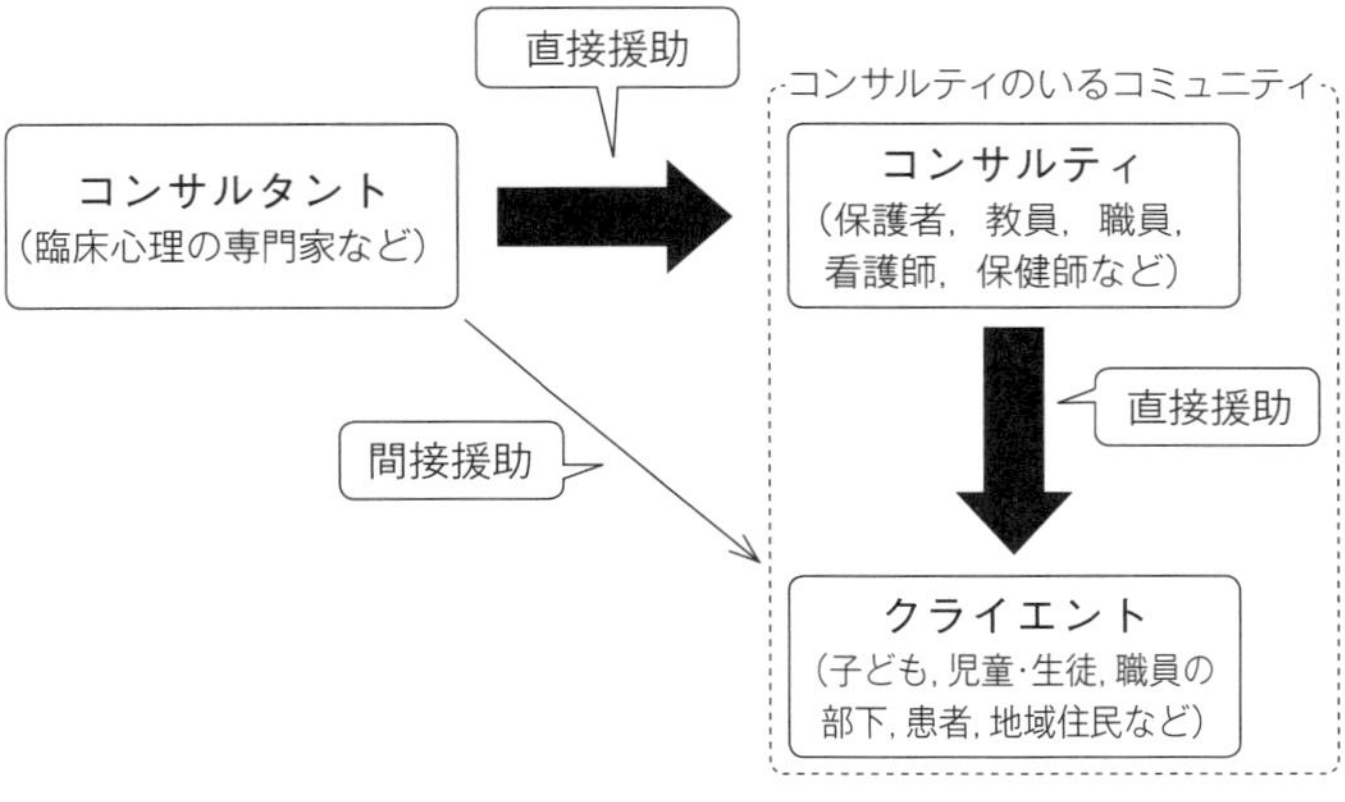

図1　コンサルテーションにおける三者関係

家よりもコミュニティの人たちが支えることの重視などである。[9] コンサルテーションはこれらの考えを実現するのである。すなわち、コンサルテーションでは、仕事や役割で多くの人たちとの関わりを持つコンサルティを媒介として、そのコミュニティ（例：家族、学校、職場、病院、地域社会など）の**広い範囲に間接的な影響**を及ぼすことができる。そしてコンサルテーションの経験により、コンサルティは類似した問題には1人で早期に対応できるよう成長するので、通常の職務や役割で関わる人たちに問題が発生するのを**予防**することができる。またこの方法では、クライエントの**環境に働きかける**ことで、専門家が抱えるのではなく、**コミュニティの人たちがクライエントを支える**。そして、その支援の責任は専門家ではなく、コミュニティが負うのである（これを**コミュニティ中心主義**と呼ぶ）。さらに本項で紹介するブリーフセラピーのモデルは、以上の特徴を持つだけでなく、コンサルティとケースが持つ弱点よりも**強み**などの**リソース**に注目し、それに気づかせ活用することを特に重視する。この進め方は**エンパワーメント**と呼ばれ、コミュニティ心理学が重視する姿勢である。

2　学校における事例を用いたコンサルテーションの効果研究

解決志向ブリーフセラピーの「**学校コンサルテーション11ステップモデル**」の効果研究を紹介する。[10] この研究では、現役教員が提出した2つの事例に対して、解決志向と問題探求の2つの異なる手順の方法を示したワークシート（WS）（表1）に従っ

[5] 古典的コンサルテーションとも呼ばれ、現在のコンサルテーションに基本的枠組を提供した。しかし、その技法の中心は精神分析にもとづくため、日本ではもちろん、米国でもほとんどおこなわれていない。

[6] Caplan, G. (1970) *The theory and practice of mental health consultation.* New York: Basic Books. など。

[7] 山本和郎（1986）『コミュニティ心理学——地域臨床の理論と実践』東京大学出版社 p. 90.

[8] Dougherty, A. M. (2014) *Psychological consultation and collaboration in school and community settings (6th ed.)* Belmont, CA: Brooks/Cole.

[9] 山本（1986）前掲書

[10] 黒沢・西野・鶴田・森(2015) 前掲論文

て、同じコンサルタント役がコンサルテーションをおこなった場合の効果の違いを調べている。コンサルタント役はコンサルテーションのどちらの方法も経験していない1人の大学院生であり、事前にロールプレイを複数回おこなうなどの訓練を受け、コンサルテーションを実施した。コンサルティ役は実際の事例を提出した27名の教員であり[11]、これらコンサルティ役の勤務校の空き教室などで、合計で54事例のコンサルテーションがおこなわれた[12]。実験では、まず施行前に、コンサルティ役に3つの事例の提出と、その困難度の評価を求め、困難度が等しい2つの事例を選ぶ。次に、その2つの事例を提出する順序をコンサルティ役に決めるよう求め、コンサルテーションの2つの方法をおこなう順序はコンサルティ役ごとに無作為に決めた。そして、最初の事例に一方の方法でコンサルテーションをおこなった後、事例の困難度の再評価とコンサルテーションの有効感・コンサルタントの問題解決スキル・コンサルタントの態度についての評価、役立った上位3番目までのステップの報告、感想の自由記述をコンサルティ役に求めた。その後、次の事例を他方の方法でコンサ

表1　解決志向 WS と問題探求 WS のステップ

解決志向 WS	問題探求 WS
1．学校や登場人物の基本属性の収集	1．関係づくり
2．事例とのかかわりの経緯	2．問題状況の把握
3．事例内外にあるリソースの聴取	3．問題の明確化
4．事例の肯定的例外探し	4．事例とのかかわりの経緯
5．上手くいったかかわりといかなかったかかわりの聴取	5．原因の明確化
6．コンサルティ内外のリソースの共有	6．問題状況のアセスメント
7．ニーズの再確認	7．うまくやれていない点とその理由
8．当面の目標についての話し合い	8．問題解決を妨げる要因探し
9．当面の目標を達成するために役立ちそうなことの話し合い	9．問題に対するコンサルティの解釈や意見
10．事例とコンサルティに対する肯定的フィードバック	10．問題に対するコンサルタントの解釈や意見
11．方針の提示と具体的提案	11．困難感への共感と労い

ルテーションをおこない、最初の施行終了後と同じ内容の評価を求めた。

この研究で用いられた尺度は以下の通りである。①事例困難度の下がり幅：事例困難度尺度は100点尺度で、高いほど困難。コンサルテーション施行前から後の評価を引いて、事例困難度の下がり幅を算出。②コンサルテーションの有効感：先行研究[13]と調査者が行った訓練ワークのコンサルティ役から得た感想の自由記述を参考に構成[14]。因子分析の結果、「得られた考えや手だての役立ち感」と「期待や潜在的ニーズの適合感」、「コンサルティ自身のエンパワーメント」、「肯定的展望を見出せた安心感」の4因子が抽出。③コンサルタントの問題解決スキル：先行研究[15]で作成された同名の尺度から、初見同士でコンサルテーションを行う場合にふさわしくない項目を除いて構成。因子分析の結果、「作戦会議[16]」と「専門知識の説明」の2因子が抽出。④コンサルタントの態度：先行研究[17]で作成された同名の尺度からコンサルテーション中からだけでは評定不能な項目を除いて構成[18]。

3　問題解決志向コンサルテーションの有効性の実証

2つのコンサルテーションの方法はともに事例困難度が下がり、減少幅が大きいほどコンサルテーションの有効感とコンサルタント問題解決スキルの下位（因子）尺度得点すべてが高いことが示された。2つの方法を比較すると、解決志向のほうが問題探求よりも、全体的に肯定的な結果が示され、「事例困難度の減少幅」と「得られた

[11] 管理職から賛同を得られた公立小・中・特別支援学校にコンサルティ協力者の募集用紙の配布を要請して集められた。

[12] 解析対象となったのは、評価項目への不備がなく、有効であった51事例。

[13] 小林朋子（2009）『子どもの問題を解決するための教師へのコンサルテーションに関する研究』（ナカニシヤ出版）、三澤文紀（2007）「『コンサルテーション満足度尺度』作成の試み」『茨城キリスト教大学紀要人文科学』41. 65-72.

[14] 黒沢・森（2009）前掲論文

[15] 小林（2009）前掲書

[16] 「作戦会議」の因子は、コンサルタントが有効で、具体的な方法をコンサルティと一緒に考えることができるスキルを持つことを指す。

考えや手だての役だち感」、「作戦会議」の得点が統計上有意であった。そして役に立ったステップの報告では、コンサルティが自分の意見を言い、コンサルタントと話し合うほうが、コンサルタントが主体的に引っ張るステップよりもコンサルティに役立ったと評価された。また、自由記述の感想をＫＪ法を用いて分類したところ、解決志向は「方向性が定まってきた」と「考えや状況を客観視できた」、「事例の肯定的側面に気づいた」、「具体的手だてが見出された」、「すでにやれていることに気づいた」、「自己肯定感・自信が高まった」にまとめられた。問題探求は「問題・原因の理解が進んだ」と「耳を傾けて共感してもらえた」、「自分の課題が見つかった」、「具体的な解決が得られなかった」、「気持ちが重かった」にまとめられた。

4　コンサルテーション実践への寄与

この研究結果が実践に関して言えることは、解決志向が問題探究よりも有効であることではないだろう。なぜならば、日本でおこわれている大多数のコンサルテーションは原因を探究した後に解決方法も考えるからである[19]。だが、筆者を含め、原因から探求するコンサルテーションをおこなってきた多くの実践家にとって、原因が分からなくても解決方法を考えることができ、それをコンサルティから引き出すことができるという結果は衝撃的であり、重要であろう。そして原因を追究するプロセスは、自分の問題に目を向けることになり、共感が得られながら進められるものの、コンサル

[17] 小林（2009）前掲書

[18] この尺度は、コンサルタント役がコンサルテーションの方法によって態度を変えて、恣意的な印象操作をおこなっていないことを確認するために用いられた。

[19] 行動コンサルテーションとメンタルヘルス・コンサルテーションも問題を明らかにした後に解決方法を考える。

ティの気もちを重くさせてしまうことがあった。それに対し、解決志向のプロセスは既に自分が解決できていることに気づくことができ、自分への肯定感や自信が高められることが示唆された。この違いから、解決志向の進め方はコンサルティに受け入れられやすく、コミュニティにおいて広がりやすいと推測される。さらに解決志向は、経験のない大学院生がロールプレイを数回おこなうなどの訓練を受けただけで、コンサルテーション1回で事例の困難度を下げていることから、習得しやすい方法であることが分かる。またこの調査の結果は、どちらのやり方であっても、コンサルタントはコンサルテーションを先導することをできるだけ控え、コンサルティの考えや意見を聞き、対等に話し合うことが有効なことを示している。これは原因から探究するコンサルタントにも参考になるだろう。

5　有効なコンサルテーションをコミュニティに広げるための今後の課題[20]

コミュニティにおいてコンサルテーションを有効に機能させるのに必要な3つの研究領域を提案したい。第一は、コンサルテーションにおける特定のモデルなどが持つ有効性を調べることである[21]。これは比較的多く研究されている領域であるが、事例研究がほとんどであり、紹介したような実証研究が求められる。しかしある条件で有効性が示されたとしても、コミュニティ（場面）の種類、コンサルティの特性、クライエントの問題などが違えば、その程度は異なるだろう。例えば、紹介した解決志向は

[20] 日本では、コンサルテーションについて、カウンセリング、スーパービジョン、コラボレーション、教育一般との違いなどの基本概念を大学と大学院で教えることから始める必要がある。

[21] コンサルタント役を、紹介した研究のような大学院生や初心者ではなく、熟練者がおこなえば、そのモデルが持つ有効性をより明らかにできる。

学校において有効性を示したが、学校以外の職場など他のコミュニティでも有効であるかを調べる必要がある。また、紹介したモデルは学校の教員に対して有効性を示したが、保護者がコンサルティである場合や、コンサルテーションに関心の低い者の場合に同様の効果が得られるのかも調べる必要がある。また、有効性をより厳密に判断するには、有効性についてのコンサルティの主観的な評価ではなく、コンサルティが実際にケースの問題を解決できたかどうかを調べなければならない。さらに、コンサルテーションの経験がコンサルティを成長させたかどうか、つまり今後担当するケースの類似した問題を一人で解決できたかを調べることは、コミュニティ心理学が重視する予防的観点から重要である。

第二は、コンサルテーションの訓練方法の研究である。[22] 紹介した文献にはロールプレイを用いたことが報告されているが、どのような訓練が有効であるかを調査することは重要である。そして第三は、コミュニティにおけるコンサルテーションの利用を高める方法の研究である。[23] 有効なコンサルテーションをおこなうことができても、利用されなければ意味がない。この第二・三は、第一の領域の研究の遅れもあり、ほとんど研究がおこなわれていないが、有能なコンサルタントを増やし、その利用をコミュニティで増やすには欠かせない領域であろう。そして、これらの研究が発展し、実践に活かされることで、コミュニティにおける心理や教育などに関する問題が生じにくくなることや、早く解決することを期待したい。

〔**丹羽郁夫**〕

[22] Newell, M., & Newman, D. (2014) Assessing the state of evidence in consultation training: A review and call to the field. In W. P. Erchul & S. M. Sheridan (Eds.) *Handbook of research in school consultation (2nd. ed.)* (pp. 421-449). New York, NY: Taylor & Francis Group.

[23] 大畠みどり・久田満（2013）「看護師における心理専門職への援助要請態度および意図――カウンセリングとコンサルテーション促進要因の検討」『心理臨床学研究』31(1), 107-117.

第3章 ◉ エンパワメント

3-1

DV被害者に対する個人・組織・コミュニティ次元での「エンパワメント」

――予防・危機介入・後方的支援という円環的EMPを絡めて

高畠は、DV（Domestic Violence、ドメスティック・バイオレンス）の被害女性に対して、予防(Prevention)・危機介入(Intervention)・後方支援(Postvention)という円環的支援モデルについて、生態学的レベルであるミクロ・メゾ・マクロレベルに分けて提唱しています。[1]

筆者は、DV被害者のためのNPO法人のシェルター（一時保護施設）で活動していました。DV被害者支援では「エンパワメント（Empowerment、以下EMP）」が重視されます。[2][3]病院等での一般的な支援関係では、支援者と被支援者のパワーの違いはあまり意識されません。しかし、DV被害者は夫婦間でのパワーの違いにより暴力被害を受けたこともあり、支援者は常に自らのパワーに敏感でありつつ、できるかぎり被支援者と対等な関係になるよう意識し続ける必要があります。それは、コミュニティ心理学で重視されているEMPを支援者が常に意識していることにほかなりません。そこで、ここでは、DV被害者支援においてEMPが重視される理由をその歴史から紐解き、さらにDV被害者に対する支援に関してEMPの視点から論じていきます。

[1] 高畠克子（2013）『DVはいま　協働による個人と環境への支援』ミネルヴァ書房

[2] 高畠克子（2011）「DV被害者へのフェミニスト・アプローチおよびコミュニティ・アプローチ」『子どもの虹情報研修センター紀要』9, 28-44.

[3] 榊原佐和子（2008）「女性のエンパワーメント」井上孝代編『エンパワーメントのカウンセリング』川島書店 pp. 29-62.

1　DV被害者支援の歴史

1970年代のアメリカにおいて、DVが社会問題化した。この時代は第二波フェミニズム運動の中で「個人的なことは政治的なこと」というスローガンが掲げられ、それまで名もなく解決すべき問題とも考えられてこなかった「夫からの暴力」が「DV」と名づけられ、DVは両性の不平等という社会構造が影響する重大な人権侵害であると認識されるようになり、対策が進められていった。一方、日本では、1990年代に入って、DV被害者を一時保護するNPO法人の活動がわずかにみられたものの、「夫婦喧嘩は犬も食わない」「法は家庭に入らず」等の社会的慣習から、DVへの公的対応はほとんどなされないままであった。

1995年の第4回世界女性会議で採択された「北京行動綱領」において、「女性に対する暴力」は「女性のエンパワメント」達成のために優先的に取り組むべき12の重大問題領域の一つとされ、すべての国がDVに取り組むべきとされた。日本においても、1998年に東京都生活文化局がおこなったDV被害実態調査により、約半数の女性がDV被害を経験し、1%の女性が「何度も立ち上がれなくなるほどなぐられた」という深刻な身体的暴力被害を経験していることが示された[4]。

DVに関する世界的潮流や日本の行政によるDV被害実態調査の結果、およびDV被害者支援をおこなうNPO等の後押しにより、2001年10月、「配偶者からの暴力防止及び被害者の保護に関する法律」（通称：DV防止法）が施行され、婦人相談

[4] 東京都生活文化局（1998）「「女性に対する暴力」調査報告書」。この調査はDV被害に関する行政初の無作為抽出による調査と考えられるものであり、この数値のインパクトは大きいものであった。

所等が「配偶者暴力相談支援センター」となり、ＤＶ被害者の相談や緊急一時保護業務を担うようになった。ちなみに、２００２年度３万５９４３件だった同センターへの相談件数は、２０１４年度には10万２９６３件となり、初めて10万件を超え、その後も10万件以上で高止まりしている。また、警察庁が発表している「配偶者からの暴力事案等の相談等件数」は、継続して増加しており、ＤＶ防止法が施行された２００１年度は３６０８件であったが、２０１７年度は７万２４５５件と約20倍となっている。

ＤＶ被害によって、被害者は怪我をするなど身体的に傷つく可能性があるし、自信を失ったり、落ち込んだり不安になったり、不眠になったりするなど精神的にも大きく傷つく可能性もあり、被害女性のその後の生活に暗い影を落とす。また、２００４年の児童虐待防止法の改正により、子どもの前でのＤＶ（面前ＤＶ）が児童虐待であることが明確化されている。つまり、ＤＶはその直接的な暴力被害者にとってだけでなく、その暴力を目撃する子どもにとっても悪影響を及ぼすものである。児童虐待として警察から児童相談所に通告された児童数は平成16年以降連続して増加しているが、そのうち２割が身体的児童虐待、７割が心理的児童虐待である。さらに心理的児童虐待のうち約７割を面前ＤＶが占めている。ＤＶ防止法が施行されてから約20年経った現在でも、ＤＶは対策が必要な問題であると言える。

２　ＤＶ被害者支援における「エンパワメント」

コミュニティ心理学の中にＥＭＰの概念を明確に位置づけたＪ・ラパポートは、「エンパワメントとは、プロセスである。すなわち、人・組織・コミュニティが自らの生活・環境をコントロールしていくメカニズムである」[5]とした。さらにＭ・Ａ・ツィマーマンら[6]は「エンパワーのプロセス」と、「エンパワーされた結果」とに分け、それぞれ個人・組織・コミュニティの３次元でＥＭＰを論じている。これらの各次元のＥＭＰは独立して存在しているのではなく、相互に影響し合っている。ＤＶ被害者支援において、ＤＶ被害者個人のＥＭＰは重要であるが、個人に影響を与える組織・コミュニティレベルのＥＭＰもまた重要である[7]。

以下、ＤＶ被害者支援に関して個人・組織・コミュニティレベルごとにＥＭＰを概説する。

（１）個人的次元におけるＥＰＭ：ＤＶ被害者への予防的・危機介入的ＥＰＭ

個人的次元でのＥＰＭとは、ＤＶによって本来持っている力を社会的に奪われて**社会的弱者**（Social Powerlessness）の立場に置かれるＤＶ被害者がＥＭＰされるプロセスを通して、結果として精神的・経済的・社会的に自立して生きていけるようになることである。そのためにまず支援者は、ＤＶ被害者の行動や心理を十分理解する必要がある。

[5] Rappaport, J. (1977) *Community Psychology: Values, research and action*, Holf, Renehart & Winston
【1-4】参照。

[6] Zimmerman, M. A. (2000) Empowerment theory: Psychological, organizational, and community levels of analysis. In J. Rappaport & E. Seidman (Eds.), *Handbook of community psychology* (pp. 43-63). Dordrecht, Netherlands: Kluwer Academic Publishers.

[7] 榊原佐和子（2008）「女性のエンパワメント」井上孝代編『エンパワメントのカウンセリング』川島書店 pp. 29-62.

①加害者から離れることの難しさ：L・ウォーカー[8]は、DV被害者の心理を以下のように説明している。DV被害女性は加害者から「俺を怒らせるお前が悪い」等繰り返し言われ、暴力被害等を受け続けた結果、「**学習性無力感（Learned helplessness）**」に陥る。さらに加害者は配偶者に自分以外の人間関係を断つように強要し、被害者と実家や友人との関係を疎遠にさせ、孤立無援化させることが多い。加えて、「**暴力のサイクル**[9]」が繰り返されるため、DV被害者の無力感はさらに強まる。この状況で、被害者が加害者から離れて、一人で（もしくは子どもを抱えて）生きる決心をすることは非常に困難である。

さらに、多くのDV被害者が誰にも相談できなかったり、相談しても相談相手から「夫が暴力をふるったのはあなたのせいじゃないの？」「なぜ逃げようとしなかったの？」「どうしてそんな男と一緒になったの？」等と非難され、それが「**二次被害**」になることもある。DV被害者がやっと相談した支援者から二次被害を受けると、加害者から離れることはさらに困難となる。

②加害者から離れるプロセス：増井[10][11]はDV被害者へのインタビューから、DV被害者が加害者から離れるプロセスを明らかにした。まず、被害者は加害者との生活の中で、「（加害者の）顔色をうかがい、相手を怒らせないようにする」「自分の意見がまったくない」のが普通で、自らの主体性を手放したパワーレスな状態にある。次に、もし加害者との生活から逃げ出さなければ、「自分自身が壊れてしまう」と表現され

[8] L. E. Walker (1979) *The Battered Women*. New York : Harper and Row.

[9] 女性が夫の機嫌をとるなどして大きな暴力がない時期（緊張蓄積期）の後、些細なことを契機に暴力が生じる（暴力爆発期）。その後、加害者が謝罪し優しくなる（ハネムーン期）等があり、ハネムーン期がある程度続くと再び緊張蓄積期に入り、このサイクルがくり返される。

[10] 増井香名子（2011）「DV被害者は、いかにして暴力関係からの「脱却」を決意するのか――「決定的底打ち実感」に至るプロセスと「生き続けている自己」」『社会福祉学』52, 94-106.

[11] 増井香名子（2012）「パワー転回行動――DV被害者が暴力関係から「脱却」する行動のプロセス：当事者インタビューの分析より」『社会福祉学』53, 57-69.

る「決定的底打ち実感[12]」をＤＶ被害者は体験する。これを契機に自ら支援を求め、能動的に「行動する主体としての自分を取戻す」過程で、加害者以外の他者から自分の気持ちや行動を正当に受け止められる体験を通して安心感や自信を得たり、他者から必要な支援を受けたり、加害者から離れられる具体的な方法や社会資源の情報を得たりなどして、「決意行動をつなぐ他者存在の獲得」「生活の場の確保」「安全の担保」など加害者から離れるための社会資源の確保が可能になる。

③ＤＶ被害者への予防的ＥＭＰ：ＤＶ被害者が相談機関等につながったときには、命の危険もある差し迫った状態であることも少なくない。その場合はシェルター利用等、ＤＶ被害者の安全確保のための**危機介入的ＥＭＰ**がおこなわれる。シェルター入所前からＤＶ被害者と相談員との間で関係ができていると、予防的なＥＭＰがおこなわれ、被害者は主体的にシェルター入所の決定をおこなう可能性が高まる。こうすることは、シェルター退所後のＤＶ被害者の自立した生活にも有用である[13]。

④シェルター利用中の危機介入的ＥＭＰ：加害者から離れた後も、ＤＶ被害者は多様な問題を抱えることが多く、危機介入的ＥＭＰが必要になることもある。うつ、ＰＴＳＤ（Posttraumatic Stress Disorder：心的外傷後ストレス障害）等の精神症状の程度が深刻な場合、医療機関の受診が必要となる。また、ＤＶ被害者は、安心・安全な場で相談員と今までの自分の人生を振り返り、喪失感・怒り・希望などの感情表出プロセスを経て徐々にＥＭＰされる。さらに、シェルター利用中から利用者同士の**セ**

[12] この例として、ＤＶにより命の危険を感じたり、それまでの自分では考えられなかったような思考（例えば：「夫に死んで欲しい」「このままでは自分が子どもを虐待してしまうかもしれない」）が生じたり、配偶者が子どもにも暴力をふるったりすることがある。

[13] 高畠克子（1997）「ドメスティック・バイオレンス被害者のための〝シェルター活動〟」『コミュニティ心理学研究』3, 1-11.

ルフヘルプ・グループ（Self-Help Group、以下ＳＨＧ）に参加し、退所後もＳＨＧへの参加を継続する被害者も多い。セルフヘルプとは、「仲間同士の相互援助による自立」という意味を持つ。[14]ＳＨＧメンバーは、ＥＭＰする者であると同時に、ＥＭＰされる者でもある。被害者同士が自発的・継続的に集まり、他者からＥＭＰされることで他者への信頼感を、そして他者をＥＭＰすることで自分への信頼感と自信を取り戻していくのである。[15]

（2）組織的次元におけるＥＭＰ：ＤＶ被害者への後方的ＥＰＭ

組織的次元でのＥＭＰには、組織のメンバーが自らの組織の意思決定に参加し、社会に対して組織の有効性をアピールし、有用な情報や社会資源を共有するために他組織と連携し、政策決定に影響を与える活動をおこなうなどのプロセスが含まれる。その結果として、メンバーや社会に有効な影響を与える自立した組織であることが自覚される。

①シェルターでの後方的ＥＭＰ：ＤＶ被害者を一時保護するシェルターはＤＶ被害者が配偶者と離れた後に自立した生活を送れるよう、医療機関・裁判所・行政機関・福祉施設・警察等と連携をとりながら、**アドボケイト**を中心とした後方的ＥＭＰをおこなう。これらのシェルターの後方的ＥＭＰがＤＶ防止法成立や法改正に果たした役割は大きい。[16]

[14] 丹羽郁夫（2007）「ソーシャルサポートとセルフヘルプ」植村勝彦編『コミュニティ心理学入門』ナカニシヤ出版 pp.119-140.

[15] 米山奈奈子（2005）「ＤＶ被害女性が体験した支援と回復に関する一考察——回復過程における支援の現状と医療機関の役割」『秋田大学医学部保健学科紀要』13, 23-33.

[16] ＤＶ法を改正しよう全国ネットワーク（2006）『女性たちが変えたＤＶ法——国会が「当事者」に門を開いた３６５日』新水社

②医療機関での後方的EMP：DVによりケガや精神的不調が生じた場合でも、DVも被害者はDVが原因であることを伏せて病院受診することが多い。そのため、医療者はDV被害を「発見」しなければならない[17]。医療機関がDV支援専門機関と連携し、DV被害者の特徴を知り、DV被害を発見し、被害者を支援につなぐ場としての有効性を自覚し、高めることが、医療機関での有効な後方的EMPとなる。

③社会福祉機関での後方的EMP：母子生活支援施設[18]は、シェルター等での短期一時保護後により長期にわたる社会復帰施設として利用されている。母子生活支援施設では、女性相談や子育て相談等の個人的EMPから、退所後の住居や仕事の確保や、DV被害者の失われた権利回復を目指し、自立した生活のための後方的EMPもおこなっている。

[17] 片岡弥恵子・櫻井綾香・江藤宏美・堀内成子（2010）「日本の医療施設におけるDV被害者支援の現状」『聖路加看護大学紀要』36, 59-63.

[18] 全国母子生活支援施設協議会 http://zenbokyou.jp/

（3）コミュニティ次元におけるEMP：DV被害者への後方的・予防的EMP

コミュニティ次元でのEMPは、コミュニティ全体がDV問題への意識を高め、DV防止と根絶のためのコミュニティ作りのプロセスに入ることである。万が一、DVが起こった場合にも、速やかにDVを発見し、有効な支援システムを有するコミュニティからの支援につなげることが重要である。

①「DVは許さない」というコミュニティ作り：社会の中にDVを容認する傾向があると、二次被害やDV被害の見過ごしにつながることが多い。そこで、「DVは重

大な人権侵害であり、許されない犯罪である」というコミュニティ意識を高める啓発活動はとりわけ重要である。内閣府は2001年から毎年11月に「女性に対する暴力をなくす運動」を2週間実施し、地方公共団体や市民団体の協力を得て、リーフレットの作成と配布、メディアを利用したパープルリボン運動の宣伝と実施、臨時の相談窓口の開設等、重点的に啓発活動をおこなっている。

さらに、結婚する前の親密な交際相手との関係においても暴力は生じる。これは「デートDV」と呼ばれている[19]が、デートDVの予防は結婚後のDV予防にもつながるため重要である。内閣府ではデートDVの予防のための教材『人と人とのよりよい関係をつくるために交際相手とのすてきな関係をつくっていくには』を作成し、この教科書を活用し、中・高校等の教育機関でのデートDV予防啓発運動を推進している[20]。

3　DV被害者の安心・安全な生活のために

(1) 法律・制度運用上の問題

結婚生活解消後も、被害者を追いかけるタイプの加害者がいる。2000年に「ストーカー行為等の規制に関する法律」(通称、**ストーカー規制法**)が施行されたが、2012年の逗子ストーカー殺人事件は、公的機関における被害者の個人情報管理の不徹底という運用上の問題から起こった[21]。その後も、今日に至るまで公的機関による

[19] Cornelius, T. L., & Resseguie, N. (2007) Primary and secondary prevention programs for dating violence: A review of the literature. *Aggression and Violence Behavior*, 12, 365-375.

[20] 内閣府男女共同参画局(2010)「人と人とのよりよい関係をつくるために交際相手とのすてきな関係をつくっていくには」

[21] 元交際相手の男性から脅された女性は、居住地区の市役所に情報制限を要請していたが、市役所に電話をかけた男性が雇った探偵により女性の住所が聞き出され、2012年11月女性は自宅で刺殺された。

ＤＶ被害者の個人情報の漏洩ニュースは後を絶たない。行政の個人情報管理を徹底することは、ＤＶおよびデートＤＶの被害者の安全・安心を保つために必要不可欠である。

（2）現行の制度から取りこぼされたＤＶ被害者へのＥＭＰ

先に述べたように歴史的経緯からＤＶ被害者へのＥＭＰは、基本的に女性被害者を念頭に行われてきた。しかし、割合は低いながらも男性の被害者もおり[22]、さらに同性カップル間でもＤＶは生じる[23]。また、外国人ＤＶ被害者は、言葉の問題や在留資格取得の不安等から公的サービスにつながりにくく、深刻なＤＶ被害を被ることも多い[24]。

このようにさまざまなＤＶ被害者へのＥＭＰも視野に入れ、あらゆるＤＶを許さない社会環境の醸成というコミュニティ次元でのＥＭＰを基盤とし、個人的・組織的次元でのＥＭＰを推進していくことが、ＤＶ被害者を1人でも減らし、たとえＤＶ被害が生じた場合でも被害の深刻化を予防することにつながると考える。

（3）ハラスメントや性暴力被害、その他さまざまな暴力への対策の必要性

2001年のＤＶ防止法の施行は、それまで声を上げることができなかったＤＶ被害者に、ＤＶは取るに足らない、周りに相談すべきではない、我慢し続けるべき問題ではなく、社会で対応することが必要な重大な問題であることを示し、ＤＶ被害者を

[22] 内閣府男女共同参画局（2015）「男女間における暴力に関する調査報告書」

[23] Oliffe, J. L., Han, C., Sta. Maria, E., Lohan, M., Howard, T., Stewart, D. E., & MacMillan, H. (2014) Gay men and intimate partner violence: A gender analysis. *Sociology of Health & Illness*, 36, 564-579.

[24] 移民労働者と連帯する全国ネットワーク（移住連）女性プロジェクト（2015）「移住女性の民間シェルター利用状況調査報告書」

EMPするものであった。しかしながら、前述したようにDVは現在でも根絶されていない。DVは、近年ニュースでも大きく取り上げられているさまざまなハラスメント事件[25]、「#MeToo」運動[26]での盛り上がりを見せる性暴力被害、また児童虐待や高齢者虐待と同様、被害者の人権侵害の問題であり、被害者が声を挙げにくい構造の中で生じる暴力被害である。こういったさまざまな暴力被害の問題の根絶のためには、個人の人権が尊重される社会を作り出すコミュニティ次元におけるEMPが絶対的に必要であり、そのためには現行の法制度を含めたさまざまな制度を有機的につなぎ、見直していくことも必要であろうし、子ども・若者世代に対するさらなる啓発活動も必要であろう。

〔榊原佐和子〕

[25] 職場におけるパワー・ハラスメント、マタニティ・ハラスメント、セクシュアル・ハラスメントなどの問題、過労死の問題、スポーツ業界のコーチから選手に対する暴力問題、児童虐待による死亡事件、いじめによる自殺等のさまざまな問題が連日ニュースで取り上げられている。

[26] 「#MeToo」運動とは、自らのセクシュアル・ハラスメントや性的暴力の被害体験をツイッター等のSNSでハッシュタグをつけて共有する運動のこと。米国の有名な複数の女優たちが実名で被害を告発したことにより世界的な運動へと拡がった。

3-2

津波に遭った中学校の表現活動を励ますには

――エンパワメント評価研究を通した間接的心理支援

「夢だけは　壊せなかった　大震災」

2011年3月11日15時25分、牡鹿半島基部に位置する女川町に、類を見ない大規模津波が押し寄せました。[1]町の被災率は8割超ともいわれています。[2][3]電気や水道等のライフライン、流通や情報伝達経路、役場・教育委員会等の行政機能、基幹産業施設、これらほぼすべてが津波にのみ込まれ、町は壊滅状態に陥りました。

発災から1年以上を経た2012年4月、[4]所属していた大学院の黒沢幸子教授から、表紙にロケットの絵が描かれた本を渡されました。[5]そこに載っていた女川の中学生たちによる2011年5月と11月の俳句が訴えかけてくる想いに、私は身震いを覚えました。こうして私は、俳句が詠まれた経緯も表紙に描かれたロケットの意味も知らぬまま研究に加わり、この研究とともに博士課程生活3年間を過ごすことになったのです。初めて経験するステークホルダー[6]との対峙、被災直後を追体験していく孤独な闘い、東京にいることの自責感……、幾度泣いたかわかりません。しかし、だからこそ、現地の主体性を活かすことを忘れずにいられました。[7]研究からは退きましたが、震災からの創造的復興を願いながら、女川に心を寄せ続けていきたいと思います。

[1] 東日本大震災に被災された方々に心よりお見舞い申し上げます。本研究は、A中学校の生徒・教職員方をはじめとした女川に住まう皆様から、貴重な作品等の一部をおかりしておこなわれました。ここに記し、深い感謝と敬愛、そして哀悼の意を捧げます。

[2] まげねっちゃプロジェクト編（2012）『まげねっちゃ（負けないぞ）――つなみの被災地宮城県女川町の子どもたちが見つめたふるさとの1年』青志社

[3] 女川町公式ホームページ

[4] 山中勉編著（2012）『みあげればがれきの上にこいのぼり…――地球人の交換日記(1)』遊行社

[5] JSPS科研費24653199から助成を受けた。

[6] 利害関係者

1　コミュニティをエンパワーする開発的な協働型プログラム評価

プログラム評価研究のなかには、プログラムの効果を評価すること自体ではなく、プログラムに評価の観点を組み込んでプログラムの改善や発展を図る研究形態がある[8]。その1つが、プログラム実践主体（コミュニティ／コミュニティ成員）のエンパワメントを目的とした、エンパワメント評価研究である。

プログラム実践主体（本研究では、女川の中学校）と評価者（筆者）が協働的関係で結ばれるのもエンパワメント評価研究の特徴といえる。プログラムの実施と評価の主権が置かれるのはプログラム実践主体で、評価者は、プログラム実践主体が自らの顕在的・潜在的資源（resource）を活かしてプログラムを改善・発展させていけるよう、評価に必要な専門的知識や方法、道具などを提供する補助役に位置づけられる。

2　エンパワメント評価研究による間接的な震災後心理支援

『俳句・連句作り』は、大規模津波を伴った東日本大震災で壊滅的被害を受けた女川町（宮城県牡鹿郡）の中学校を起点として展開された、日本独自の定型句（五七五や七七）による震災後表現活動の総称である。このうち、２０１１年5月（被災2ヵ月後）以降、約半年おきの実践が四年間続いたのが、五七五に『素直な「今」の気持ち』を詠む国語科授業である。現地では「俳句の授業」と呼ばれ、中核的活動となっていた。日本宇宙フォーラム（ＪＳＦ）などの助力により、作品を「宇宙（国際宇宙

[7] 日本コミュニティ心理学会第1回「研究・実践プロジェクト助成」研究から助成を受けた。

[8] 本書6章参照。

[9] 『俳句・連句作り』で中学生が句をしたためた短冊を画像データ化して収めたＤＶＤは、日本宇宙フォーラム（ＪＳＦ）の「地球人の心ぷろじぇくと」によって国際宇宙ステーション（ＩＳＳ）にロケットで打ち上げられた。「地球人の心ぷろじぇくと」は、子どもたちの詩・絵・写真等を収集・データ化して収録したＤＶＤをＩＳＳに一定期間保管することで宇宙の平和利用を啓発する会員制社会教育活動で、東日本大震災発災以前の２０１１年2月から翌年9月まで展開されていた。女川の中学校と「地球人の心ぷろじぇくと」とのつながりについては、既刊の文献を参照されたい。

ステーション）」に提出するという構造も継続的に保持されていった[9]。

２０１２年４月、まず、実践者およびステークホルダー（ＪＳＦなど）から、ニーズを聴き取った。両者に共通していたのは、「どうして中学生たちはこんなにすごい俳句が詠めたのか」という、成功要因探究のニーズであった。中学生たちの句は教員ら含む現地の大人たちの心を動かし、町全体までも励ますものとなっていたのである。

一方、研究者側ではすでに、地域全体が津波に被災したことで学校コミュニティ自体が巨大な**セルフヘルプ・グループ**として心情の安全で率直な表出を助けた可能性など、いくつかの推論が立てられていた。そこで、外部の援助者ではなく被災者自身が主体的に自らの心をケアできるようにサポートすることが震災後心理支援の本質である[10]とする臨床心理学分野の知見をもとに、成功要因探究のニーズを発展的に解釈することとした。こうして、学校コミュニティ主体の自助的震災後表現活動がもたらした心理的効果を可視化し、その意義と成功要因を専門的見地から意味づけて実践主体と取り組みの発展を励ますという、エンパワメント評価による間接的震災後心理支援を展開していくことになったのである[11]。

３　『俳句・連句作り』の学校プログラム

外部から評価を行う本研究では、まず、実践内容の把握が必要となった。しかし、

[10] 冨永良喜（2012）「大災害と子どもの心――どう向き合い支えるか」岩波書店
IASC Reference Group for Mental Health and Psychosocial Support in Emergency Settings (2007) *IASC Guidelines on mental health and psychosocial support in emergency* settings. Geneva: IASC.［鈴木友理子・堤敦朗・金吉晴・井筒節・園環樹訳（2011）「災害・紛争等緊急時における精神保健・心理社会的支援に関するＩＡＳＣガイドライン」］

[11] 黒沢幸子・西野明樹（2013a）「東日本大震災被災後約２ヵ月時点に実践された『俳句・連句作り』の学校プログラムに見られる中学生の心理的様相――ＫＪ法による中１生の俳句作品の質的検討から」『目白大学心理学研究』9, 1-12.

震災後の状況的危機と混乱の中で行われてきたため、導入経緯や実施までの意思決定プロセスが不明瞭であった。実施日や教示内容を記す資料のいくつかは散逸しており、各関係者の証言にも若干の食い違いがあった。以下は、女川内外の関係各者とのヒアリング、断片的に残っていた記録資料や女川の被災後を伝える新聞記事や広報誌等の収集・整理によって明らかになった、『俳句・連句作り』の概要である。

最初の導入契機は、被災直後にＪＳＦ担当職員から当該校社会科教員に寄せられた、学校単位で宇宙と繋がる「地球人の心ぷろじぇくと」への参加の打診であった。社会科教員は津波被害で孤立状態にあった中学生を外の世界につなげられる活動に仕立てて現地の要職らに提案し、その協議と采配により、学校主体の取り組みとして五七五を詠む授業の実施が決定された。津波被災と喪失という圧倒的体験に曝されながら涙すらほとんど見せない中学生に、感情を吐き出す場を与えるためであった。実施の主導者には、津波によって実子を亡くした国語科教員（以下、主導教員）が任命された。

被災2ヵ月後の第一回『俳句・連句作り』では、ＪＳＦ担当職員がゲスト講師を務め、全校生徒の前で同校生徒が描いた女川の被災前後各一枚の絵と、以下のような活動計画を紹介した。（1）作品を地上から星として目視可能な国際宇宙ステーションに打ち上げる。（2）女川の五七五を全国の他の学校に届け、二の句となる七七を続けた連句をつくってもらう。（3）全国各地で詠まれた連句を携えて女川を再訪す

[12] 川喜田二郎（1967）『発想法——創造性開発のために』中央公論社

[13] 黒沢幸子・西野明樹（2014）「東日本大震災で津波に遭った2ヵ月後に女川A中学校で実践された『俳句・連句作り』——各学年の俳句と1年後のふりかえりの質的検討」『コミュニティ心理学研究』17, 219-238.

[14] Tedeschi, R. G., & Calhoun, L. G. (1996) The posttraumatic growth inventory: Measuring the positive legacy of trauma. *Journal of Traumatic Stress*, 9, 455-471.

[15] 西野明樹・黒沢幸子（2013c）「日本語版自然災害下Posttraumatic Growth尺度作成の試み——東日本大震災を経験した関東圏内大学生と被災地中学生への調査から」『日本カウンセリング学会第46回大会発表論文集』157.

る。

実際の句作りは、各学級（1学年2学級の計6学級）の国語科授業内で行われた。主導教員は授業が始まると、被災前の現地風景写真10枚弱を次々と黒板に貼り、先述した被災前後各1枚の女川の絵を貼った。そして、「みんなも言いたいことがあるよな。今の気持ちを俳句にしよう」と生徒に呼びかけていった。

以後半年ごとに継続実践されている俳句作り以外にも、2011年5月に3年生が詠んだ俳句（『みあげればがれきの上にこいのぼり（Looking up Koinobori flies Over the debris)』）をNHK国際放送局のラジオ放送にのせて海外に発信し（JSFが仲介）、海外から寄せられた続きの詩を女川の中学生が七七に意訳して二の句にする活動や、2011年5月・11月に女川で詠まれた五七五を一の句として国内（東京・京都・九州）の小中学生が二の句（七七）を続けた連句作品（五七五－七七）に続き（五七五や五七五－七七、五七五－七七－五七五…）をつける活動等、多様な活動が展開された（表1）。

4　評価的観点の組み込み

2012年5月、2011年度1、2、3年生に対し、いくつか

表1　2011年度から2014年度までの女川における活動展開

2011年度 （平成23）	5月	第1回『俳句・連句作り』
	11月	第2回『俳句・連句作り』
	11月	国外からの返詩を二の句に意訳
	1月	国内連句の三の句作り
	3月	卒業に向けた俳句作り
2012年度 （平成24）	5月	第3回『俳句・連句作り』
	5月	2011年度五七五づくりのふり返り
	11月	2011年度学校間連句交流のふり返り*
	12月	第4回『俳句・連句作り』
2013年度 （平成25）	5月	第5回『俳句・連句作り』
	11月	第6回『俳句・連句作り』
	2月	平成25年度 卒業句集づくり*
2014年度 （平成26）	5月	第7回『俳句・連句作り』
	11月	第8回『俳句・連句作り』
	2月	平成26年度 卒業句集づくり*

*同時に震災後心理的成長を問う質問紙調査を行った。

の観点から、第1回『俳句・連句作り』の感想を記述するよう求めた。観点を教示する際には、「素晴らしい俳句」「同じような状況に置かれる人に役立てたい」などの言葉を添え、回答者になる中学生のエンパワメントを図った。自由記述の観点には成功要因探究のニーズを反映させた（「初めて俳句を詠んだときの気持ち」「作文や詩と五七五の違い」「提出先が宇宙ときいて」等）。「句作りの経験が震災後や今に活かされていること」という観点は、回答時には中学生、結果のフィードバック時には実践を担った教員等をエンパワメントしうるのではないかと考えて加えた。収集された感想は、KJ法[12]を用いて学年ごとに質的に分類した。表2には、各学年の出現率上位2分類を示した[13]。

同様に、２０１２年10月には、他校から連句作品を受け取った感想を２０１１年度1、

表2　震災2ヵ月後の『俳句・連句作りの感想』

	分類名	出現率	切片の具体例
1年生	言葉にならない気持ちが表現された	27.1%	「俳句でしか表せない，何かがあった」「深い意味があって，人それぞれとらえ方も違うから，気持ちが伝えられる」「俳句はみんなの心が分かる」「心から表現できる表し方だと思う」
1年生	宇宙に飛ばされるのをすごいと思った	23.6%	「地球をこえて宇宙に俳句がいくことがとてもうれしかった」「夜見える星に自分達の俳句が届く…なんだかうれしかった」「自信になった」「自分たちの俳句が宇宙に行くなんて信じられなかった」
2年生	未知なる体験への関心と驚きがあった	24.0%	「今しかできない経験だと思った」「人類があまり行ったことのない遠くの場所で，不思議な感じ」「世界中とつながれるだけでもすごいのに宇宙にもなると考えられない」
2年生	みんなの気持ちが知れた	18.1%	「私だけじゃなくてこの句を書いた人もこんな気持ちだったんだぁ，同じ気持ちだなぁと思えた」「みんなで詠むと，みんなの心がみえる」「みんなの“今”の気持ちを知った」
3年生	未来への意志や希望をもたらした	23.9%	「復興に対する強い意志を持った」「句と一緒に当時を思い出し，つらいけど，前を向かなきゃって思える」「句にもした…おじいちゃんとの約束を果たすため，今も日々，頑張っている」
3年生	短い中に気持ちが詠み込められた	15.2%	「簡単だけれど中味の濃い表現ができた」「短い言葉でも，その1つ1つにたくさんの意味が込められる」「思いをシンプルにありのままに表現できる」「自分のつらい思いを込められて充実した」

注：1年生60名203切片，2年生56名171切片，3年生9名46切片を素材としている。

２二年生から収集した（「連句が返ってきたときの気持ち」「他校から返ってきた連句作品と全国各地から寄せられた励ましの言葉や贈り物との違い」等）。２学年１０３名分の１４７切片は、【心と心がつながったように思えた】【自分たちの気持ちを受け取ってもらえた気がした】などに分類された。

また、２０１１年11月には、『俳句・連句作り』に限らない震災後の心理的回復・成長を数量的に捉えることを目的とした質問紙調査をおこなった。実施にかかる学校側の負担と中学生の心理的負担を最小限にするため、女川の中学生には、危機的体験後の心理的成長を図る「Posttraumatic Growth Inventory (PTGI)」[14]を日本の文化を踏まえて意訳した21項目のみに回答を求め、妥当性や信頼性の検証は関東以西の大学生や中学生から得たデータを使っておこなった[15][16]。

２０１４年２月には、後述する「平成25年度女川中学校卒業句集作り」で使用したワークシートの末尾で同様の21項目に回答を求め、２０１１年11月（震災20ヵ月後）と２０１４年２月（震災後35ヵ月）時点の得点（５つの下位尺度得点）を統計的に比較検討した。５つの下位尺度得点を従属変数とした多変量分散分析（調査時期×学年（２０１３年度２、３年生））では、４つの下位尺度得点に交互作用が認められ（F1, F2, F5 : $p<.05$, F4 : $p<.01$）、単純主効

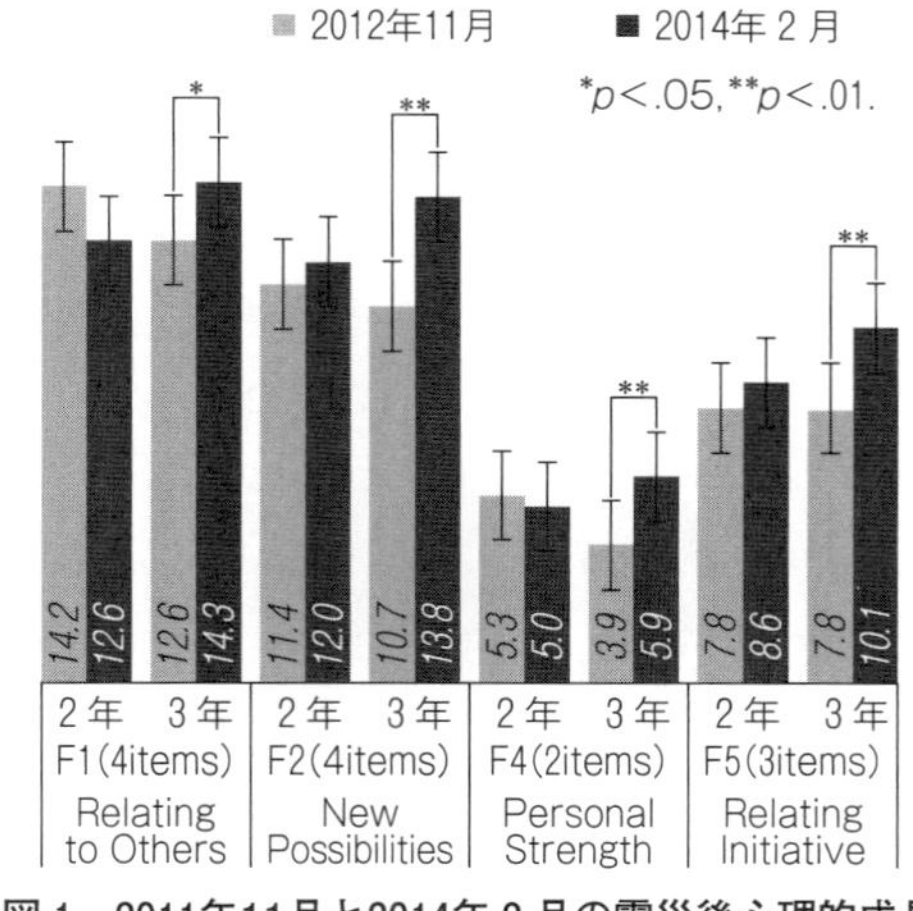

図１　2011年11月と2014年２月の震災後心理的成長

［16］西野明樹・沢崎達夫（2014）「苦境体験における Posttraumatic Growth に関する研究――体験者の主観的意味づけに着目して」『目白大学心理学研究』10, 11-24.

果の検定（Bonferroni，５％水準）により、３年生では４つの下位得点が有意に高まっていることがわかった[17]（図１）。

こうした質的・量的研究の成果は、学校による実践の有効性や子どもたちの成長可能性を示す結果として、積極的に現地に伝えていった。

５　現地の実態と研究成果を踏まえた「卒業句集づくり」の提案とその後

臨床心理学分野において、表現活動は、内的感情の表出や体験の語り直しを促進する有用な心のケア活動として知られている。俳句自体の質的分析結果[18][19][20][21]や現地学校関係者の語り[22]も、『俳句・連句作り』が一般的な震災後表現と同等あるいはそれ以上に心のケア活動として機能していることが示唆されていた。そうしたなか、中学生たちは自分が詠んだ句を忘れている、震災後すぐに俳句を詠んだ２０１３年度３年生と下級生では俳句を詠む真剣さが違うようだとの情報が、主導教員から入った。

これらを踏まえて研究者側から提案したのが、２０１３年度３年生が３年間（第１回目から６回目の『俳句・連句作り』）で詠んだ７００超の句をまとめた冊子（作者匿名）を全学年の生徒に配布しておこなう、「卒業句集づくり」である。１、２年生は冊子で３年生の句を見ながら、目にとまった句、２０１１年度頃の自分の気持ちに近い句、俳句づくりに取り組んでみた感想、３年生に向けた五七五等をワークシートに書き込んでいく。３年生には、冊子とともに自作の五七五だけが時系列に並べられ

[17] 西野明樹・黒沢幸子（2014）「津波に遭った中学生が経験した東日本大震災後の Posttraumatic Growth――被災後から『俳句・連句作り』を継続実践してきた女川より」『日本カウンセリング学会第47回大会発表論文集』156.

[18] 黒沢幸子・西野明樹（2013c）「津波被害地域Ａ中学校生徒の俳句作品に見られる〝海〟への想い――東日本大震災の約２・８ヵ月後に実践された学校プログラムから」『日本コミュニティ心理学会第16回大会　大会プログラム・発表論文集』80-81.

[19] 西野明樹・黒沢幸子（2013b）「津波に遭ったＡ中学校生徒が詠むふるさと〝女川〟と心理的様相の変化――東日本大震災から約２・８ヵ月後の『俳句・連句作り』作品を素材として」『日本コミュニティ心理学会第16回大会　大会プログラム・発表論文集』82-83.

た表付きの個別ワークシートを配布し、自分の句をふり返った感想や3年間の句作りの感想、未来に向けたメッセージなどの記入を求めた。3年生には震災体験の意味づけ直し、下級生には五七五に想いを託す伝統と意義の継承を意図した。この取り組みは、2013年度と2014年度に行い、現地教育からは手応えのよさが報告されている。生徒が記述した感想からも一定の奏功がうかがえる。3年生の句と個別ワークシートの複写、下級生から3に向けた五七五を収録した『卒業句集』は、研究者らを含む大人たちが女川の中学生から大切な学びを授かった御礼の卒業記念として、3年生全員と下級生各学級に贈った。卒業式の日に『卒業句集』を配ったのは、もちろん、現地の教育らである。女川で生きる中学生、教員ら、学校こそが、このプログラムの主役にふさわしい。

2015年度冬、発災時に小学校低学年であった中学生たちが五七五に震災体験を詠まなくなったことから、現地の意向に添う形で、本研究における女川との協働関係は終結した。役割を終えたのだろう。メディアを通して元気な女川の姿を知ることも増えた。必死に収集した資料や調査データのすべては、すでに研究代表者のもとに帰っている。それらがまたいつか、熱意のある院生や研究識者によって活かされることを心から願っている。

〔**西野明樹**〕

[20] 西野明樹・黒沢幸子(2013a)「『俳句・連句作り』に見られる被災地中学生の心理的様相とその変化――津波から約2・8・14ヵ月後に行われた学校プログラムから」『日本心理臨床学会第32回大会論文集』121.

[21] 黒沢幸子・西野明樹（2014）「津波被災から約8ヵ月後にA中学校1年生が学校プログラムで詠んだ俳句の質的検討――初回導入から半年後に行われた第二回『俳句・連句作り』から」『目白大学心理学研究』10, 39-53.

[22] 黒沢幸子・西野明樹(2013b)「東日本大震災津波被害区域内A中学校での『俳句・連句作り』――グッドプラクティスとなった学校プログラムから学ぶ震災下の心のケア活動」『日本心理臨床学会第32回大会論文集』122.

3-3

より良い大学生活をサポートするには

──コミュニティ・アプローチの視点を導入した学生支援

大学時代から思春期や青年期の臨床に関心があり、卒業後から現在まで、大学の学生相談室や公立中学・高等学校でのスクールカウンセラーとして実践を行ってきました。コミュニティ心理学に出会うまでは、個人臨床のあり方と外部から求められることのギャップに悩むことが多くありましたが、コミュニティ心理学を学ぶことにより、個人の内面だけでなく、その人が置かれている環境も含めたアセスメントや対応の重要性や教職員との連携の有効性等について頭と心で実感することができるようになりました。コミュニティ・アプローチは、私自身が臨床家として前進するための支えとなっています。

大学生の悩みは、自己に関するものから対人関係、家族、学業、進路等、多岐に渡り、時には自傷や自殺等の深刻なケースにも遭遇します。現場ではしばしば、「どうしたらいいんだろう？　これはどういうことなのか？」という思いが湧いてきますが、その迷いやわからなさが私の研究の素になっているようです。今日の学生像の変化や学生支援等について、個別事例だけでなく広い視点で捉え直すことによって、問題に対しての理解が深まり、再び現場に向かうエネルギーを得ているのだと思います。

［1］Erikson, E.H. (1959) *Identity and the life cycle.* International Universities Press.［小此木圭吾訳(1973)『自我同一性』誠信書房］

［2］窪田由紀（2009）『臨床実践としてのコミュニティ・アプローチ』金剛出版

［3］危機介入とは心理的援助の1つで、危機状態にあるクライエントの問題発生状況を理解し、そ

1　学生支援とコミュニティ・アプローチ

青年期は子どもから大人への移行期であり、第二反抗期に象徴される両親からの精神的な離乳を経て、自我同一性を模索し、確立するとされてきた[1]。青年期は「自分はどのような人間か?」というテーマにぶつかり、悩み、葛藤を抱えながら大人へと成長する時期であるといえる。しかし、近年は高等教育を取り巻く時代的変化、学生が育ってきた社会環境、学生の家族関係等の変化から、若者が自立するための道筋そのものが不透明になっているといわれ、大学生の自己のあり方に関して、多様化・質的な変化を指摘する知見が多く見られるようになった。

学生相談においても、従来の心理療法的なアプローチに加え、次第に〝コミュニティ・アプローチ型〟の援助が求められるようになっている。**コミュニティ・アプローチ**とは、心理的な問題をコミュニティ自体の持つ問題と捉え、予防・介入という観点で取り組もうとする試みのことであり、〝問題を抱える／問題から直接大きな影響をこうむっている当事者、身近な支援者、彼らが所属するコミュニティに対して、同時並行的・多層的に支援を展開することによって、それぞれが潜在的に持っている力を高め、より自律的な生活の実現をめざすアプローチ〟である[2]。例として、危機介入理論[3]や心理教育[4]を取り入れたもの、大学全体のシステムに焦点を当てた研究などがある。大学がひとつの全体的なコミュニティであるという認識に立ち、学生を支える**サポート・ネットワーク**[5]をどのように作り上げ、活用していくかがこれからの学生相談

の理解にもとづいて具体的な介入をおこなうこと。その目的はできるだけ早くクライエントをもとの状態に回復させることであり、短期間での終結もしくは継続的な支援への引き継ぎがおこなわれる。氏原寛ほか（2000）『心理臨床大事典』培風館

[4] 心理教育とは、疾病についての知識を最大限、クライエントと家族に伝える教育的な側面と、家族への心理援助と対処技能の増大を目的とした家族療法的な側面の2つが組み合わされているもの。氏原ほか（2000）前掲書

[5] サポート・ネットワークとは、サポートの機能を果たすソーシャルネットワークを意味し、行政や制度などフォーマルなものを含む場合もあるが、主には家族や友人等、インフォーマルな非専門家の援助者によるネットワークを指すときに用いられる。植村勝彦ほか編（2006）『よくわかるコミュニティ心理学』ミネルヴァ書房

活動にとって重大な課題となっているのである。

2　学生支援のための多面的アプローチの検討

本項では、現代学生の心理的特徴とコミュニティ・アプローチの視点を導入した支援（ここでは多面的アプローチとする）について臨床的、実証的研究を含めた先行研究を概観したものを示す。

(1) 現代学生の心理的特徴とは

さまざまな文献で「大学生の多様化や問題の複雑化」が挙げられているが、川上は複数の文献から浮かび上がってくるキーワードをピックアップし、それらについて整理を試みた[6]。2000年以降の文献では、「悩めない大学生」の増加を指摘するものが多く、苫米地は、近年の大学生の心理的特徴として、葛藤を抱えたり、自分の感情と向き合うことができなくなってきていると指摘し、すぐに「落ち込む」あるいは「身体化する」傾向が強くなっていると述べている[7]。これを図式化すると表1のようになる。

この表から、大学生の心理的特徴が、エリクソンの提唱した青年期の課題「自我同一性の獲得」に向けて悩み苦しむという葛藤のある状態か

表1　日本の大学生の心理的特徴の変化

年代	1970年	1980年	1990年代以降
課題や問題	自分探し	境界性人格障害等の逸脱	抑うつ感
心理的特徴	同一性拡散	未熟な人格の発達	悩めなさ・逃避・行動化

（苫米地（2006）を図式化）

表2　学生相談の中心的テーマと学生の内面の防衛機制の変遷

年代	1970年	1980年	1990年代以降
学生相談の中心的なテーマ	アパシー 対人恐怖	人格障害 （境界性・自己愛性）	解離性障害 社会的ひきこもり
防衛機制	抑圧	分裂	解離

（高石（2012）を図式化）

ら、時代の変化に伴って逸脱、抑うつ感へと移行し、徐々に「悩めない」状態へと変化していることが読み取れる。

また、上述の学生の悩めなさに関連して、現代の若者のこころの「多面化」「断片化」について論じられた文献も多数ある。高石は、現代の若者の「わたし」は断片化しており不連続であると述べ、青年期の人格構造が1980年代後半とそれ以前では異なることを指摘している。[8] 高石は、カウンセラーが取り組んだ現象の変遷（アパシー→人格障害→解離性障害）と学生の内面の防衛機制の変化（抑圧→分裂→解離）について論じているが、[9] これらを図式化すると表2のようになり、表1とほぼ合致しているといえる。これらのことから、現代学生の心理的特徴として、葛藤を抱えず、即時的に自己の側面を分断・解離させる（＝悩めない）構造にあり、それによってこころの状態を言葉に表すことができずに身体化するというメカニズムを理解することができる。

その他の現象として、「休・退学率の増加」「巣立つことの難しさ」「家族力の弱体化と密着した親子関係」なども見られ、学生個人の問題の背景に社会的な課題や家族との関係があることが示唆されている。

（2）学生相談の動向はどのように変化しているか

社会的な背景や学生像の変化を受けて、1990年代後半以降、新しい**学生相談**の

[6] 川上華代（2013）「現代学生の特徴と学生相談についての一考察――問題や症状が維持され、変わらない学生の姿から見えてくるもの」『和光大学現代人間学部紀要』6, 141-153
[7] 苫米地憲昭（2006）「大学生学生――相談から見た最近の事情」『臨床心理学』6, 168-172.
[8] 小林哲郎・杉原保史・高石恭子編著（2000）『大学生がカウンセリングを求めるとき――こころのキャンパスガイド』ミネルヴァ書房
[9] 高石恭子・岩田淳子編著（2012）『学生相談と発達障害』学苑社

モデルが相次いで提起されている。新しいモデルでは、従来の個人を中心とした臨床面接活動という伝統的な姿勢を保持しつつも、大学コミュニティの中でさらに能動的、積極的な役割を担う必要性が強調されるようになってきている。学生相談活動の範囲も「一部の不適応学生を対象とした心理治療を中心機能とするもの」から、「教職員も含めた大学コミュニティ全体を対象とした全人教育・発達支援の機能を含むもの」へと拡大することが目指されている。具体的には、学生相談が「大学教育の一環」であることが明示され[10]、学生相談の教育的・育成的な機能の拡大のために修学支援や生活支援等のさまざまなサービスを充実させることが必要となり、心理職と教職員との**連携**[11]、**協働**[12]に関心が寄せられるようになってきているのである。[13]川上はコミュニティ心理学の視点を導入し、学生相談室での事例を取り上げながら学生相談における多面的な機能と介入方法について検討をおこなった。[14]そこでは学生相談室が、従来の個人面接を基礎としたアプローチに加えて、①危機介入・危機管理機能、②調整・つなぎ機能、③居場所機能、④ソーシャルスキル・トレーニング機能[15]を持つことが示され、統合的な介入方法や実践についてさらなる検討が必要であるとした。

3　より良い学生支援に向けて

では、実際の学生支援に上記のような知見をどのように活かしていけば良いのだろうか？　個人レベルでの関わり、学生の家族との関わり、キャンパス内の連携の３つ

[10] 文部省高等教育局（2000）「大学における学生生活充実方策について」【2–4】参照。

[11] 連携とは、同じ目的で何事かをしようとするものが、連絡をとり合ってそれを行うこと。コミュニティ心理学では、社会資源同士を連携させ、ネットワークを作って援助をおこなう（例：スクールカウンセリングにおける教師とスクールカウンセラー）。植村ほか編（2006）前掲書

[12] 協働とは、複数の主体が、何らかの目標を共有し、ともに力を合わせて活動することをいう。コラボレーション（collaboration）、パートナーシップ（partnership）ともいう。さまざまな専門家、非専門家が積極的で生産的な相互交流をおこないながら目標や見通しを確認し、問題解決に必要な社会資源を共有し、必要ならば新たな社会資源や社会システムを開発する活動のこと。植村ほか編（2006）前掲書

の領域からまとめていくこととする。

（1）学生理解とカウンセリング

現代学生の心理的特徴として、葛藤を抱えられない断片的なこころの構造があり、身体化や行動化が生じやすいというメカニズムがある。また、そのようなこころの構造や現代の密着した親子関係などによって、主体性が育ちにくく、修学・進路の課題を抱えやすいことも示されている[16]。臨床的な観点からは、桐山の「自分を統合していく際には、よいも悪いもひっくるめて受容し、共感する他者の存在が必要である」という記述[17]や、鳥山の「彼らの半熟の身をゆっくりと温めて固めてやり、しっかりとした殻が作れるまで、時間をかけて見守ること」という記述[18]が示しているように、断片化して今にも崩れそうな青年期の心をカウンセラーや相談室という器がしっかりと受け止めていくことは、従来にも増して重要になっているといえるだろう。学生によって直接には言語化されない不安や脆さ、深刻さにも、カウンセラーが目を向け、焦らずに共感のまなざしを注いでいくことが重要であり、その際、カウンセラーの感じる重苦しさや硬さ、焦りや苛立ちのようなネガティブな感情も、学生たちの心理状況を示唆する重要なサインとして受け止めることがより深い理解と支援に役立つと考えられる。

また、断片的なこころの構造を持つ学生たちを一対一の点で支えるだけでなく、コ

[13] 藤川麗（2012）「教職員との協働に基づく学生相談へ」『学生相談必携 GUIDEBOOK——大学と協働して学生を支援する』金剛出版 pp. 40–43.

[14] 川上華代／J・クスマノ（2003）「学生相談における多面的アプローチの検討——コミュニティ心理学の視点を導入して」『上智大学心理学年報』27, 53–62

[15] ソーシャルスキル・トレーニングとは、交友関係がうまくいかないなどの対人行動の障害やつまずきを、有用な社会スキルの学習を通して改善しようという技法のこと。植村ほか編（2006）前掲書

[16] 高石恭子（2009）「現代学生のこころの育ちと高等教育に求められるこれからの学生支援」『京都大学高等教育研究』15, 79–88.

ミュニティで支えていくために、**居場所**[19]（談話室・フリースペース等）や**グループ・アプローチ**[20]（ピアサポート・エンカウンター等）の工夫が一層求められ、これらが有効な手立てにつながると考えられる。

（2）学生相談の一環としての保護者支援

高石は、現代の親子関係は「密着」と「放棄」の二極化していると述べている。[21]「密着」と「放棄」は一見すると両極のように見えるが、「親が子どもを別の人格として尊重して育てることができない」という共通の問題が隠れているといえる。このような今日の親子関係の構造を理解し、必要に応じて親を視野に入れた「学生支援」をおこなうことも重要であるといえる。そのためには、「保護者も学生を支える人的資源であり、協働者である」という認識を持って対応することがポイントになってくる。今後は保護者への相談も含め、心理教育的なアプローチを用いて青年期の子どもの理解や対応を促す支援が求められているといえるだろう。

（3）キャンパス内のネットワークづくり（教職員との連携・大学支援システムの構築）

現代学生の特徴として、こころの多面化・断片化があり、バラバラの自分をそのまま置いている状況があることはすでに述べた。これを学内の学生の姿に当てはめてみると、学生はキャンパスのいろいろな部署に現れ、バラバラにその姿を見せているの

[17] 桐山雅子（2010）「現代学生の心理的特徴」日本学生相談学会50周年記念誌編集委員会編『学生相談ハンドブック』学苑社 pp. 30–34.

[18] 鳥山平三（2006）『キャンパスのカウンセリング——相談事例から見た現代の青年期心性と壮年期心性』風間書房 pp. 159–167.

[19] 居場所とは、本来は物理的な空間を示す言葉であったが、物理的な場所と安心した心理状態の両方を含んだものであり、そこでは他者とのつながりが存在しているといわれる。

【4―3】参照。

[20] グループ・アプローチとは、自己成長を目指す、あるいは問題、悩みを持つ複数のクライエントに対して1人または複数のグループ担当者が、言語的コミュニケーション、活動、人間関係、集団内相互作用などを通して心理的に援助していく営みである。

ではないかと推測できる。個人的な実感ではあるが、病理の重い学生や問題が深刻な学生ほど、断片化の現象が顕著なのではないかと感じている。彼らは繊細であるがゆえに葛藤を抱えきれず様々な部署を訪れるが、容易には安心感を得ることができず、継続した相談につながることが難しいと言える。また彼らは心理的な背景から修学や進路の課題を抱えていることも多く、相談室だけに留まらない支援を要する学生も多く存在する。そのような学生を支援するためには、カウンセラーや教職員が個別に対応するだけでなく、学生の権利に配慮しながら、可能な限り相互に情報を共有し、協力していかなければならない。日本学生支援機構による「**学生支援の3階層モデル**」による総合的な学生支援体制[22]では、第1層：日常的学生支援（学習指導や研究室運営、窓口業務）、第2層：制度化された学生支援（クラス担任制度、アカデミック・アドバイザー、オフィス・アワー等）、第3層：専門的学生支援（学生相談機関、キャリアセンター、学習（修）支援センター、保健管理センター等）の学生支援体制が提示され、各階層間での交流及び連携・協働と各大学の個性・特色を活かした体制づくりが望まれている。このような学生支援体制は、学生支援を促進するだけでなく、学生支援に携わる大学教職員およびカウンセラーのバーンアウト防止にも寄与するものと考えられる。この理念をもとに、教職員が共通の認識を持って同時並行的・多層的に支援を展開し、学生の自律的な生活の実現を支えるための工夫が必要である。学生相談は、現代学生の特徴や学内の状況を理解した上で、従来の心理療法モデルのみ

［21］高石恭子（2010）「学生相談の新たな視座——保護者対応から親と子の自立支援へ」『平成22年度近畿地区メンタルヘルス研究協議会講演要旨』

［22］日本学生支援機構（2007）「大学における学生相談体制の充実方策について」『「総合的な学生支援」と「専門的な学生相談」の連携・協働』

に固執するのではなく、また種々のニーズや要求に即座に応じるサービス的な支援に偏ることのない、柔軟で粘り強い支援をおこなっていくことが重要となってくるといえるだろう。

4　おわりに

本項では、近年の学生相談の傾向とコミュニティ心理学の視点を導入した学生支援のあり方について検討をおこなった。先行研究では、学生相談室の活動が学生個人の相談に留まらず、幅広い領域におけるニーズや要請を受けて成り立っていることが示され、その支援に関しては多面的なアプローチが活用されている。本項は主に文献研究と事例にもとづいた研究を紹介したが、複雑な現代学生の特徴をふまえ、今後は大学独自の長所が発揮される具体的な学生支援体制を模索していくことがより一層望まれている。現在では、学生相談体制充実のための評価方法の検討等もおこなわれており、効果的な実践データの蓄積が期待されている。

〔**川上華代**〕

第4章 ◉ コミュニティ研究

4-1 コミュニティに愛着を持つとは

博士後期課程の満期退学後すぐに着任した大学では当時はまだ研究はじっくりのんびり取り組むものという雰囲気がありました。いずれはそれまでの社会心理学の対人関係分野での研究を博士論文としてまとめようという構想をゆるりと持ちながら、でも今後の研究生活でそのテーマを深めていくだけではいずれ行き詰まるだろうなと考えていました。そんな折、学部ゼミで指導を受けた恩師が長崎県西彼杵郡長与町で地域情報化に取り組むＮＰＯを立ち上げたのを契機として、あえてそれに積極的に巻き込まれていったというのが私の地域コミュニティ研究の出発点でした。一連の研究では、ＮＰＯ活動の参与観察を進めつつも、それまでの研究の方法論を生かして地域住民を対象とした質問紙調査を企画しました。ほんの軽い気持ちでコミュニティ意識を測る測定尺度を探したのですが、日本では1970年代までの研究しかなく、「じゃあ自分で何とかするしかない」と尺度を作り（当初はコミュニティ感覚という概念についてて聞いたこともありませんでした）、その尺度を構成する因子の1つとしての「愛着」概念との付き合いが始まりました。

1　コミュニティ感覚とコミュニティ意識

コミュニティ感覚という概念の重要性についてはS・B・サラソン[1]のつとに指摘するところであったが、D・W・マクミランとD・M・チャビス[2]によって再定義と尺度化がおこなわれて以降、さまざまな国や地域で実証的な研究がおこなわれてきている。日本では、諸外国のコミュニティ感覚研究の流れとは独立するかたちで、旧来の地域共同体は急速に崩壊したものの、それに代わる新しい地域社会がまだ創成されていないという１９６０年代以降の時代的状況の中で、社会学あるいは社会心理学の立場から「特定のコミュニティへの帰属・一体感情」を指し示す**コミュニティ意識**をめぐって研究がおこなわれてきた[3]。しかしマクミランとチャビスがコミュニティ感覚の構成要素として挙げた、メンバーシップ、影響力、統合とニーズの充足、情緒的結合の共有という４つの要素がカバーする内容と日本でコミュニティ意識という概念を用いて研究されてきた内容とは大きく異なるものではない[4]。本項では、日本におけるコミュニティ意識研究の系譜上で、筆者がコミュニティ意識に関しておこなってきたいくつかの研究から、**コミュニティへの愛着**がどのように形成され機能するのかについて検討をおこなうこととする。

2　コミュニティへの愛着とは何か

空間や場所についての人間の主観的経験にアプローチを試みる**現象学的地理学**とい

[1] Sarason, S. B. (1974) *The psychological sense of community: Prospects for a community psychology*. San Francisco: Jossey-Bass.

[2] McMillan, D. W., & Chavis, D. M. (1986) Sense of community: A definition and theory. *Journal of Community Psychology*, 14, 6-23.

[3] 石盛真徳 (2004)「コミュニティ意識とまちづくりへの市民参加――コミュニティ意識尺度の開発を通じて」『コミュニティ心理学研究』7, 87-98.

[4] 植村勝彦・笹尾敏明 (2007)「第8章　コミュニティ感覚と市民参加」植村勝彦編『コミュニティ心理学入門』ナカニシヤ出版 pp. 161-182.

う分野を確立したY・トゥアンは人の経験と地域コミュニティとの関わりに関して、「ある人が住んでいる通りは、その人の親密な経験の一部をなしている。そのような通りよりももっと大きな単位である地区は、1つの概念である。人が地元の通りに対して持っている感情は、必ずしも、時がたつにつれてひとりでに地区全体にまで広がっていくわけではない。概念というものは経験に依存しているが、しかし経験から結果として必然的に出てくるものではない。[5]」と述べている。

本項の冒頭で述べたように、筆者は長崎県の長与町で住民対象に実施した質問紙調査を皮切りにコミュニティ意識研究を開始したのだが、人びとの地域コミュニティへの意識や愛着を測定しようとする際にまず問題になったのは、トゥアンが指摘するように、同じ地域に住む人であったとしても、その人の個人的経験あるいは生活スタイルや日常の生活圏によって、彼らが地域コミュニティとして想定する範囲が異なり得るという点であった。この問題について検討した結果、2003年の調査では、地域コミュニティの範囲を限定することはせずに、リード文では「あなたのお住まいの地域では」という抽象的な表現を用いて地域コミュニティに関する意識や行動を問うこととした。[6]そのうえで、実際に調査協力者が住んでいる地域としてどの範囲を想定していたのかについては、別に設問を設けることで確認をおこなった。この調査では、長与町での調査結果と比較するために隣接する諫早市でも同様の調査を行ったが、当時の諫早市は諫早湾事業の潮受け堤防工事をめぐって全国的に大きな注目を集めてい

[5] トゥアン・Y／山本浩訳(1993, p. 303)『空間の経験――身体から都市へ』ちくま学芸文庫

[6] 石盛真徳(2004)「コミュニティ意識の現状――長崎県西彼杵郡長与町と諫早市の調査を通じて」『京都光華女子大学紀要』42, 135-154.

た。

「自分が生活している地域」というときに思い浮かべる範囲について集計した結果、図1の通り、長与町と諫早市ともに「自治会(町内会)を組織している範囲」と回答した人の割合がもっとも高かった。しかし次に多い回答が、長与町では「町全体」という回答であるのに対し、諫早市では「小学校区の範囲」という回答で、両地域で違いが見られた。諫早市では「生まれたときから市内に居住している」人の割合40・6%と長与町の9・9%と比較してかなり多く、そのため子供時代から実際に小学校区単位で行われるさまざまな地域の行事に参加した経験等が、生活している地域というときに思い浮かべる範囲に影響していたものと考えられる。

3　コミュニティ意識とコミュニティへの愛着

コミュニティへの愛着に関しては、コミュニティ感覚やコミュニティ意識以外に、**プレイス・アタッチメント(place atachement)**という概念を用いた多くの研究が行われてきた。しかしプレイス・アタッチメントには、コミュニティ感覚のみならず、コミュニティ愛着、プレイス・アイデンティティ、場所依存(place dependence)、

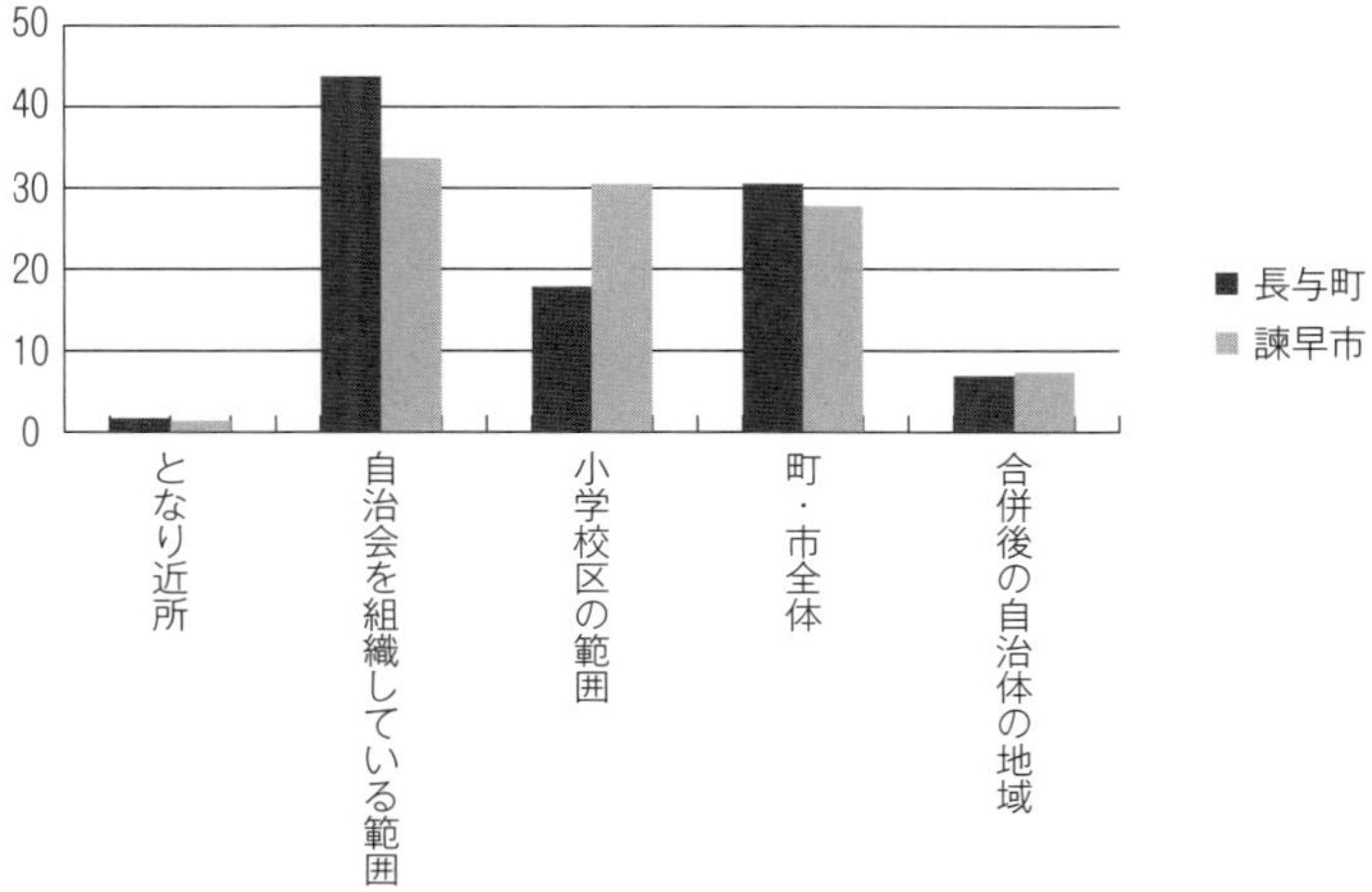

図1　長与町と諫早市で住民が「自分が生活している地域」として選択した割合(%)

場所感覚（sense of place）などといった多数の類似概念が存在しており、また名前や定義あるいは方法論上のアプローチ方法についても一致が見られていないなど、非常な混乱が生じている。[7]

このような混乱に対しては、いくつかのアプローチが有効と考えられるが、[8]筆者らが開発した**連帯・積極性**、**自己決定**、**他者依頼**、**愛着**という4因子から構成されているコミュニティ意識尺度[9]を用いた一連の研究では、コミュニティへの愛着をコミュニティ意識の下位次元として配置することで、コミュニティ意識のその他の下位次元やその他の変数との関連性について検討してきた。

なお、連帯・積極性因子とは、積極的にみんなと協力しながら地域のために活動するかどうかに関する因子、自己決定因子とは、地域をよくするためには市民自らが決定権を持つことが重要であると考えるかどうかに関する因子、他者依頼因子とは、行政や他の熱心な人に地域の問題への取り組みは任せておいてよいと考えるかに関する因子、そして、愛着因子とは、地域への誇りや愛着の有無に関する因子である（表1参照）。

4　コミュニティへの愛着が環境の知覚に及ぼす影響

表1　コミュニティ意識短縮版の４つの下位因子と尺度項目

連帯・積極性因子
地域でのボランティアなどの社会的活動に参加したい。
住み良い地域づくりのために自分から積極的に活動していきたい。
地域のみんなと何かをすることで，自分の生活の豊かさを求めたい。
自己決定因子
地域での問題の解決には，地域住民と行政が対等な関係を築くことが重要である。
地域をよくするためには，住民がすることに行政の側が積極的に協力すべきだ。
地域をよくするためには，住民みずからが決定することが重要である。
愛着因子
いま住んでいる地域に，誇りとか愛着のようなものを感じている。
この土地にたまたま生活しているが，さして関心や愛着といったものはない。
人からこの地域の悪口をいわれたら，自分の悪口をいわれたような気になる。
他者依頼因子
自分の住んでいる地域で住民運動が起きても，できればそれにかかわりたくない。
地域をよくするための活動は，熱心な人たちに任せておけばよい。
地域での環境整備は，行政に任せておけばよい。

（石盛・岡本・加藤（2013）前掲論文）

D・M・チャビスとA・ワンダースマン[10]は、コミュニティ感覚が環境の知覚において、触媒的な役割を果たすと指摘しているが、コミュニティ意識尺度の愛着因子は、**地域環境の知覚**にどのような影響を与えているのであろうか。石盛の研究[11]では、京都市民を対象にした調査データを用いて、地域環境の知覚にどのような要因が影響を与えているのかを検討している。ここでは「地域の活気」など6項目を目的変数とした重回帰分析の結果に焦点化して考察する（表2）。なお、表2のすべての重回帰分析モデルでは、コミュニティ意識の4因子以外に、性別・年齢等のデモグラフィック要因と社会階層等の社会・経済的要因計11変数が説明変数として強制投入されている。

分析の結果、まず注目すべき点は、愛着因子がすべての目的変数についての分析結果で正の有意の影響を有しており、なおかつ、「緑と自然」および「交通の便」以外の目的変数では、もっとも大きい

表2　地域環境の知覚への影響要因に関する重回帰分析結果

	目的変数					
	地域の活気	地域の住環境	緑と自然	交通の便	医療施設	福祉施設とサービス
説明変数	β	β	β	β	β	β
性別（0=男性，1=女性）	.08	.08	.11	.00	−.01	.00
年齢	−.11	−.02	.06	.00	.05	.03
学歴（0=高卒以下，1=専門学校卒以上）	.02	−.03	.00	.03	−.03	−1.0
仕事（0=フルタイム以外，1=フルタイム）	−.01	.06	.11	.03	.02	−.06
居住年数（0=20年未満，1=20年以上）	−.04	−.04	−.08	.04	.07	.07
子供の有無（0=無，1=有）	.14*	.05	.10	−.04	−.11	−.05
社会階層（0=中の下以下，1=中の中以上）	.10	.15**	.00	.08	.04	.16**
住居形態（0=賃貸，1=持ち家）	.03	.10	.04	.04	.03	−.03
居住エリア（0=郊外，1=都心4区）	−.07	.00	−.32**	.28**	.19**	.08
地域リーダー経験の有無（0=無，1=有）	.11	−.08	−.13*	.06	.07	−.05
ボランティア経験の有無（0=無，1=有）	.02	.11	.06	.00	−.03	.01
連帯・積極性	.05	−.02	.09	−.16*	.04	.20*
自己決定	−.18**	−.04	−.10	.05	−.06	−.23***
他者依頼	−.13*	−.01	.00	.01	.01	−.03
愛着	.30***	.45***	.25***	.22**	.26***	.25***
F	4.22***	6.11***	4.26***	3.66***	3.41***	4.80***
R^2	.185	.248	.187	.165	.155	.206
調整済みR^2	.142	.207	.143	.120	.110	163

*$p<.05$; **$p<.01$; ***$p<.001$

影響力を持っていたということである。「緑と自然」は都心4区よりも郊外で豊かであり、逆に「交通の便」については郊外よりも都心4区でよいと考えられるので、居住エリアがそれらの目的変数に対して、もっとも大きな影響を有していたのは、客観的な環境条件が地域環境の知覚に反映されたものと理解できる。ただしそれら2つの目的変数に関しても、愛着は2番目に大きい影響を及ぼしていた。これらの愛着の大きな影響力は、「あばたもえくぼ」というように、愛着の高さが住民の地域環境の知覚に対して、客観的な状態を上回るポジティブな方向へのバイアスを生じさせたためと解釈できるだろう。このバイアスには地域活動への積極的参加という点から、プラスマイナス両面の効果があると考えられる。プラスの効果は、自分の身近な環境を好ましいと思うことで、それを維持する活動等に積極的になるという効果である。一方のマイナスの効果は、他の地域と比べて実際には満足すべき水準に達していないにもかかわらず、現状に満足してしまい改善を図ることに積極的でなくなるという効果である。

5　態度概念としてのコミュニティ意識の愛着因子と今後の課題

社会心理学では、**態度概念**は「好意―非好意」といった要素からなる感情的成分、認知の豊富さ、分化、論理性などから構成される認知的成分、そして「受容―拒否」、「接近―回避」といった要素からなる行動的成分に3分類される。[12] コミュニティ意識

[7] Hidalgo, M. C., & Hernández, B. (2001) Place attachment: Conceptual and empirical questions. *Journal of Environmental Psychology*, 21, 273-281.

[8] たとえば、Hidalgo & Hernandez (2001) 自身は家、近隣、市という3つの地域コミュニティの範囲ごとに愛着のレベルがどのように異なるのかを検討している。

[9] 12項目の短縮版については、石盛真徳ほか (2013)「コミュニティ意識尺度（短縮版）の開発」『実験社会心理学研究』53, 22-29. を参照。

[10] Chavis, D. M. & Wandersman, A. (1990) Sense of community in the urban environment: A catalyst for participation and community development. *American Journal of Community Psychology*, 18, 55-81.

を地域に対する態度概念として捉えるならば、愛着は地域に対する「好意―非好意」を意味する次元であることから感情的成分に、自己決定は「まちづくりに関する意思決定は市民が主体的におこなうことが保障されるべき」という権利意識を基盤にしながら、地域の現状について批判的に認知する次元であることから認知的成分に、そして連帯・積極性と他者依頼は、それぞれ行動的成分のうちの地域活動への「接近」の極に、「回避」の極に対応すると考えられる[13]（図２）。

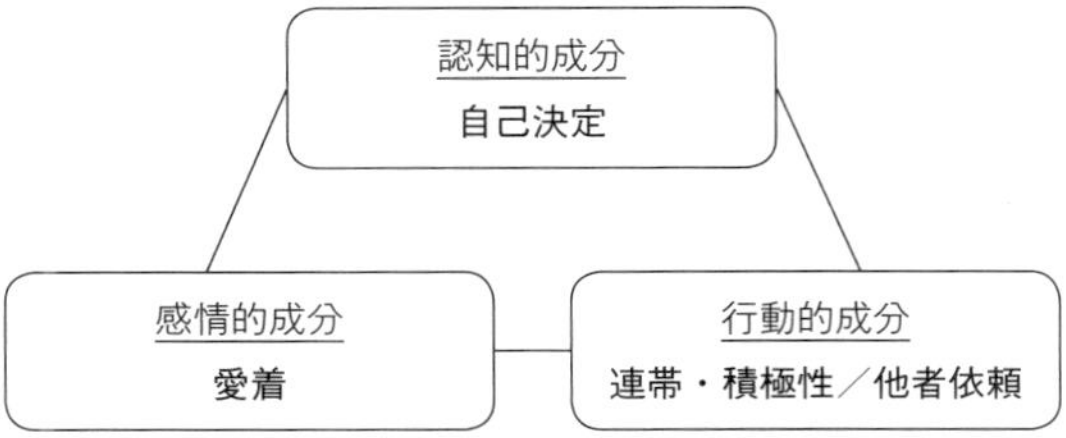

図２　コミュニティ意識の構成次元と態度成分との対応

　このように整理すると、愛着のポジティブなバイアスの効果をコントロールする自己決定因子の役割が明確化されるであろう。表２の分析結果においても、自己決定因子が「地域の活気」と「福祉施設とサービス」に対して有意な負の影響を与えていたが、これは自己決定因子が冷静に現状を受け止め、建設的な批判をおこなう要因として働いていることを示唆する結果である。

　今後のコミュニティ意識の愛着因子に関する研究における課題としては、現状では実態調査にとどまっており、実践的な取り組みとの関わりが弱いという点が指摘できる。実践的な取り組みにも利用可能な愛着研究とするために

[11] 石盛真徳（2009）「大都市住民のコミュニティ意識とまちづくり活動への参加――京都市における調査から」『コミュニティ心理学研究』13, 21-36.

[12] Rosenberg, M. J., & Hovland, C. I. (1960) Cognitive, affective, and behavioral components of attitudes. In C. I. Hovland, & M. J. Rosenberg (Ed.), *Attitude organization and change : An analysis of consistency among attitude components* (pp. 1-14). New Haven, CT : Yale University Press.

[13] 石盛真徳（2010）『コミュニティ意識と地域情報化の社会心理学』ナカニシヤ出版

は、どのようにコミュニティへの愛着が形成され、変化するのかについて明らかにするための縦断的な研究が必要とされる。

〔**石盛真徳**〕

4-2

子どもの安全をどう守るか

——写真投影法による安全・安心マップの作成

子どもの目線に立ってみると、大人とはまるで異なった世界が拡がっています。身長の違いや、関心の違いなど理由はさまざまでしょうが、実際、子どもたちは何を見ているのか、大人にはなかなか分かりません。本研究では、子どもの見ている世界の中でも、安全・安心という点に注目をしています。そこで採用したのが、写真投影法という方法です。写真を使うことで、子どもの危険認知の特徴を明らかにし、それにもとづいた「地域安全・安心マップ」作成しました。もともと、私が所属していた研究室では、写真を用いることで、人と環境の関わりを明らかにすることができないかと、様々な調査研究をおこなっていました。そんな折、大人からすればどう見ても危なそうな交差点を、全力疾走する子どもを見かけました。いったい何を見ているんだ!? という驚きとともに、実際、子どもが見ている世界を知りたいと考えるようになりました。さらに、子どもの見ている世界を踏まえた上で、地域安全マップを作成することで、より役立つ安全マップを作成することが可能になるのではないかと考え、写真投影法による子どもの危険認知の把握という研究を始めました。

1　地域安全マップの作成による子どもの安全・安心づくり

地域安全マップとは、犯罪の起こりやすそうな場所を地図にまとめたもの[1]である。文部科学省の調査によれば、地域安全マップ作成の取り組みは85・1％の小学校で実施されており[2]、子どもを犯罪被害から守るための有効な取り組みとして期待されている。いわば、子どもの安全を予防的アプローチによって改善させようという試みである。

それでは犯罪の起こりやすい場所とはどのような場所だろうか。犯罪機会論によると、領域性と監視性が低い場所で犯罪が起こりやすいとされている[3]。領域性とは、犯罪者の力が及ばない範囲を明確にすることであり、犯罪者にとって「入りにくい」ということを意味する。監視性とは、犯罪者の行動を把握できることであり、犯罪者が「見えやすい」ということを意味している[4]。

子どもが地域の中で被害者となってしまうのは、必ずしも犯罪に巻き込まれるという場合だけではない。警視庁交通局の調査[5]によれば、歩行中の子どもの負傷被害者数は、1万人を超える年がほとんどである。そもそも子どものハザード知覚能力は、大人に比べると未発達であり、とくに見通しが制限された死角状況と、複雑な交差点での状況把握を苦手であることなどが指摘されている[6]。また、交通状況から危険の手がかりを探し出し、その意味情報を解釈することが不得意である。このような実情を踏まえ、文部科学省でも、子どものハザード知覚教育の重要性を指摘し、危険予測の学

[1]　小宮信夫（2005）『犯罪は「この場所」で起こる』光文社

[2]　文部科学省スポーツ・青少年局学校健康教育課（2013）『学校安全の推進に関する計画に係る取組状況調査（平成23年度実績）』

[3]　Kelling, G. L., & Coles, C. M. (1996) *Fixing broken windows: Restoring order and reducing crime in our communities.* New York: Free Press.

[4]　小宮（2005）前掲書

[5]　警視庁交通局（2015）『平成26年中の交通事故の発生状況』警視庁交通局

[6]　蓮花一己（1997）「子どものための学校交通教育――ヨーロッパでの展開と日本の課題」『国際交通安全学会誌』22(3), 177–185.

習教材を作成し、学校現場での活用を奨励している。

本研究では、子どもの危険認知の特徴を明らかにしたうえで、そのエビデンスを基に安全安心マップを作成し、さらに安全安心マップの効果測定をおこなった。

2 写真投影法による子どもの危険認知の把握

(1) 写真投影法のメリット

本研究では、子どもの危険認知の特徴を明らかにするにあたり、写真投影法という手法を採用した。**写真投影法(Photo Projective Method)**とは、写真による環境世界の投影的分析法である。[7] この方法では、調査対象者にカメラを渡し、何らかの教示を与えて写真を撮らせる。そして写真に撮られたものを、自己と外界との関わりの反映と見なし、認知された環境(外)と個人の心理的世界(内)を把握、理解しようとする方法である。岡本・石盛・加藤は、写真投影法について、質問紙調査など従来の調査法に比べて次の4つの方法論的メリットがあることを指摘している。[8]

①簡便性:質問紙に代表される言語報告による調査手法は、調査対象者の言語能力に依存する部分が多い。それらの手法に比べて、手ブレなど技術に左右される部分が多少あるとはいえ、カメラ撮影は年齢や国籍を問わず誰もが簡単におこなうことができる。

②言語の非媒介:質問紙調査では、調査項目の概念を共有していることを前提に、

[7] 野田正彰(1988)『漂白される子供たち――その眼に映った都市へ』情報センター出版局

[8] 岡本卓也・石盛真徳・加藤潤三(2010)「面接調査法としての写真投影法」『先端社会研究所紀要』2, 59-69.

言語的な刺激（質問）に対する反応（選択）を測定しており、概念化しがたいもの、あるいは言語能力の問題から言語化され得ないものの測定は困難であった。しかし写真投影法では、それらの概念化、言語化できない対象を読み取ることができる。

③即時性：写真投影法は、シャッターを押すだけというカメラの簡便さがゆえに、即時的な記録が可能である。近年のカメラは小型化が進み、容易に携帯できる。そのため、撮影をしたいと思ったその場で、瞬時に撮影できる。

④振り返り・教育効果：質問紙による調査をおこなった場合、調査協力者へのフィードバックは、計量的分析の結果を言語的に表現することになる。写真投影法による調査のフィードバックでは、子どもたちは自分や友人が撮影した写真を見返す。そのため、自己関与度が高まり、危険に関する理解が深まることが期待される。

（2）子どもを対象とした調査と写真投影法

先述した写真投影法の方法論的メリットは、子どもの危険認知の特徴を知るうえで重要な意味を持つ。[9] たとえば、子どもにとっては、自分の考えていることや知っていることを、言語で説明することが困難な場合も多いが、写真を用いることで直観的に表現することが可能となる。また、写真は、撮影者の視覚的世界をありのままに再現することができる。撮影者が対象をどのような視点から眺めているのかが明らかになるだけでなく、対象と接する際の物理的距離も把握することが可能である。同じ対象

[9] 子どもを対象としたその他の調査でも、写真投影法を用いることの有効性が指摘されている。たとえば次の2つなど。
寺本潔・大西宏治（1995）「子どもは身近な世界をどう感じているか――手描き地図と写真投影法による知覚環境把握の試み」『愛知教育大学研究報告（人文科学編）』44, 101-117.
久隆浩・鳴海邦碩（1992）「子どもと地域空間の関わりを分析する手法としての写真投影法の試み」『日本都市計画論文集』27, 715-720.

を認知するにしても、視点の高さや角度によって、危険と認知されるか否かは異なるだろう。さらに、子どもが危険だと感じた「その場」「その時」の記録が可能となるため、より自然な状況での素直な反応を引き出すことや、時間経過によるバイアスを抑制することが可能となる。

(3) 調査の手続き[10]

①レンズ付きフィルム（いわゆる「使い捨てカメラ」）を渡し、「通学路で、子どもにとって危ない・恐いと思うところやもの、子どもを歩かせるのが不安・心配である場所（大人）」あるいは「おうちに帰るまでに、ちょっとでも「こわいなぁ」「あぶないなぁ」と思うところ（子ども）」の撮影を依頼する。

②後日、撮影対象が何であるかを明確にするため、それぞれが撮影した写真の印刷された用紙を渡し、写真ごとに「何（どこ）を撮影したのか」「なぜ、危ない（恐い・不安）と思ったのか」について記述するよう求める。

③撮影された写真を元に、安全マップを作成する。

3 子どもの危険認知の特徴

撮影された写真を、ＫＪ法[11]により撮影対象ごとに分類した結果、６つのカテゴリ（交通・通路・路肩・障害物・暗がり・その他）へと分類された。親と子の撮影枚数

[10] 実際には、4つの学校区で調査をおこなっており、それぞれ調査の方法は若干異なっている。ここでは、全体に共通する調査の流れを示している。また、結果についても、それら4つの地区の結果内容を元にまとめている。

[11] 情報やデータを1つずつカード化し、それを類似しているカードをグルーピングし、それにラベルを付けていくことで、情報を整序し、問題解決に結びつけていくための方法。KJ法という呼び名は、これを考案した文化人類学者、氏のアルファベット頭文字からとられている（くわしくは、川喜田二郎（1967）『発想法――創造性開発のために』中公新書を参照）。

の比較では、親が交通に関する写真を多く撮影していた。それに対して、子どもは路肩や暗がりなどを多く撮影している。大人が交通を危険であると考えているほど、子どもは交通を危険だと認知していないといえる。また、路肩や暗がりについては、大人が危険だと認知しない一方で、子どもたちは危険で恐い場所という認知をしている。

　図1は、交通のカテゴリの写真について学年別にモザイクグラフ化[12]したものである。図中の縦軸は、撮影者に関する情報で、縦の辺の長さは被写体内での撮影者の割合を示している。横軸は被写体に関する情報で、横の辺の長さは各撮影対象の割合を示している。そのため長方形の面積は各セルの値の大小を反映している。また、長方形は標準化残差[13]の値によって塗り分けられている。塗りつぶされた長方形は、期待値よりも撮影枚数が統計的に多く、斜線の長方形は少ない。

　学年ごとの分析からは、予測が必要とされる場面、すなわち状況が複雑な場面ほど、低学年による撮影割合が低いことがわかる。低学年の撮影対象は、車道やカーブのように道そのものであり、予測的な観点から対象を危険だと認知しているわけではなく、目の前を

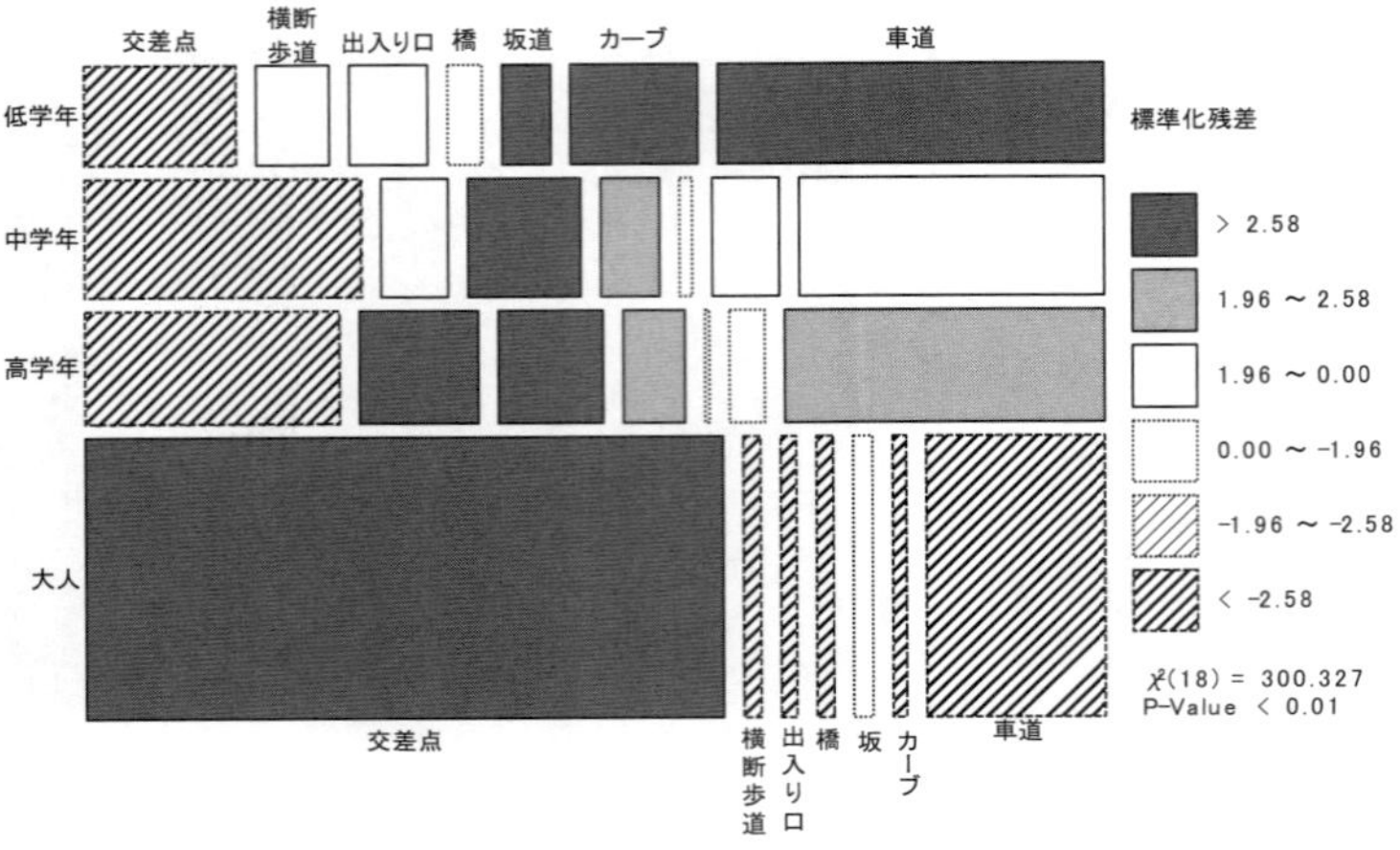

図1　学年別の危険認知箇所（交通カテゴリのみ）

大人の写真　　子どもの写真

写真1　同じ場所に対する大人と子どもの写真の違い

走り抜ける自動車や自転車に恐怖感を感じていると考えられる。撮影された交差点の写真を見ても、低学年は近距離から被写体を撮影しているが、中高学年になると被写体と距離をおいて撮影している。また、低学年までは、交差点を危険と認知するかどうかは、交通量が多いかどうかであり、必ずしも道路状況に死角があることや、見通しが悪いことを危険だと判断する根拠としては考えていないようである。

親が撮影した交通に関する写真には、交差点を中心に道幅が狭い道路などを撮影したものが多い。これは、走行中の車に対してというよりも、広がりのある空間で起こりうる種々の危険を想定しているためであり、大人の広い視野が子どもの注意が向きにくい危険箇所を捉えていることを示しているといえる（写真1）。

全体的な傾向としては、中学年以下の子どもの認知においては「不安が喚起される」という点が特徴的に現れている。危険があると予測をするのではなく、多

［12］モザイクグラフは、クロス集計されたデータを、長方形の面積を用いて各セルの値の大小を示す手法である。また、長方形の色で残差分析の結果を表すことができ、クロス集計の結果を視覚的に理解することができる。モザイクグラフの作成は次のプログラムを利用した http://okataku.com/?page_id=418

［13］χ二乗検定では、2つの変数間の関連性の有無のみが判断される（ここでは、「撮影者の学年」と「撮影対象」に関係があるということ）。そのため、どのセルが多いのか少ないのかが分からない。標準化残差は、各セルの値が統計的に有意な差といえるのかを判定するための統計量。実測値から期待値を引き、標準化した値。

くの車が通過するので、そこに恐怖感を覚え、危険な場所と捉えているようだ。このような傾向が、4～5年生くらいから変化し、大人と類似した危険認知をするようになる。中・高学年を境に「見えるハザード（顕在的ハザード）」を中心とした危険認知から「見えないハザード（潜在的ハザード）」も含めた危険認知へと発達しているといえるだろう。[14]

4　地域安全マップの活用と展望

以上のように、子どもは交通に対する危険認知が十分ではないため、親子での危険箇所の確認など、学習の機会が求められるだろう。また、子どもは藪や暗がりに対しては、その場に惹きつけられつつ近寄った結果、不安を感じることが多いが、親はあまりそのことに注意を向けてはいない。地域住民による巡回活動などの際には、これらの点にも留意する必要があるだろう。

本研究では、得られた知見を元に、調査をおこなったそれぞれの学校区の安全・安心マップを作成し（図2）、子どもとその両親に配布をおこなった。その後、保護者285名を対象に、配布した安全・安心マップに対する評価を調査したところ、98％の保護者が危険な場所が地図に反映されていると評価していた。また、マップの活用法としては、過半数の保護者が、登校地区の危険場所だけではなく、小学校区全体の危険場所を確認するなど、子どもと安全に関する話し合いをおこなっていた。安全マ

[14]　その他の細かな分析の結果については、以下の文献を参照。
岡本卓也・林幸史・藤原武弘（2014）「写真投影法による子どもの危険認知の把握」『コミュニティ心理学研究』18(1), 21-41.
岡本卓也ほか（2007-2009）「写真投影法による危険認知の把握(1)～(7)」日本グループダイナミックス学会第55回大会、日本社会心理学会第49回大会他

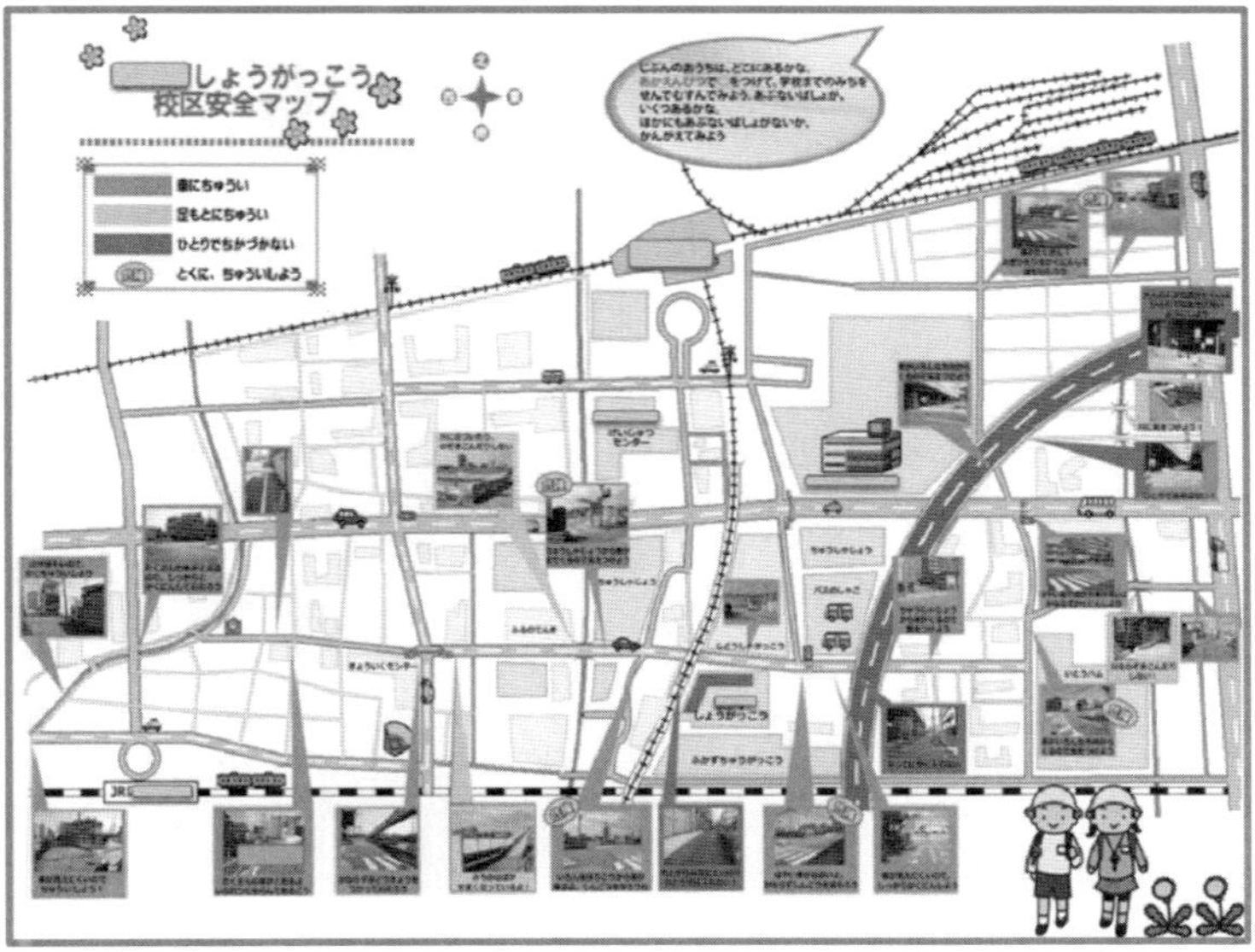

図2　作成した安全安心マップの例

ップの存在が、親子で安全について議論する契機になったといえるだろう。特に多くの写真が載っていることで、その場所の何が危険なのかを考えることができたというコメントも寄せられていた。また、マップ作成への参加によって、安全教育や地域の危険場所の理解に関する自己効力感が高まることも確認されている[15]。

この研究では、Webサイトによる地域の危険—不安情報を提供するデータベースシステムの構

[15] Okamoto, T., Hayashi, Y., & Fujihara, T., (2010) The effect of "Safety Map of Pupils' Commute" on self-efficacy of safety awareness. 27th International Congress of Applied Psychology.

築も試みている。[16] このシステムはWebを通じて、登録ボランティアからの投稿によって最新の情報を収集し、発達段階に応じた情報を提供できる。これらの機能によって、従来の1種類だけの安全マップではなく、発達段階に応じた情報を提供できる。
現在は試行版としてのシステムづくりであり、さまざまな問題から正式な運用には至っていない。今後はシステムの改善と普及が望まれる。

〔**岡本卓也**〕

[16] 現在、サイトは閉鎖されている。

4-3

組織における居場所とは

――組織視点の心理測定から、個人視点の心理測定への変遷

私が組織研究を始めた1990年代の中頃から2000年前後にかけては、いわゆるバブル経済が崩壊し、その影響が次々と押し寄せてきている中で、大企業の倒産や、吸収合併・分離統合などダイナミックな組織の動きが相次ぐ時代でありました。米国発の新しい経営理論や組織論が日本に紹介され、またリストラという言葉が（本来の意味とは若干異なる形で）使われ始めたのもこの時代です。

個人の働き方や働きがいについて研究を進めていた私は、このような時代背景において、そのあり方や考え方が大きく変化していくのを目の当たりにしていました。組織と個人の関係は、それまで組織行動学や産業組織心理学を中心に論じてきていましたが、個人視点での議論がより必要になると感じ、ウェンガーらによる学習論の展開と、その学習論の基礎をなす実践共同体（実践コミュニティ）のあり方に着目し、コミュニティ心理学的な視点で組織と個人との関係を新しく定義できないだろうかという考えに至りました。本稿は、その過程について説明、解説を試みたものです。

1　組織と個人の関係性をめぐる変化

「組織」の考え方が登場して、組織で働くということが始まって以来、個々人の**「組織における居場所」**は長年の課題であり続けている。また、その考え方やあり方は一定ではなく、社会や経済の変化、個人のあり方の変化に合わせて常に変わりつづけている。

近年の日本においては1990年代におけるバブル経済の崩壊の前後においてその変化が大きく、2000年代に入り、考え方は以前と比べて180度変わってきたといっても過言ではない。それまでの組織主導において「組織の中に居場所を用意する」あり方から、個人主導において「組織の内外に自身の居場所を作っていく」という考え方に変容していく過程が見られる。

1994年にR・H・ウォーターマンJr.らが“Career Self-Reliance”という考え方を打ち出した[1]。キャリア（職業経歴や職業履歴などとも訳されるが、今となってはキャリアという言葉の方が一般的であるのでそのまま用いる）を自身に委ねるという意味で用いられたものである。キャリアを自身に委ねるということは、翻って、それまでのキャリアのあり方は自身には委ねられずに、組織に委ねられることが一般的であったことを意味している。そして、そのことは、そのまま組織と個人の関係性を規定するものでもあった。

古くから「個人は組織の一員であり、所属の組織においてその指示に従い働き、そ

[1] Waterman, R.H. Jr., Waterman J.A., & Collard B.A. (1994) *Toword a Career Resilient Workforce*. Harvard Business Review.

の意図は組織が決めるべきである」と考えられてきた。1920年代に行われたホーソン実験（ホーソン研究）の議論は、職場における人間関係に目を向けさせるものとして注目されたが、しかし、その後も「組織を中心」とした組織と個人の関係が維持され、多くの場合は1つの組織で勤め上げるという考え方が一般的な時期が続いてきた。組織は、労働の対価としての賃金に加え、長期的な雇用関係と、職業の専門性の獲得を保証してきた。つまり、一般的な労働契約の概念における労使関係に加え、組織の一員としての立場、言い換えれば「居場所」をも保証していたといえる。

終身雇用ともいわれた長期的な雇用関係は、その組織内での人間関係の強化につながる。かつて日本における「就職」が「就社」と評されていたのは、この背景があるといえるだろう。

しかしながら、経済成長が鈍化し、それに伴って企業業績が悪化し、あるいは倒産の憂き目にあうなどの事態がひんぱんに認められるようになってくると、長期的な雇用関係と、それに付随していた職業の専門性の獲得については、必ずしも組織が保証できない時代となった。

先に挙げたウォーターマンの主張は、このような時代にキャリア形成を組織に委ねず、自分自身で形成しよう、組織と個人の新しい契約関係を結ぼうという考え方の提唱であったが、この変化は、同時に個人の組織における居場所のあり方にも変化をもたらしたといえる。組織は、長期雇用と人材開発のインセンティブが働かなくなり、したがって組織における居場所は必ずしも確保されないという動きにつながったのである。

2　帰属意識からコミットメントへ

以前より、組織と個人の関係性を表す概念の1つとして**「帰属意識」**という言葉がよく使われていた。

古くは組織と個人の関係性を測るという考え方そのものが存在しなかったわけだが、その後、組織と個人の間に強い関係性がある方が、個人のパフォーマンスが高くなるのではないかという着眼点のもとに、それを測定し高めるという考え方が出てきた。

その関係性の強弱を測る指数として「帰属意識」という考え方がもたらされ、日本においては、１９５０年代から「モラールサーベイ」という調査を通じて測られてきた。

帰属意識は、長期的にその組織で働いていくことを前提としたときに、どの程度居場所を確保できているか、あるいは組織から用意された居場所にどの程度満足できているかということを表した指標であるといえるだろう。

しかしながら、先に述べたように組織と個人の関係性が変化すると、「必ずしも個人は組織に帰属するものではない」という考え方が広がってきた。

もちろん、個人と組織の関係性が変化したからといって、すべての個人が組織に所属せずに過ごしていくということを意味しているわけではない。中には独立して個人で事業を営むような起業家が増えた時期ではあるものの、それでも多くの個人は、どこかの組織に所属して働いている。

個人が、とある組織に所属していながらも、しかし組織が積極的に居場所を用意することがないとしたら、自分自身で組織の中に自らの居場所を見出していく必要性が生じるわけである。その結果、個人が組織に対してどのようにして、あるいは、どの程度、居場所を求めて参加しているのかということを測る必要性が出てきたわけである。

そこで登場したのが、新しい指標概念としての「**コミットメント**」や「**エンゲージメント**」という考え方である。これらは、いずれも個人を主体として、組織に何を求めて参加するのか、どのような条件があれば満たされるのかという指標である。したがって、それらの条件が満たされない（指標が低い）場合には、個人は組織を離れるという選択肢をとることになる。つまりは、組織と個人の関係性において、その主導権は個人の手に移っていったことを意味している。

1990年代以前
個人と組織の関係の基本概念：　組織への帰属
関係（居場所）を規定する主導権：　組織にある
主な測定指標：　帰属意識や職場満足度

↓

1990年代以後
個人と組織の関係の基本概念：　組織への参加
関係（居場所）を規定する主導権：　個人にある
主な測定指標：　コミットメントやエンゲージメント

3　場のマネジメントと実践共同体理論

2000年頃の就職活動の特徴を表すキーワードの1つとして、「就場」という言葉がよく用いられた。仕事を求める「就職」でもなく、どの会社組織に所属するかという「就社」でもなく、どのような居場所を必要としているかという意味での「就場」である。積極的に居場所を求めていく個人に対して、組織がどのような居場所の可能性を提供することができるかが焦点となり、そして、この場合の居場所を形成する要素は、すでに雇用関係や専門性の成長だけとは限らなくなった。職場の人間関係や、風土や雰囲気など、組織のあらゆる側面がとらえられるようになってきたのである。

この「場」への注目は、経営学全般のキーワードにもなり、いわゆる「場のマネジメント」といわれる経営の考え方もこのころに登場してきた。

従来までは、明示化された組織構造の中で仕事を役割分担し、業務を遂行していくというのがマネジメントの基本的な考え方であったが、プロジェクトチームなどの集団で仕事がおこなわれ、組織構造とは別に集団を形成し、その集団で業務をおこなっていくようになり、その集団のことを「場」と呼ぶようになったのである。

E・ウェンガーは、1998年の著書[2]で「**コミュニティ・オブ・プラクティス（実践共同体）**」という概念を提唱している。これは、1991年の状況的学習論[3]を発展させ、個々人の学習のあらたな過程をとらえたものとして評価されたものであった。

[2] Wenger, E. (1998) *Communities of Practice: Learning, Meaning, and Identity.* Cambridge University Press.

[3] Wenger, E. Lave, J. (1991) *Situated Learning: Legitimate Peripheral Participation.* Cambridge University Press.

そして、ウェンガーは、この実践共同体の考え方を組織のマネジメントや、個人と組織の関係性づくりへと応用し、２００２年に"Cultivating Community of Practice"[4]（組織の中で実践共同体をどのように成長させていくか）という著書を出版した。

４　新しい個人の居場所を求めて

このような組織の変化を通じて、個人には様々な**「居場所」**についての選択肢が用意されるようになった。これまでに述べたように、古くは１つの組織の中に特定の居場所が組織から用意されていたものが、変わりなく１つの組織に対して参加しつつ、さらに特定の人間関係やチームに対して居場所を求めていくこともできるようにもなった。あるいは、必ずしも１つの場所にこだわらず、複数の組織やチームに所属することによって、それぞれの場所で意に沿った居場所を確保するということもできるようになってきている。

実践共同体の考え方は、このような組織の変化において「組織の中の新しい組織（コミュニティ）」のあり方として広く受けられつつある。この実践共同体が目指すところは、新しい事業の開発であったり、組織風土の改善や、人材育成などさまざまではあるものの、この活動の特徴は、どのような目的であったとしても、個人の参加意思が尊重されるところにある。実践共同体では、個人が日頃から感じている問題意識やその解決、興味関心を持つものが集まり、実践を伴ったコミュニティ活動を展開し

［4］Wenger, E, McDarmott, R., & William, S. (2002) Cultivating *Communities of Practice : A Guide to Managing Knowledge*. Harvard Business Review Press.

ている。[5] 最近では、会社組織を超えて複数の組織から集っての実践活動を、それぞれの会社組織が支える（例えば、時間や費用面などを融通する）などの支援策もみられるようになってきた。[6]

5　参画意識とコミュニティ活動

ここまでの議論で大切となっている点は、「組織が個人に対して居場所を提供し、そこに個々人を当てはめていく」という考え方から、「個人が組織の中に居場所を積極的に求めていく」という考え方に変わってきているということである。

E・H・シャインは、この変遷について経済的─合理的モデル、社会的モデル、自己実現モデルという言葉を用いて説明しようとしている。[7] 特に3番目の自己実現モデルこそが、個人が居場所を積極的に求めるという行動につながる。組織は個人をどのように管理するかという考え方から、どのような動機付け（コミットメントやエンゲージメントが発揮できる環境）を提供するかという考え方に変化し、自己実現モデルにおいては、どのような居場所、つまりはコミュニティを提供するかという点が重要となってくるといえるだろう。

言い換えるならば、新しい組織と個人の関係性においては、組織がどのように場や機会を提供し、個人をエンパワーしていくかという考え方が、個人の新しい居場所づくりにとって重要となるのである。

［5］勉強会や情報交換を目的とした社内外の交流会、新規事業や技術開発を目的とした小集団活動、途上国の援助や災害復興支援のボランティア活動、趣味や生活面（たとえば子育てなど）で働き方の改善を図るためのサークルなど、様々な活動を事例として挙げることができる。

［6］このような活動を支援する仕組みとして、富士ゼロックス株式会社や全日本空輸株式会社が推進するVirtual Hollywoodや、オープンイノベーションを目指すための企業組織を超えた共同体であるOne Japanなどを例に挙げることができる。
富士ゼロックス Virtual Hollywood
https://www.fujixerox.co.jp/company/action/vhp/about.html
全日本空輸　ANAバーチャルハリウッド
https://www.ana.co.jp/group/ari/virtual_hollywood.html
One Japan
http://onejapan.jp/

おわりに

組織における居場所をキーワードに、組織と個人の関係性の変遷について概観してきた。そして最新の議論においては、個人の参画意識、コミットメントやエンゲージメント、実践共同体を中心とする組織内外のコミュニティ活動、そしてエンパワーメントというコミュニティ心理学の中核的な概念に触れるキーワードが登場してきている[8]。コミュニティ心理学が及ぶべき範囲は、社会や生活共同体のみならず、組織の中におけるコミュニティのあり方まで、果たすべき期待と役割はますます大きくなっていくといえるだろう。

〔**坂田哲人**〕

[7] Schein, E.H. (1992) *Organizational Culture and Leadership*. Jossey-Bass.

[8] 花田光世 (2013)『「働く居場所」の作り方――あなたのキャリア相談室』日本経済新聞出版社

4-4 高齢者にとっての居場所とは

市民・大学・自治体の協働研究

自治体が地域住民に無料で提供する女性相談や大学の学生相談室で働いていると、日常生活の中に生き難さを抱えるクライエントに多く出会います。生き難さとは、具体的にはパートナーなど家族からのさまざまな形の暴力、職場不適応、一人暮らしの不安、ゼミやサークルでの孤立、就職活動の不調などです。共通しているのは、コミュニティからの排除の問題です。本音を吐いたり夢を語ったり情報交換ができる「心の居場所」が1つでもあったなら、そこでエンパワーされ、カウンセリングを求めることなく乗り越えただろうと思われることも多いです。そもそも居場所の概念は、不登校児に学校以外の居場所を準備したことにはじまり、その後ひきこもり者、「心の病」を持つ青年期の若者、DV被害者である青年・中年期の女性、そして高齢期の人びとなど、それぞれのライフサイクルにおける問題に対処する方略として、研究がおこなわれてきました[1]。

この項では、高齢者に特化して「居場所」について、コミュニティ・アプローチとフェミニスト・アプローチを実践する臨床心理士の立場から考えていきます。高齢者の居場所作り活動（「ささらの会」の活動）に関わってきた9年間の経緯と、メンバ

[1] 中島喜代子・廣出円・小長井明美（2007）「『居場所』概念の検討」『三重大学教育学部研究紀要自然科学・人文科学・社会科学・教育科学』58, 77–97.

16名の協力によるフォーカスグループ・インタビューの結果も併せて報告します。居場所を求める気持ちが原動力となって、高齢者自身が主体的に地域の人びととつながって社会貢献していることは特記すべきだと感じています。

1 〝陽の当らない〟高齢者の社会貢献活動の可視化

日本は超高齢社会となった。「介護問題」や「孤独死」などとリンクして、高齢者は「問題」として捉えられがちであるが、高齢者の労働・意欲・能力・経験はコミュニティの問題解決のための「社会資源」として大いに期待されている。一方、高齢者側の社会貢献への意欲も高く、たとえば、東日本大震災の被災地支援のために募金や寄付をはじめとして何らかの貢献をおこなった高齢者は84・6％にのぼる。[2] しかし、介護や治療を受ける「問題」としてクローズアップされる高齢者とは違い、無償で社会貢献する高齢者はある意味〝陽の当たらない〟ポピュレーションといえるだろう。そこで本項では、この地味でインフォーマルな活動をする地域の高齢者と大学関係者が、社会貢献を目指して協働して立ち上げたA市社会教育関係団体「ささらの会」による、高齢者の**「居場所マップ」**作りの活動のプロセスと意味を可視化する質的研究について紹介する。

[2] 内閣府（2012）『平成24年版高齢社会白書』http://www8.cao.go.jp/kourei/whitepaper/w-2012/zenbun/index.html

2　協働研究としての「ささらの会」の活動

「ささらの会」は、高齢市民[3]とB大学とA自治体との協働により展開した市民活動である。以下に示すプロセスは、立ち上げ当初からA市近隣のB大学院生であった筆者が、会の事務局として記録した議事録を整理したものである。この会は60〜70歳代の女性を中心とした15人程度のメンバーで発足した。

（1）「ささらの会」の誕生から「居場所マップ」作りまでの4年間のプロセス

第1段階：出会い期（X年4月―X年8月、毎週1コマの授業）

A市の寄付講座「コミュニティ心理学概論」においてA市民、B大学教員（高畠）・大学院生（中川）・学部学生の出会いに始まる。

第2段階：勉強会活動期（X年9月―X＋1年3月、毎月1回月例勉強会）

「コミュニティ心理学概論」の15回の授業終了後に、有志でコミュニティ心理学の勉強会を継続しておこなう。

第3段階：社会教育関係団体としての活動期（X＋1年4月―X＋3年3月）

単なる仲間同士の勉強会にとどまらず、社会教育分野で社会貢献する団体になるべくA市の社会教育関係団体に登録。月例会と年に1度、B大学付属心理臨床センターでの公開ミーティングを開催した。「ご近所づきあい」を通して「孤独死」や「虐待」など身近な社会問題の「予防」というコンセプトで、大テーマ「コミュニティ心理学からみた「ご近所づきあい」」と定めて活動した。

[3]ここでは「ささらの会」参加など地域で社会貢献活動に参加する高齢者を「高齢市民」とし、一般の高齢者と区別して呼ぶ。中川浩子（2012）「高齢市民によるコミュニティづくりプロセスの研究――武蔵野市社会教育関係団体『ささらの会』の4年間の活動から」『東京女子大学心理臨床センター紀要』3, 67-80.

第4段階：勉強中心から実践中心期（X＋3年4月─X＋4年3月）

２０１１年3月11日の東日本大震災を経て、「ご近所づきあい」の重要性についてあらためて認識した。被災地支援への思いと、災害に強いコミュニティ作りを目指して、座学をやめて実践へと方向転換し、「居場所マップ」作りを開始した。これは、市内の既存の「居場所」（公・民間問わず、地域と人がつながる機能を持つ、場所やサークルなど）の情報を地図にまとめて、市民に無償で配布する活動である。少ないマンパワーで既存の「居場所」を尋ねて趣旨に同意してもらい、多くの市民に役立つようデザインされた「居場所マップ作り」プロジェクトである。

第5段階：協働による「居場所作り」・「居場所マップ作り」期（X＋4年4月─現在）

A市の市民社会福祉協議会からの助成金を得て、「居場所マップ」初版１０００部を作成した。初めての助成金獲得にメンバーは自信を得て活気づいた。A自治体と「ささらの会」の協働による実践である。定例ミーティングの他に月に1度、地域の人に開かれた独自の「居場所作り」にも着手した。3年後の現在、さらに助成金を得て第2版２０００部を作成し、配布中である。

(2) プログラム評価としてのフォーカスグループ・インタビュー

マップ作りを終えた段階で、**フォーカスグループ・インタビュー**[4]によりメンバー自身の振り返りをおこない、これを研究上はプログラム評価として位置づけた。「ささ

[4] 複数のインタビュイー間の相互作用によって、個々のインタビュイーの思考が刺激されること、インタビュイーが複数いることにより、インタビュアー（研究者）の力が相対化され、より自由に考えを深めていけるという長所を持つ調査法。能智正博（2011）『臨床心理学をまなぶ6　質的研究法』東京大学出版会

らの会」は、たまたま出会ったA市高齢市民とB大学関係者が「このまま終わりにしたくない」、「何かを一緒にしよう」との思いで始めたものである。従って、ニーズ・アセスメント→明確な問題の特定→仮説検討・策定→介入の戦略（プログラム）→評価方法・タイプ・デザインというモデル[5]で捉えることは困難である。それでもこれまでの活動を振り返り、今後の活動をより良いものにしていくために、プログラム評価は不可欠であるとの考えを筆者からメンバーに提案した結果、受け入れられ実施に至った。

グループが分析の単位であること、また、具体的な〝生の声〟を反映させることのために、フォーカスグループ・インタビューの形式をとった。メンバーが理解しやすいよう、〝座談会〟として場を設定した。倫理的配慮として、参加は自由意志によること、プロセスおよび結果については匿名性を確保すること、研究目的で発表する際にはメンバーの同意を得ることとした。M-GTA[6]にもとづき分析をおこない、高齢者のコミュニティ活動の要因として以下7つを特定した。

第1要因〈自立した市民の力〉:「ささらの会」は当初から市役所などの行政に頼ることなく市民の自力で結成された。

第2要因〈高齢市民の力〉:高齢市民の力は「年齢の受容」、「人間関係のコツ」、「変化への対応」、「次世代との共存」、「地域活動に必要な能力」、という5つの要素から成る。

[5] 笹尾敏明（2006）「9プログラム評価」植村勝彦・高畠克子・箕口雅弘・原裕視・久田満編『よくわかるコミュニティ心理学』ミネルヴァ書房 pp. 112-115. 本書6章参照。

[6] 木下康仁（2003）『グラウンデッド・セオリー・アプローチの実践——質的研究への誘い』弘文堂

第3要因〈地域の課題への関心〉：参加した高齢市民は、もともと地域の課題（例えば、孤独死や環状道路建設による環境悪化の問題）を身近に感じていた。メンバーが共通して語ったA市の行政の課題は「社会教育の軽視」と「コミュニティ・センターの曲がり角（後継者不足）」という2つの要素であった。

第4要因〈共有するコミュニティ心理学〉：コミュニティ心理学は「よく分からないが大事な考え」であり、「コミュニティの課題解決のカギ」という2つの要素から成る。

第5要因〈コミュニティ感覚〉：コミュニティ感覚は、メンバーがグループにひきつけられる感覚である。「やめた人たちとの違い」、「みんなで役割分担する」、「女性のリーダーシップ」、「参加が一番大事」、「ここが自分の居場所」、「気遣いあう友達」という6つの要素から成る。

第6要因〈協働の力〉：「ささらの会」の協働のスタイルには4つの特徴がある。「つながりたい」、「実践の重視」、「助成金獲得による自信の高まり」、「自分たちの居場所の意味づけ」の4つの要素である。

3　高齢市民の地域活動と協働するコミュニティ心理学徒の役割

A市の高齢市民グループは、同じ問題意識を持った人たちの**セルフヘルプ・グループ**（自助グループ）とも捉えられる。セルフヘルプ・グループではメンバーの対等性が重視され、脱・専門家至上主義といった組織風土がある。このような場では研究者が「先生」の呼称を返上し、そのためグループを研究対象として扱うことは許されない。では、研究者が対等な協働パートナーとして関わり続けるにはどうしたらよいだろうか。「ささらの会」は、B大学の「コミュニティ心理学概論」の授業での出会いから生まれ、その後はその理念を活かして高齢者主体で展開した。大学教員はアドバイザー、院生（筆者）は事務局という裏方として関わった。筆者が担った「ささらの会」での役割について整理してみた。

①メンバーのニーズ・アセスメントをする役割：月1回の月例ミーティングの議事録をとり、決定事項だけでなく、メンバーの気持ちややりとりを丁寧に記述していく。多くの場合、高齢者は他者を敬うあまり個人のニーズを発信することに抵抗があるので、このことへの配慮が必要である。

②社会資源や協働するパートナーをつなぐ役割：団体登録や助成金獲得などの情報収集を行い、申請書類を整えるなど事務手続きをおこなう。助成金獲得では、資金調達の目的と同時にA自治体との協働のパートナーシップを構築する点で、会とメンバーのエンパワメントになった。また、年に1度B大学付属心理臨床センターとA市の後援を得て、「ささらの会の井戸端会議」として公開ミーティングを開催し、B大学との協働関係も維持してきた。

③活動の社会的・学術的意味づけをする役割：B大学付属心理臨床センターの紀要

に毎年活動報告を投稿する。メンバーが分担して執筆し、大学教員と筆者がまとめの作業をおこなうことで、「ささらの会」の活動が学術的にも社会的にも認知されることになった。

④プログラム評価・プログラム改善を提案する役割：各段階の活動の節目で、メンバー自身による振り返りと今後のプログラム展開を話し合うこと（フォーカスグループ・インタビュー）を通して、改善点や課題を確認してきた。メンバー自身が話し合いに携わること自体が、会とメンバーのエンパワメントのプロセスとなる。

4　男女共同参画と世代継承に向けて

女性が地域活動の担い手であることは地域活動においては珍しいことではない。「ささらの会」も高齢女性が多数派である。このことは、女性の大半がいずれ独居老人になること、高齢女性にとって貧困問題が男性よりも身近で深刻であること、また介護や保育などのケア役割を担う大半が女性であることと関連しているだろう。「ささらの会」は、高齢女性が社会貢献しながら自身の安心・安全な生活を確保する社会的包摂の意味を持つ。社会的包摂には〝つながり（関係）〟〝役割（仕事）〟〝居場所（場所）〟の3要素が欠かせない[7]。人は〝子ども〟〝学生〟〝余暇人〟〝市民〟〝職業人〟〝家庭人〟というライフキャリア（=社会的役割）の組み合わせにより自分らしい生き方を構築するとの考え方がある[8]が、ささらの会の「居場所作り」の活動は社会的包

[7] 阿部彩（2011）『弱者の居場所がない社会――貧困・格差と社会的包摂』講談社

[8] Super, D. E., Savickas, M. L., & Super, C. M. (1996) The life-span, life-space approach to careers. In D. Brown & L. Brooks (Eds.), *Career Choice & Development* (*3rd. ed.*) (pp.121-178). CA : Jossey-Bass.

摂の3要素を備えており、高齢者が陥りやすい社会的排除を予防する機能を持つ。今後は、男性高齢者の「居場所」も重要になってくる。性別役割分業観を超え男女共同参画で「居場所作り」の活動を展開する可能性について検討する必要があるだろう。

また、「ささらの会」が培った経験と英知を次世代へ継承する問題がある。その1つの方法として**ライフストーリー**の聴き取りを紹介したい。筆者はかつて、女性運動体との協働において、70歳代の女性運動家たちからライフストーリーを聴き取ることに[9]より世代継承性の課題を試みた。[10]それぞれのライフストーリーの分析により、運動体の終焉と再生に新しい意味づけし、社会変革を可能にしたコミュニティ感覚を次世代に継承する可能性を広げた。地域の変革、社会の変革に携わる人びとのライフストーリーを聴き取り、文字化し、活動に関わった当事者の経験と英知を手に取れるかたちにして社会に発信していくことは、次世代を生きるコミュニティ心理学徒の役割だと心得ている。

〔中川浩子〕

[9] 能智正博（1999）「障害者における自己の捉えなおしとしてのライフストーリー——語りの教育心理学」『発達』79, 49–57.

[10] 中川浩子（2013）「女性運動に参加した女性たちのコミュニティ感覚と世代継承性について——「生活者」としての女性たちの語りをとおして」『コミュニティ心理学研究』17 (1), 15–30.

4-5 インターネットから生まれるコミュニティとは
――機能的コミュニティ形成のためのインターネット活用

自分が臨床心理士資格を取得する時期の前後にインターネットが一般に開放され、このことが私たちの仕事にさまざまな影響を及ぼすことを予感していました。当時は電子メールによる心理相談に大きな可能性を見出し、電話相談に加えて心理的支援を必要とする方々が容易に相談機関にアクセスできる手段として、その活用を試み、ある程度の手応えを得ることができました。当時は、対面による個人心理療法や集団心理療法、セルフヘルプグループなどが仮想空間上で展開されることのメリット・デメリット、といった点に関心を寄せていたように思います。その後、携帯電話端末でのインターネット接続が可能になるなど、インターネットが大衆のものとなり、またSNS（Social Networking Service）の発達などによりインターネット上のコミュニケーション手段もより多様となるなど、この研究領域を取り巻く状況も激変しました。すなわちそれはコミュニティの概念そのものも広がっていることを意味していると考えられます。今後もインターネットとコミュニティ心理学との関係については探求すべきテーマが多々あると考えられます。

1　コミュニティ概念の広がり

インターネットの普及により、コミュニティそのものの形態が変化しており、コミュニケーションのあり方も、顔を合わせず電子メールなどインターネット上のさまざまなツールを通した人間関係であるオンラインのコミュニケーションと、従来ながらの顔を合わせたオフラインでのコミュニケーションが混在している状態である。

木村は[1]、人びとがつながり、集団が形成される際の原理を「**コミュニティ**」、「**ソサエティ**」、「**コネクション**」の3つに分類し、インターネット上での交流において、「コミュニティ」はオフラインでの既知の関係を基盤とした交流を基本とすること、「ソサエティ」は個人が既存の出自にかかわらず互いにつながることで形成される構造であること、「コネクション」は高度に個化が進展した消費社会の主体であるポストモダン的主体が他者や資源と取り結ぶつながりのあり方として取り上げている。

一方、遠藤は[2]、コミュニティの本質は**コミュニケーション**の可能性にあり、したがって多対多のインタラクティブなコミュニケーションを可能にするCMCN(Computer Mediated Communication Network)はその特性によってただちに「コミュニティ」であるといえるかも知れない、と述べている。この見解に則ると、インターネット上に複数名が互いに情報をやりとりできる環境が何らかの形で整っていれば、そこにオンライン上のコミュニティが形成され、そこでのやりとりがきっかけになってオフラインでのコミュニティが形成される可能性があると考えられる。

[1] 木村忠正(2012)『デジタルネイティブの時代——なぜメールをせずに「つぶやく」のか』平凡社

[2] 遠藤薫編著(2008)『ネットメディアと〈コミュニティ〉形成』東京電機大学出版局

インターネットとコミュニティとの関係としては、（1）インターネット上での情報発信によりオフラインでコミュニティが形成される場合、（2）インターネット上のみでコミュニティが形成される場合、（3）インターネット上でのコミュニティをきっかけにしてオフラインで新たにコミュニティが形成される場合、そして（4）元々オフラインでのコミュニティが存在している中でオンラインでのやりとりが加わる場合、などが考えられるであろう。筆者の実践研究は上記のうち（1）に相当するものである。以下、メンタルヘルス関連の知識が一般市民にとってより身近なものとなることを目指し、特定の地域コミュニティに属する住民を対象としたＷＷＷ（World Wide Web）上での情報発信による情報共有の場づくりの試みについて紹介する。

2 インターネットを利用したオフラインでの機能的コミュニティ形成の試み

（1）インターネット上での情報発信まで

情報共有の場として懇談会を開催することとした。また、参加者相互が情報交換をおこなうきっかけとなる話題提供が必要と考え、メンタルヘルス関連で特徴的と思われる内容を選択し懇談会の前半に小規模な「セミナー」を実施することとした。コミュニティ形成をもくろみ、懇談会は複数回設定しセミナーの内容も会ごとに異なるものを設定した。具体的にはひと地区あたり3回の懇談会とし、各回の話題提供のテーマはコミュニティ心理学における予防の概念[3]を反映させ、**一次予防**に関するものとし

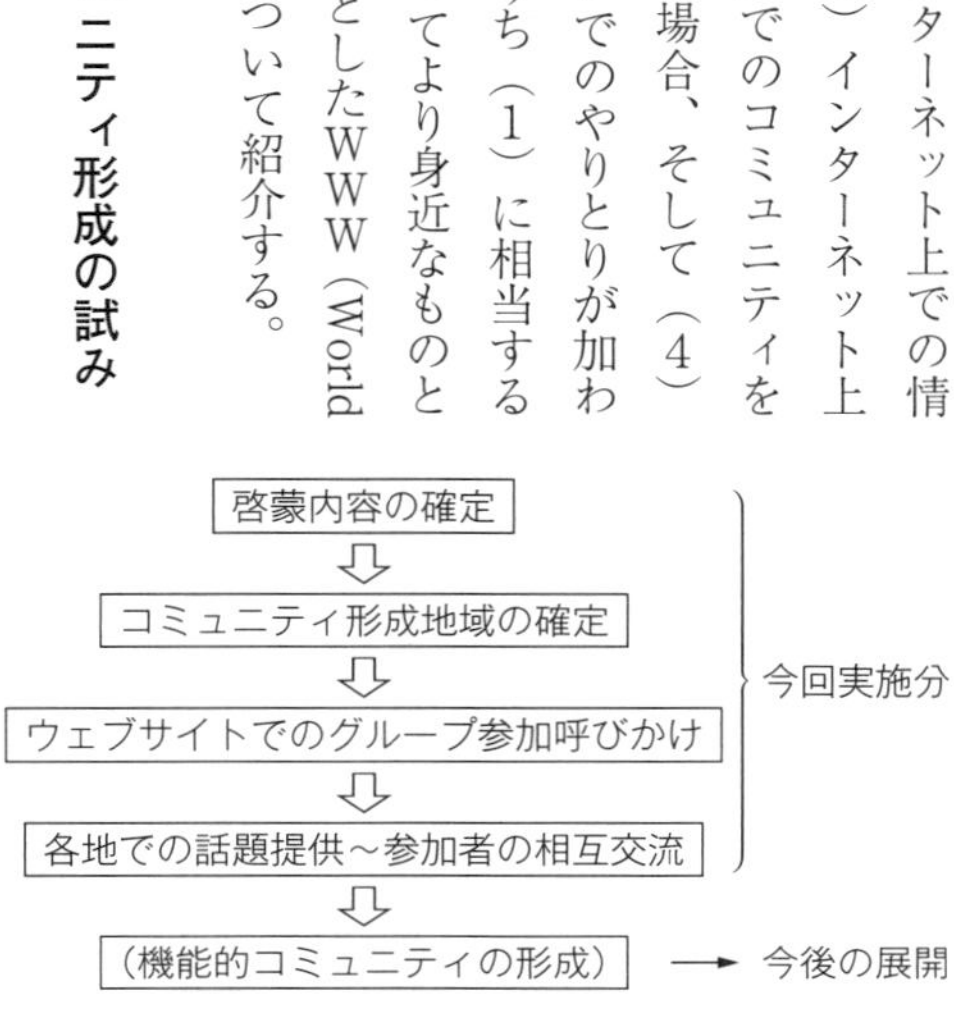

図１　研究のプロセス

［3］Caplan,G.（1964）Principles of preventive psychiatry. New York: Basic Books.［新福尚武監訳（1970）『予防精神医学』朝倉書店］

て「セルフケア」を、**二次予防**に関するものとして「メンタルヘルス不調の早期チェック」、そして**三次予防**に関するものとしては職場復帰支援の際に要点の1つとなる「キャリア再考」とした。また対象者については、非専門家と位置づけられる一般市民と専門家がともに集うコミュニティの形成を目指し「メンタルヘルスについて悩みを抱える従業員本人・家族・職場の管理監督者・衛生管理者等」とし、会場としてはN県の大規模都市A市と周辺都市B市を設定し、X年度内に各市3回ずつ、参加費無料にて実施することとした。

以上の要領による開催案内を筆者の所属先のウェブサイト上に広報として発信し、一部のSNSも用いて情報の拡散に努めた。

(2) セミナーの具体的内容など

当日に実施したセミナーの概要について、「セルフケア」をテーマとした回では、主に労働者自身によるストレスマネジメントへの予備知識の提供を目指し、アロマテラピー、仕事上・仕事外ストレッサー、ストレス対処の分類・対処方法の例、問題解決策リスト、筋リラクセーション、上司によるストレスマネジメント、を取り上げた。「メンタルヘルス不調の早期チェック」をテーマとした回では、ストレスチェック、うつの症状・受診の目安、不適応状態を表す3つのA、部下の心の危険信号、心の健康づくりの4本柱・安全配慮義務、上司の対応（典型事例の紹介）・緊急対応に必要な知識、を取り上げた。「キャリア再考」をテーマとした回では、メンタルヘルスとキャリア、働くことの意味〜キャリア再考のすすめ、キャリア・アンカー、キャリアプランを考えるための問い、トランジッション・サイクル、キャリアプラン作成、を取り上げた。以上の内容でX年度内にA市・B市それぞれ3回ずつ、計6回のセミナーを実施した。各回とも前半45分でセミナーを、後半45分で質疑応答を含めた懇談会を実施した。

各回終了後、参加者区分（従業員本人・家族・管理監督者・衛生管理者・その他〈複数回答〉）、前半セミナーの満足度、後半懇談会の満足度（かなり役に立った／役に立った／わからない／役にたたなかった／全然役に立たなかった）、今後取り上げて欲しい内容や職場メンタルヘルスで困っていること（自由記述）、参加者年代・性別、について回答してもらった。回答者には、回答内容についてあらかじめ学術目的で利用する場合があることを了承頂いた。

3　事後アンケートより

第1回目において途中退出の1名以外、全参加者よりアンケートを回収した。のべ参加者数65名（男性19名、女性46名）で女性が全体の約7割を占めた。各回平均参加者数は全体で10・8名、会場別ではA市15・0名、B市6・7名と大規模都市の方が多かった。

参加者年代は20代14名、30代14名、40代11名、50代15名、60代7名（不明4名）であり、特定の年代にかかわらず関心を集めていた。

参加者区分（複数回答）は、従業員本人が最多の34名で、管理監督者が14名、衛生管理者が2名であった。従業員の家族は参加がなかった。また、その他18名の中には、臨床心理士・キャリアコンサルタントなどの専門職が含まれていた。

セミナーの満足度では全65名中60名が「かなり役に立った」「役に立った」のいずれかであった。自由記述欄では、「ストレスの種類・対処方法が整理できた」「自分の生き方を見直すことができた」「専門的なことを聞く機会がないので参考になった」等の内容が見られた。「わからない」と回答した5名のうち1名は自由記述においても肯定的な内容であったが、1名が「予想していた内容と違っていた」旨を述べていた。

懇談会の満足度では全65名中59名が「かなり役に立った」「役に立った」のいずれかであった。自由記述欄では「他の方の質問（事例）が多く聞けて参考になった」「企業の方の話がきけてよかった」等の記述が見られた。「わからない」と回答した残り6名のうち3名より、懇談内容が「すぐに役立つ中身はなかった」、「もっと相互に交流できたら」「専門的な話が多く、立場が異なり過ぎた」との意見があった。

今後取り上げて欲しい内容（自由記述）については、「相談事例」「復職支援」「本人のメンタル面を強くする方法」「職場環境への介入方法」「上司のメンタルヘルスが危険な場合の部下の対応」「産業医、医療機関との連携」などが挙げられていた。また、現在困っていること（自由記述）としては、「職場におけるメンタルヘルス対策が未完成」「上司がチームワークを崩す発言をして困っている」「自分に自信が持てない、人前で話すのが苦手」など、職場・上司の問題のみならず自分自身として抱える悩みも挙げられていた。また、「このようなセミナーを今後も続けて欲しい」旨の意見も見られた。

4　本研究の成果

今回の取り組みにより、インターネットによる情報発信をもとにしたコミュニティ形成のきっかけをつくることができたと思われる。参加者としては当初予想していた一般従業員・管理者・家族のみならず、臨床心理士、キャリアカウンセラー等専門家の参加があり、相互の立場を共有できるかたちになった。専門家同士の話が長くなり過ぎると一般の方の参加意欲が低下する恐れがあるため、一般の方にも発言して頂けるよう質問を投げかける、などの工夫が必要と思われた。

5　コミュニティ形成に向けた今後の課題

今回のような場が継続した「コミュニティ」となるには、参加者相互の交流がより活発なものになる必要があるが、会の前半を話題提供の機会としたために、研究者側のお仕着せのコミュニティとなっていた可能性は否めない。話題についてはメンバー相互から出され発展するかたちにすることが望ましい。また、会の継続について参加者から希望があったものの、実際には上記の取り組みの翌年に同様の形式の懇談会を1回実施できたのみであり、体制づくりに大きな課題を残した。

このようなコミュニティが継続的なものとなってゆくには、オフライン上での会合の継続的開催もさることながら、オンラインでのコミュニティ形成もその一役を担うと思われる。今回紹介したWWWによる情報発信は、インターネット上でのコミュニティ形成においてもっとも原始的な方法であり、インターネットが持つ機能のほんのわずかな部分しか利用できていない。現時点でインターネットにおけるコミュニティ形成のありかたとしては、主に①電子掲示板（Bulletin Board System : BBS）を用いたもの、②ウェブログ（ブログ）同士のつながりによるもの、③SNS（social networking service）、④動画配信サイトを媒介としたコミュニティ、の4種類に分類できると思われる。近年の動きとして、日本におけるSNSでは普及当初の招待制から誰でも参加できるかたちのものも増えてきており、既存のコミュニティの再生・活性化に加えて新たなコミュニティ形成に大きく寄与するものと期待される。また、大手の動画配信サイトにおいては視聴者がリアルタイムでコメントを寄せられる仕組みを持つものもあり、そこで形成されたオンライン上のコミュニティがオフラインでの会合に発展する可能性も高い。

ただし、オンライン・オフラインコミュニティの維持のためには、参加者同士がどの程度顔の見える関係であるか、また個々のコミュニケーションが匿名によるものか実名によるものかによらず、そこがある程度匿名性の高い空間であり、いずれの場合においてもコミュニケーションの行き違いが起こりうる可能性が多分にあることを認識し、トラブルが発生した場合には管理者などにより仲裁などの対策がなされる必要があると思われる。また、筆者自身がインターネット上でのメール相談を実践していた[4]際に実感したことであるが、このようなインターネット上での活動維持に際してはやはり相応の人的動員が必要であり、その分のコストを想定しておく必要があると考えられる。

また、**アクション・リサーチ**を実施する場合、コミュニティの管理者として関わるか、メンバーとして関わるか、あるいは自らは参加せずにメンバーに客観的立場で関わるかによって調査計画も変わってくるであろう。

〔**小坂守孝**〕

［4］小坂守孝（1997）「電子メールによる『心理援助サービス』の実践的研究」『コミュニティ心理学研究』1(2), 187-198.

4-6 インターネット上にコミュニティはあるか

――〝地域〟にとらわれないコミュニティの可能性

学生時代からインターネット上での掲示板などでさまざまな情報交換をおこなうツールとして使い始め、時にはその掲示板で情報交換をしていた人びとと実際に会うこともありました。会う人びとは、学生だったり社会人だったりと多様性を持っていて、大学の中よりもいろいろな話などもできるとても楽しい時間でした。このような経験からインターネットはツールではなくコミュニティではないかと考えはじめました。

コミュニティというと、地域や学校など実際に生活する場所や空間のイメージが強く、インターネットを活用して何かをするとなると、傍から見ればモニターに向かって1人で何かをしているようにも見えます。でも、モニターの向こうには同じようにモニターに向かっている人がいます。物理的な距離などが介在しますが、インターネットの中にもコミュニティはあるのではないか。さらには、実際に生活するコミュニティとインターネットをつなぐこともできるのではないか。

こんなことから、私はインターネットとコミュニティ心理学、またコミュニティをどのように捉えることができるのかを考えるようになりました。

1　インターネットとコミュニティ心理学

情報通信技術（Information Communication Technology：ICT）の発展とともに、1990年台から爆発的に普及をしたインターネットは、現在では多くの人の生活に密接な存在となっている。

特に、インターネットを活用したブログ、Facebokやtwitter、LINEなどのソーシャルネットワーキングサービス（Social Networking Service：SNS）、動画共有サイトなど、利用者が情報を発信し、形成していくソーシャルメディアとして発達し、かつ誰もが容易におこなうことができるようになった。また、パソコンだけではなく、携帯電話やスマートフォンといった情報通信端末の小型化と普及により、生活の中に深く入り込むようになった。『平成23年版情報通信白書』[1]によればインターネットを介した何らかのつながりへの志向が強くなり、**インターネット・コミュニティ**の存在は生活の一部として浸透している。

一般的にコミュニティというと、地域、学校、病院、職場などの目に見える実体を伴う場所、空間を有したものとして考えられることが多い。また、コミュニティ心理学の関わるフィールドの多くも、目に見える実体を持った場所であることが多い。これに対して、インターネット上の掲示板などには具体的な目に見えるような場所や空間が存在しない。強いていうならば、掲示板などのアドレス（URL）を場所として捉えることが可能であるが、日常的に人が目に見える場に集まっているわけではな

[1] 総務省（2018）『平成30年版情報通信白書』

い。

しかし、コミュニティ心理学の研究対象として、佐藤[2]はインターネット・コミュニティについての懸念を示し、小坂[3]は電子メールによる心理援助サービスに関する実践的研究、奥山ら[4][5]はオンライングループに関する検討をおこなっており、筆者も高齢者支援におけるオンラインコミュニティの研究[6][7]をおこなってきた。これらは、インターネット上にコミュニティは存在するという前提によるものである。

ここでは、あらためて、インターネット・コミュニティ、ネットコミュニティ、オンラインコミュニティとさまざまな形で呼称されているインターネット上に形成されたコミュニティがコミュニティと呼ぶべきものであるかを検討する。なお、インターネット上に形成されたコミュニティについての考え方は諸説あり、名称による使い分けなども言及されている場合もあるが、本項では地域などの従来のコミュニティをきっかけとせずインターネット上に発生したコミュニティをオンライン・コミュニティとして表記する。

2　ツールとしてのインターネット

インターネットは人びとが集まるコミュニティとして捉えることもできるが、同時に、ICTと情報通信端末を活用したコミュニケーションツールとして捉えることも可能である。ここでは、情報通信端末を活用した場合のコミュニケーション特性を踏

[2] 佐藤忠司（1997）「インターネット・コミュニティと福祉・医療援助コミュニティの問題点」『コミュニティ心理学研究』1 (1), 10-14.

[3] 小坂守孝（1997）「電子メールによる「心理援助サービス」の実践的研究」『コミュニティ心理学研究』1 (2), 187-198.

[4] 船津衛編著（1999）『地域情報と社会心理』北樹出版

[5] 久田満・奥山今日子（2001）「自助資源としてのインターネット――「ひきこもり」の人たちが参加する電子掲示板に関する事例研究」『コミュニティ心理学研究』5 (2), 111-123.

[6] 奥山今日子（2002）「関心事や「問題」を共有する人々が参加するオンライングループに関する研究の現状と課題――当事者間の相互援助と専門家の介入の視点から」『コミュニティ心理学研究』6 (1), 15-30.

まえ、ツールとなる場合とコミュニティとなる場合の整理をおこなう。
　コミュニケーションツールとして考える場合、電子メールが代表的なものであり、日常生活のさまざまな場面で利用場面が増えている。その理由としては、従来の紙媒体または電話等の音声による連絡手段に対して費用面、効率性などの部分での優位性が挙げられる。
　大きな差異としては、従来のコミュニケーションと比較してＩＣＴと情報通信端末を活用したコミュニケーションの多くは文字または画像といった視覚から得られる情報に依存する。近年では、SkypeやＬＩＮＥなどのソフトウェアには音声通話機能も備わっているが文字や静止画のような形の、視覚情報を中心に扱うコミュニケーションが主である。これらは同じ空間を共有している日常生活で得られるさまざまな情報より狭められており、コミュニケーションでは齟齬を生む危険性がある。しかし、発信者と受信者の距離を問わずに即時かつ多人数に対し同時に伝達可能である点、音声通話などと異なりコミュニケーション内容などの情報蓄積が可能である点は従来の連絡手段よりも利便性が高い。（図1、表1参照）
　そのため、さまざまな企業や団体などのすでに形成されたコミュニティにおいて、情報化またはＯＡ化やＩＴ化として情報通信端末の活用がおこなわれるようになった。このような情報化の流れの中ではインターネット

[7] 石盛真徳（2006）「地域情報化活動への参与観察的研究――「にんじんネット協議会」の活動を事例として」『コミュニティ心理学研究』9 (2), 178-190.

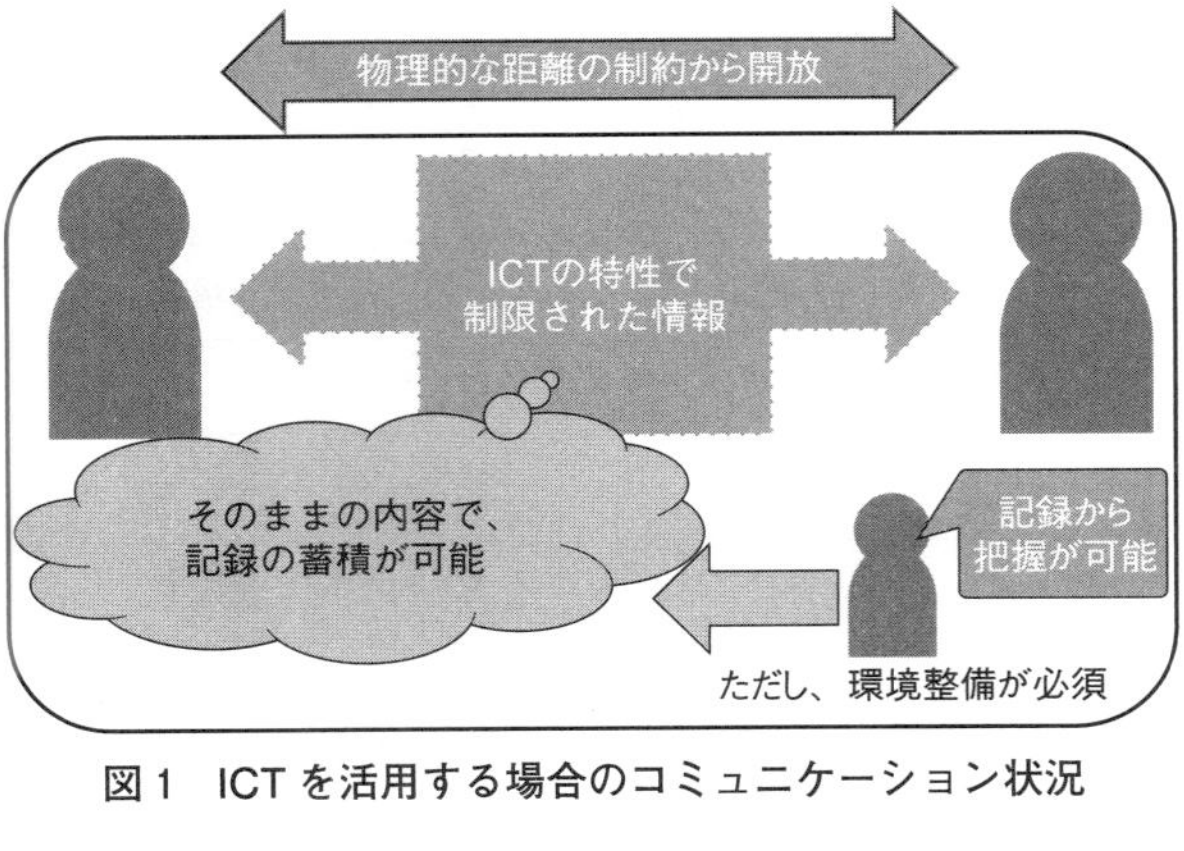

図1　ICTを活用する場合のコミュニケーション状況

はコミュニケーションツールの一つになっているといえる。

3　コミュニティとしてのオンライン・コミュニティの可能性

これに対して、インターネット上で形成されるコミュニティは、既存の企業や何らかの団体などの存在が前提となっていない。何らかの興味関心や課題を抱える人びとが特定の掲示板等に集まってコミュニケーションを取ることをきっかけに形成される。

そのために、このオンライン・コミュニティは、従来のコミュニティの認識から考えると、違和感を持って捉えられる場合もある。その理由としては、コミュニティには地域性や時間、空間を共有するものが多いことに対し、オンライン・コミュニティにはそれがない。また、モニター越しのコミュニケーションは人が集まっている印象を持ちにくいことも合わせて挙げることができる。しかし、オンライン・コミュニティには参加者相互の交流、共通の目標・関心事などを軸とした絆のようなものが存在し、地域性などにより生み出される絆を上回る価値があることが重要と考えられている。

ここから、オンライン・コミュニティの可能性として、次のことが考えられる。

表１　各ツールにおけるコミュニケーションの特性

	メール		FAX	手紙	電話による通話			対面
	携帯	PC			留守番	携帯	固定	
空間共有	非共有							共有
メッセージの着信	ほぼ即時		即時	数日後	即時			
メッセージの受信	同期or非同期	非同期				同期		
情報の伝達方法	テキスト文字＋絵文字		手書き文字＋図形		音声			多様
情報の流れ	一方向					双方向		
送信形態	1対1（1対多）		1対1					多様
記録の保存可能性	あり				あり（音声）	なし		
距離の制約	なし							あり
時間の制約	なし					あり		
対象の制約	なし		あり					

空間的、時間的な制約を超えて人間の繋がりを広げる可能性が高い。たとえば、身体的なハンディキャップを有し移動に制約がある場合や、近隣では同じ課題を抱える人が少ない場合でも遠隔地からコミュニティに参加できる点は、従来のコミュニティにはない大きな特徴であるといえる。

インターネットを活用すれば、これまで隔絶されていた地域の住人であっても世界を相手にコミュニケーションを取り、オンライン・コミュニティへの参加が可能になる。また、限られた地域の中では見つけることができなかった共通の興味・関心を持った者同士を結ぶことが可能である。

また、ICTの発展により、オンライン・コミュニティが注目されていた当初より も環境整備等に関する費用面、またはICTリテラシーのような利用者に対する技術的要求などの障壁は下がっている。今後、オンライン・コミュニティが数多く形成される可能性は高いと考えられる。

4　モニター越しからリアルのコミュニティへ

オンライン・コミュニティの危険性として、佐藤[8]は、「コンピュータディスプレイとの対面から生ずる自閉性」として「ディスプレイの前で背を丸めてキーボードを叩いている者の閉ざされた夢中さ（自閉の世界）が見えてくる。それが人の心に、いつか思いもかけない破綻を引き起こすのではと危ぶんでいる」とインターネットの危険

［8］佐藤（1997）前掲書

性を予見していた。

実際、面と向き合ってのコミュニケーションは苦手な代わりに、オンライン・コミュニティでのコミュニケーションに傾倒するという一種の「コミュニケーション中毒者」の出現は情報通信白書でも取り上げられるようになっている。インターネット依存症やスマホ中毒などに代表されるように、パソコンのモニターやスマホの画面で展開されるコミュニケーションが気になり、実生活に悪影響を及ぼしていることが社会問題として取り上げられるようになっている。さらに、コミュニケーション内容の制限を原因とした意思疎通の齟齬などに起因するトラブルや犯罪などを引き起こすような事態も発生している。しかし、人間の生活はモニター越しの世界だけで完結することは不可能であり、どこかで現実社会との関わりが必要となる。

今後、オンライン・コミュニティに対して、参加者のメンタルヘルスに関する支援や、従来のコミュニティと同じように専門職によるエンパワーメントや危機介入、予防的アプローチが求められることが考えられる。または、オンライン・コミュニティと地域などの従来から存在するコミュニティによる連携や協働などもありえるだろう。

5　今後のオンライン・コミュニティとコミュニティ心理学

ここでは、オンライン・コミュニティについての整理をおこなってきた。オンライン・コミュニティの存在はコミュニティ心理学の中でも未開拓地とされ、社会学など他の学術分野においても研究対象、または介入対象としてどのようにアプローチするかの試行錯誤が繰り返されている状況にある。さらに、ＩＣＴの発展速度は非常に速く観察または介入をしようとしても、短い期間で対象が変化することもあり、研究対象として長期的な視野で捉えることが難しい部分もある。

しかし、今後の社会の多様化や情報化の展開の中でオンライン・コミュニティの重要性は高まることが予測される。現時点では、コミュニティ感覚などの調査研究などもおこなわれていないが、オンライン・コミュニティをコミュニティとして捉え、研究を進める場面は増えていくだろう。オンライン・コミュニティは特定の研究分野のみで形成されるものではなく、どのような研究分野でも成立する可能性がある。よって、自身の研究対象がどのようなものであったとしても、どこかでオンライン・コミュニティ、またはＩＣＴが関与する可能性は高くなると考えられる。

さまざまなコミュニティに関する知見を持つことと合わせ、目に見えるコミュニティだけではなく、オンライン・コミュニティのような目に見えないコミュニティの存在についても知見をもち視野に入れながら研究・実践を展開することが求められるだろう。

〔**平野貴大**〕

第5章

◉ ダイバーシティ

5-1 異なる文化を持つ人たちと仲良く暮らすには

――中国帰国者の適応過程と援助体制

私は、大学の教員になる前の21年間、心理研究職として精神医学系の研究機関（東京都精神医学総合研究所：現、東京都医学総合研究所）で仕事をしてきました。「社会精神医学」の研究部門に属し、いくつかの臨床フィールドにおける実践と研究に携わってきました。具体的には、病院臨床における個人療法と集団アプローチ、児童養護施設におけるコンサルテーション活動、中国帰国者の適応過程と援助体制に関する包括的なプロスペクティブ・スタディ、留学生相談活動のコミュニティ心理学的展開、精神病院のリロケーション効果に関する生態心理学的研究などです。いずれも、臨床・コミュニティ心理学の発想と方法にもとづき、実践しながら、そこで得た経験をもとに研究し、理論化していく「参加的理論構成者」を目指してきました。本項では、おもに、中国帰国者の適応障害の減少と予防に必要な援助様式および援助組織を明らかにすることを目的としたアクション・リサーチ（援助しながらの研究）を通して、多文化社会におけるコミュニティ心理学的支援につながる実践研究の展開とその課題について検討を試みたいと思います。

1　多文化社会におけるコミュニティ心理学的支援

近年、グローバル化の動きが活発になり、国境を越えた人の移動とモノや情報の交流が人びとの価値観や生き方の多様さを生んでいる。そうした流れのなかで、日本の国際化には著しいものがあり、多様な文化を担う人びとのわが国への移住も盛んになってきている。このことは、日本の人口のなかで外国籍の人の割合が、２００８年末には、１・７％を越えたことにも現れており、日本が〝**多文化社会**〟に踏み出し始めた象徴的な事実といえる。

これら外国から移入し、生活基盤を日本国内に持つことになった人びと（難民、中国帰国者、外国人配偶者などの「定住者」、外国人・日系人労働者、留学生・就学生、技術研修生などの「長期滞在者」）の増大にともない、私たちの日常生活の根底にまで異言語・異文化間接触の機会が増えてきている。

しかしながら、依然として彼らが日本の社会のなかでは圧倒的な〝**マイノリティ**（小数派）〟であることに変わりはない。マイノリティゆえの、社会生活上・文化適応上のさまざまな問題を抱えもっている。それらの問題がところどころで、受け入れ社会との葛藤を生み、メンタルヘルスに影響をおよぼすケースも少なくない。したがって、コミュニティのなかで、これら異文化に生きる人びとといかに共生していくかという問題は、グローバル社会に生きる私たちにとっても、きわめて現実的で重要な課題である。また、彼らに対しては、物質的、教育的支援のみならず、さまざまなレベルの心理・社会的支援が必要とされている。しかしながら、そうした支援体制は、量的・質的にも必ずしも十分とはいえず、**多文化社会におけるコミュニティ心理学的支援**のあり方が問われている。

２　中国帰国者の適応と援助に関するプロスペクティブ・スタディ

いわゆる中国帰国者（以下、帰国者と略記）と呼ばれている人びと（日本に永住帰国を果たした中国残留孤児・婦人とその家族）は、特異な生活史的背景をもった「定住者」であり、「定住者」のなかではむしろ代表的な位置をしめる存在である。１９７２年の日中国交回復以降、家族をともなって続々と祖国への帰国を果たし、日本社会での定着・自立をはかっている。ちなみに、１９８６年から１９９６年にかけての大量帰国時代（年間３００世帯以上が帰国）を経て、２０１６年3月末現在の中国帰国者の総数は、国費によるものだけで６７１２世帯、２万人を超えており、私費による呼び寄せ家族を含めると、その数は、2倍から3倍に達するといわれている[1]。

しかしながら、帰国者に対する公的支援システムは、難民、日系人労働者などに比べて整ってはいるものの、地域コミュニティに定住するまでの適応初期の支援に重点が置かれ、コミュニティの中で真に定着・自立していくための長期的・継続的な支援システムには至っていない面がある。また、彼らに対する心理・精神保健面での援助体制は人的にもシステム的にも乏しいといわざるを得ない。実際、彼らが各地域での

[1] 厚生省援護局編著（1987）『中国残留孤児――これまでの足跡とこれからの道のり』ぎょうせい

定着・自立をはかる際に、多様な次元の困難に遭遇し、受け入れ側とのさまざまなトラブルや適応障害事例が頻発してきた。しかもこうした困難は、彼ら帰国者の側だけでなく、彼らを受け入れる側の人びと（親きょうだい、身元引受人、役所の担当者、定着促進センター職員、帰国者の自立指導員、日本語講師、ボランティア、職場や学校、近隣の人たちなど）にとっても、同じく深刻な問題となっている。さらに、高齢化した帰国者（孤児・残留婦人）の老後の生活保障の問題、同伴帰国した二世・三世の日本社会での適応とアイデンティティ獲得の問題、親世代と子世代の適応プロセスの相違による家族内葛藤の問題など、解決すべき課題が山積している[2]。

以上のような背景と問題解決ニーズのもとに、筆者らは、帰国者の国の受け入れ機関（厚生労働省）の委託研究によって、1989年より、異文化への移住者としての帰国者が、日本社会でどのように適応していくか、すなわち定着・自立を果していくかを継時的に明らかにするとともに、適応障害の減少と予防に必要な援助様式および援助組織を明らかにすることを目的とした包括的かつプロスペクティブなプロジェクト研究をおこなってきた[3]。

これらプロジェクト研究は、①適応過程に関する長期的な追跡研究、②適応障害の予防と援助体制のあり方に関する研究、③中国に在留する孤児および家族の適応状況調査に大別できるが、ここでは、①および②の研究を中心に報告する。

［2］厚生労働省社会・援護局（2000）『中国帰国者支援に関する検討会報告書』厚生労働省

［3］江畑敬介ほか編著（1995）『移住と適応——中国帰国者の適応過程と援助体制に関する研究』日本評論社

3　帰国者の適応を援助に関する研究方法の特徴[4]

移住者の適応過程の研究は、方法論的には、（1）**回顧的研究**（retrospective study）、（2）**横断的研究**（cross-sectional study）、（3）**前向き研究**（prospective study）の三種に大別できる。

本研究の特徴の第一は、**前向き研究**の方法を採用していることである。帰国者の適応過程とその関連要因を長期にわたる前向き研究によって明らかにすることは、従来常套的におこなわれてきた一時点における**横断的研究**では得られない重要な利点がある。すなわち、適応に関連する何らかの要因が認められた場合、そのつながりが要因間の単なる相関関係ではなく、事象の因果関係を説明し予測する可能性をも開くものとなる。したがって、そこから得られた知見は、より実践的援助に必要なものとして、適応障害の予防や適応促進の方策に具体的に結びつけることができる。また、本研究は帰国者の不適応あるいは疾病にのみ焦点をあてたアプローチではなく、適応過程そのものを包括的かつ継時的に実証することを課題としている。したがって、個人が異文化体験を通してどのように適応していくのかという、いわば、適応促進的な側面に焦点を合わせたアプローチが可能となる。

本研究の特徴の第二は、**アクション・リサーチ**（援助しながらの研究[5]）として位置づけられることである。本研究は、帰国者の適応障害の予防および精神保健的援助のあり方を調査することを目的として、厚生労働省からの委託研究の一環として開始さ

［4］箕口雅博ほか（1992）「中国帰国者の適応過程に関するプロスペクティブ・スタディ（第1報）——研究の概要と方法論的検討」『社会精神医学』15, 41-50.

［5］渡辺直登（2000）「アクション・リサーチ」下山晴彦『臨床心理学研究の技法』福村出版 pp. 111-118.
【6—1】参照。

れたものであり、援助しながらの研究として出発した。具体的には、中国帰国者定着促進センター[6]における適応障害事例に対する精神保健的援助活動（カウンセリング）およびセンター職員（帰国者を援助する側の人びと）に対するコンサルテーション活動を本研究と平行しておこなっている[7]。さらに、各時点における調査の結果、心理的に適応障害に陥っていると判断された事例に対しては何らかの援助的還元をおこなっている。このように、本研究は、適応上の諸問題を実践的に解決することを含む一種のアクション・リサーチである。

第3の特徴は、適応に関与すると思われる諸要因を包括的にとらえることを目的として、多岐にわたる調査項目を設定したことである。この調査項目の設定にあたっては、筆者らが帰国者に対して行っている精神保健的援助活動によって得た臨床知見をもとにして仮説検証的に作成した。つまり、事例研究・定性的研究から定量的研究への還元を行うように努めた。また、定量的研究で得た結果も彼らへの援助的働きかけに活用している。このように、**事例研究・定性的研究と定量的研究の絶えざるフィードバック**をするように努めてきた。

一方で本研究の方法は、事前の周到な計画性とともに多くの時間と経費、人的資源を必要とするが、本研究プロジェクトでは、これらの課題にも取り組みながら実践研究を進めていった[8]。

[6] 1984年、埼玉県所沢市に設立された、中国帰国者の定着・自立を支援するための研修センター。詳細は、ホームページ（http://www.kikokusha-center.or.jp/）を参照。

[7] 箕口雅博ほか（1994）「中国帰国孤児定着促進センターにおける精神保健コンサルテーション・サービス活動――その実際と意義」『中国帰国者定着促進センター紀要』2, 249–275.
箕口雅博（2000）「精神保健コンサルテーションの受容過程に関する研究――中国帰国者定着促進センターにおける経験から」『立教大学コミュニティ福祉学部紀要』2, 85–99.

[8] 研究経費として、厚生労働省社会援護局（1988～89年度）、三菱財団（1989～91年度）、トヨタ財団（1989～93年度）から研究助成を受けた。

4　総合適応指標からみた帰国者の適応過程と関連要因[9]

（1）調査対象と方法

調査対象は、1988年6月から1989年10月までの間に、埼玉県所沢市にある中国帰国孤児定着促進センター（以下、「センター」）に入所し、4ヵ月間の日本語教育と生活指導を受けたのちに全国各地に定住した中国帰国孤児とその家族（孤児226名、配偶者191名、二世450名）である。調査は自記式の質問紙を用い、帰国直後の「センター」入所時の調査は、一斉調査形式により実施し、センター退所後の4時点（3ヵ月後、1年後、2年後、3年後）における追跡調査は郵送法によってそれぞれ実施した。調査内容は、生活史的背景、移住動機と準備性、精神症状評価、性格傾向、家族適応度、生活ストレスとサポート・ネットワークの程度、文化受容度などであった。

（2）総合適応指標および適応に関する下位指標の作成

「帰国者」の適応過程とそれらに関与する諸要因を包括的に明らかにするためには、彼らの適応状態とそのプロセスを客観的かつ総合的に把握するための適応指標を作成する必要がある。そこで、これまでの適応に関する諸概念を検討した結果、①適応には、心理的、社会的、言語・文化的の3つの側面が考えられる、②これら3つの

［9］箕口雅博（1995）「中国帰国者の適応過程に関するプロスペクティブ・スタディ――総合適応指標を用いた3年間の追跡調査結果を中心に」『日本社会精神医学会雑誌』4, 67–71.

適応側面は、必ずしも同時平行的に推移するものではない、③総合的な適応指標の推移は、孤児、配偶者、二世によって異なる、との作業仮説をたてた。そして、以上の作業仮説を検討するため、先に示した調査項目群のなかから、3つの適応側面を考慮に入れた項目（尺度）からなる下位指標（心理的適応指標、社会的適応指標、文化的適応指標）を操作的に抽出し、これらの総和（平均）を総合適応指標とした。

（3）総合適応指標からみた適応過程と適応にかかわる要因の検討

① 総合適応指標によって、帰国者の定住3年後までの長期的な適応過程をみると、その様相は、孤児・配偶者・二世によってそれぞれ異なっていた。すなわち、二世群がもっとも良好なパターンを示し、配偶者群が長期にわたって不良な傾向にあった（図1参照）。

② 総合適応指標の推移からみると、孤児・配偶者については、定住1年から2年目に至る時期が、適応上の困難や危機をもたらす時期と考えられた（図1）。

③ 適応過程を、心理・社会・文化の3側面にわけて、その推移

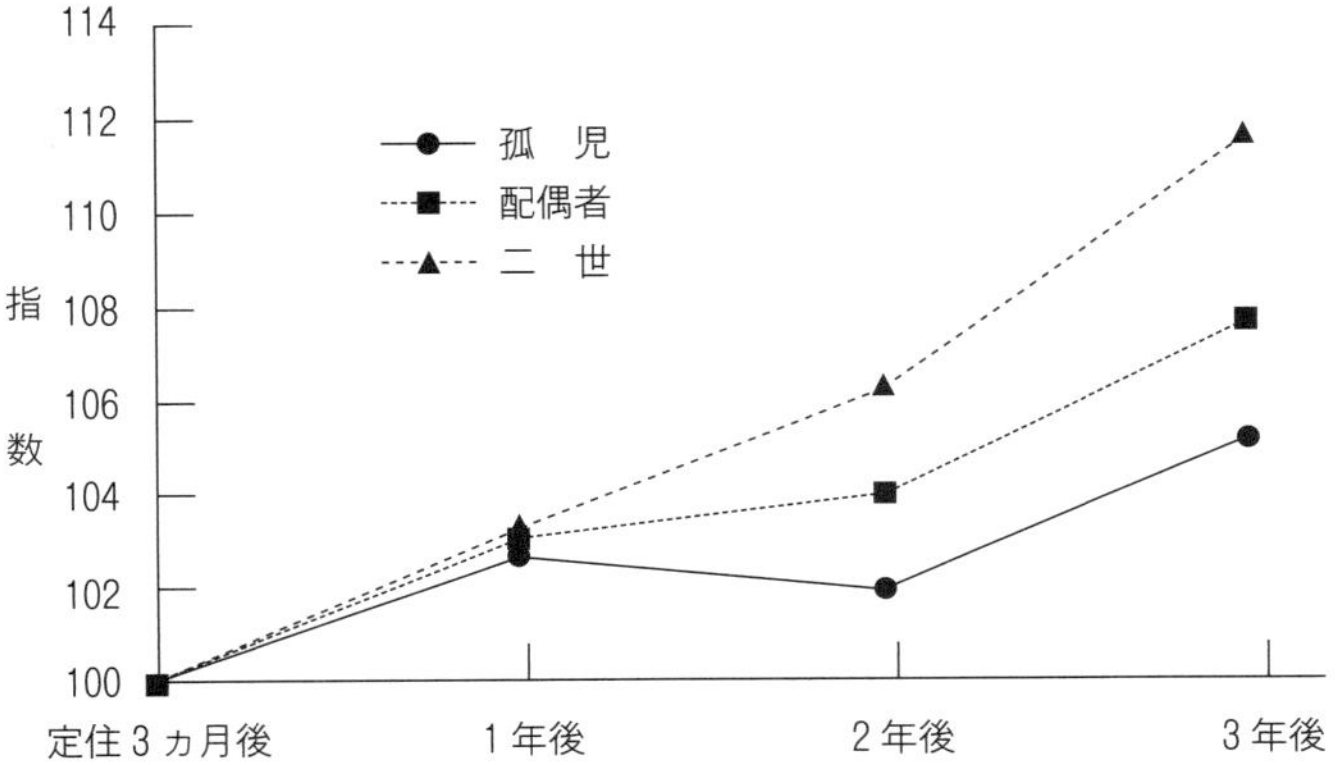

注：定住3ヵ月後の適応度を100とする。

図1　総合適応指標の推移

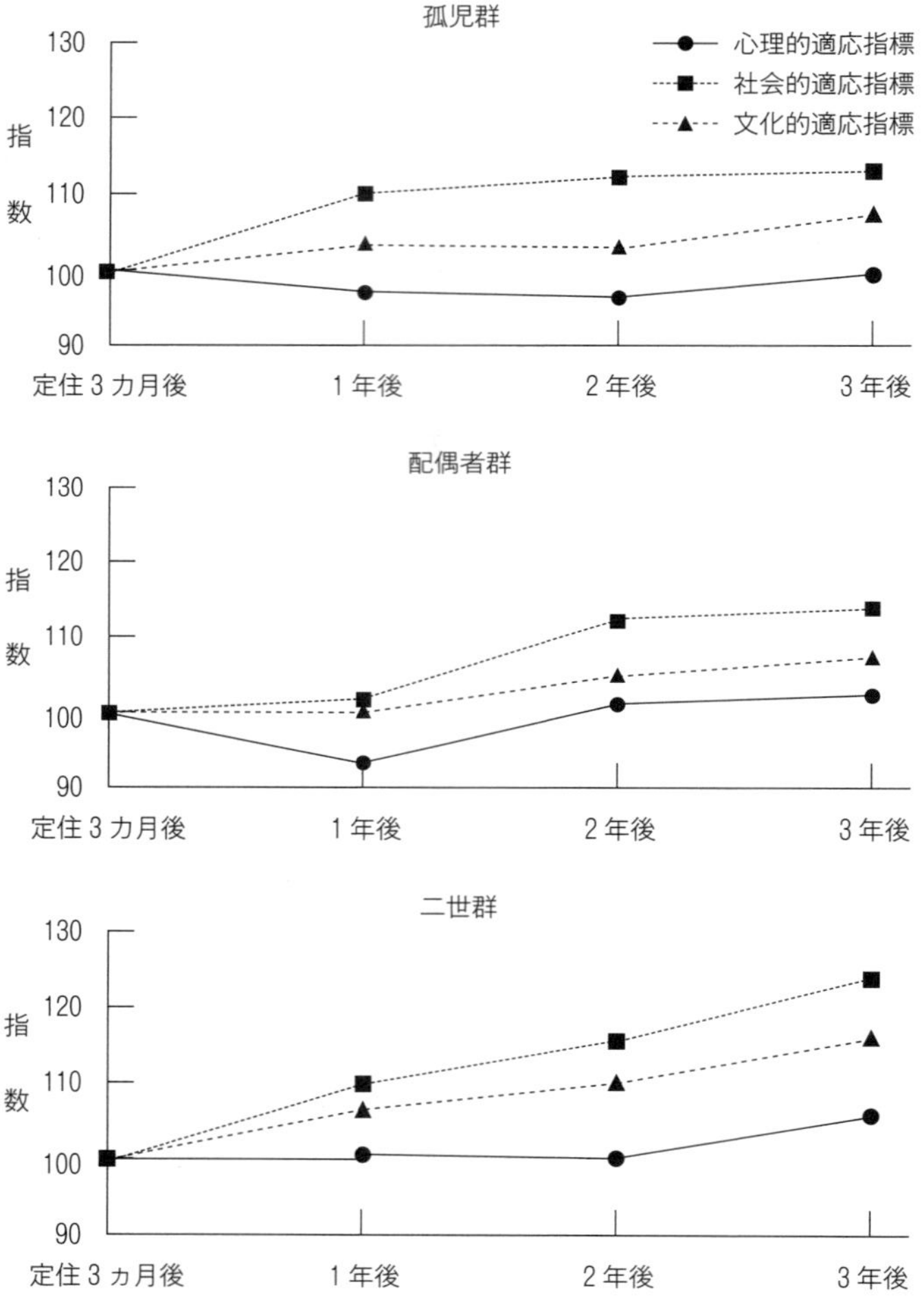

注：定住 3 ヵ月後の適応度を100とする。

図 2　3 つの適応指標の推移

をみると、この3つの側面が同時平行して推移するのではなく、それぞれが微妙なズレをもって進行していた（図2）。

④ 適応を促進ないし阻害する要因をまとめてみると、①移住に対する動機づけの程度、②新たな生活環境への準備性と対処法、③定住後の社会・経済的状況と受け入れ体制、④家族の適応性などが大きく関与していた。

⑤ 中国帰国者にとって「里帰り体験」は、主観的にも客観的にも重要な意味をもっており、定住後の適応状態とも強い関連性を示した。

5 中国帰国者に対する援助のあり方と課題

最後に、これまで述べてきた研究結果から示唆される中国帰国者援助のあり方について述べる。

定住後3年間にわたる「帰国者」の適応過程を、心理・社会・文化の3側面に分けてその継時的変化を検討してみると、社会的適応がまず進行し、文化的適応がそれにつづき、最後に心理的適応が進行するパターンを示すことが明らかになった。したがって、援助する側は、適応の各側面が同時平行的に推移するのではなく、ズレをもって進行することを踏まえた援助が必要となる。すなわち、援助する側は、上記の遂行パターンに沿って援助の重点を移し替えていく必要がある。

また、これらを総合した適応指標の3年間の推移を孤児、配偶者、二世別にみると、適応パターンがそれぞれ異なっていた。なかでも、長期にわたって不良な傾向を示している配偶者群には、十分な適応上の配慮と援助が必要と考えられた。

さらに、「帰国者」の総合的な適応過程に関与していると思われる諸要因を抽出してみると、移住前の要因、移住（定住）後の要因、移住者自身の生活史や性格傾向などの要因のいずれもが影響を及ぼしていることが明らかになった。そして、これらの基盤と考えられるのは、置かれた環境に対する対処方法とその準備性であるととらえることができる。このことは、「帰国者」が日本という新たな社会文化的環境のもとでの生活を始める場合、その生活上の現実や困難さに対し、比較的初期の段階から十分な心理的準備性と計画性を整えておくと同時に、彼らを受け入れ援助する側が、彼らに早急な同化や順応を強いることなく長期的な視点をもって援助することの必要性を示唆している。

ところで、筆者らが研究のキーステーションとしてきた中国帰国者定着促進センターでは、帰国者支援に携わっている人びとにニューズ・レター『同声・同気』を定期発行するとともに、インターネット上に帰国者支援のホームページ（http://www.kikokusha-center.or.jp）およびメーリングリストを開設し、情報ネットワークを通した支援システムの構築を進めている。

このように、「帰国者」に対する支援体制は、いくつかの課題は残されているものの、「帰国者」に対する日本語学習支援者の相互支援ネットワークを中核とするコミユニティ・アプローチの方向で動いている。とりわけ、インターネットを介した情報交換・相互支援の拡がりにはめざましいものがあり、中国帰国者定着促進センターを発信基地とする帰国者支援ネットワークは、他の定住外国人支援ネットワークと連携しながら、ひとつの〝ネットワーク・コミュニティ〟を形成しつつある。そのなかで筆者らが果たしてきたのは、支援ネットワークづくりの触媒的役割であると位置づけることができる。

今後の課題としては、帰国者のボランティア・ネットワークとの連携をさらに拡げていくだけでなく、帰国者自らによるセルフヘルプ・グループへの支援活動も強化していく必要がある。

〔**箕口雅博**〕

5-2 カルト問題とコミュニティ

——カルト脱会者における家族関係の認知変化

カルトについてご存知でしょうか。日本では、1995年に地下鉄サリン事件を起こしたオウム真理教がよく知られています。カルトになぜ入るのだろうと、疑問に思われるでしょう。カルトに入る人たちは特別に変わっているのではなく、むしろ、どんな人も、カルトが集団運営に用いている心理操作に抗うほど強くはないと言われています。[1] カルトから勧誘を受けた後、なぜカルトを信じる（入信といいます）のか、カルトはどんな操作をおこなって信じさせるのか、カルトを辞めた（脱会といいます）後はどんな心理状態なのかなど、70年代より世界的に研究が続けられています。

私自身、80年代後半からカルト問題の自助グループに携わってきました。家族は、大切な一員がカルトに入ってしまったことを思い悩むと同時に、カルトの問題点に目がいきやすく、入信した本人を理解したり受け入れることが難しくなりがちです。本項で紹介する研究は、入信した本人とその家族の間に生じやすい溝を埋めることはできないだろうかという発端で始めました。

[1] 西田公昭（2015）「カルトや自己啓発セミナーとその危険」逸見敏郎・山中淑江編著『大学生が出会うリスクとセルフマネジメント』学苑社 pp. 21-35.

1　カルトとコミュニティ

（1）カルトとは

カルト cult とは、ラテン語 cultus に由来しており、神々や英雄への崇拝を意味していたが、現代、特に1990年代以降では、破壊的という意味合いが強い宗教的団体を社会通念的に指すようになった。[2] 現在、ＩＣＳＡ（International Cultic Studies Association）は、カルトを「カリスマ的関係（charismatic relationships）と高水準のコミットメント要求によって維持されているイデオロギー的組織」であると述べている。[3] 櫻井は、人権を侵害して社会秩序を崩壊する組織というカルト概念と、法律に反する行為や社会の存続を危機的にする要因があり、社会全体の問題と認識されるという社会問題概念の両者をあわせた団体がカルトであると明らかにした。[4] また、カルトの特徴としては、本人に気づかせずに、本人の思考や感情、行動を操作し、情報を誘導することがあげられている。[5]

（2）カルト問題とコミュニティ心理援助

M・D・ランゴンは、カルトの定義の1つとして、信者やその家族、コミュニティに対して心理的被害を引きおこす点をあげている。[6] カルトは、家族や友人とのつながりを利用して勧誘対象とする一方、基本的に家族や社会との接触を制限させる。そのうえで、家族や社会に対するマイナス評価を教え込み、認知的かつ情緒的変容をもた

［2］浅見定雄（2002）「カルト」大貫隆・名取四郎・宮本久雄・百瀬文晃編『岩波キリスト教辞典』岩波書店 pp. 245–246.

［3］International Cultic Studies Association (2014) *Information : FAQs* http://www.icsahome.com/elibrary/faqs（２０１４年11月14日）

［4］櫻井義秀（2007）「カルト問題」櫻井義秀・三木英編著『よくわかる宗教社会学』ミネルヴァ書房 pp. 120–121.

［5］Hassan, S. (1988) *Combatting cult mind control*. Rochester, Vermont : Park Street Press.［浅見定雄訳（1993）『マインド・コントロールの恐怖』恒友出版］

［6］Langone, M. D. (1993) Introduction. In Langone, M. D. (Ed.) *Recovery from cult : Help for victims of psychological and spiritual abuse*. New York, NY : W. W. Norton & Company.

らす傾向がみられる。[7]

また、カルトは、生きる意味や目標を与えるという個人的な魅力とともに、関係性の魅力を与えている。具体的には、カルトでの集団体験から生じる仲間意識[9]、家族に対して否定的な思いを抱かせることで高まるカルトへの帰属感、また教祖や仲間によって形成される疑似家族[10]があげられている。さらに、信者同士の結婚や家族形成に誘導や強要を行い、カルト内部に教祖以外の具体的な関係対象を獲得させる。[11]

一方、カルトからの脱会にあたっては、本人が戻る場所は元のコミュニティであり、身近な家族や大切な他者が具体的な受け皿となりうる。その際に、本人と身近な家族や大切な他者との間で関係性は回復できるのか、あるいは新たに関係性を構築する必要があるのかなど十分な検討が必要である。とりわけ、脱会者本人とともに居続ける家族は、身体的以上に精神的な心の居場所としての役割は大きいとされており[12]、具体的には本人との意思疎通や情報開示、信頼感の回復、情緒的関わりの重要性があげられている。[13]

これらより、カルト問題は個人の問題として限定されるものではなく、個人を取り囲む家族や社会といったコミュニティも巻き込んだ問題であるということができる。コミュニティ個々人の健全な成長とコミュニティ全体の発展を促進するために、カルト問題を**コミュニティ心理援助**の対象として検討することが重要と考えられる。

[7] Ross, J. C., & Langone, M. D. (1988) *Cults : What parents should know.* New York, NY : Carol Publishing Group.〔多賀幹子訳（1995）『カルト教団からわが子を守る法』朝日新聞社〕

[8] 楠山泰道・貫名英舜（2000）『カルトから家族を守る』毎日新聞社

[9] Hassan, S.（1988）前掲書

[10] 志村真（2014）「脱会後遺症の克服」日本脱カルト協会編『カルトからの脱会と回復のための手引き』遠見書房 pp. 175-188. 岡田尊司（2012）『マインド・コントロール』文藝春秋を参照。

[11] 櫻井義秀・中西尋子（2010）『統一教会――日本宣教の戦略と韓日祝福』北海道大学出版会を参照。

[12] 浅見定雄（1997）『なぜカルト宗教は生まれるのか』日本基督教団出版局

2 研究方法

（1） 研究対象の絞り込み

カルト問題の研究で考えられる具体的対象は、個人、家族、カルト、コミュニティの4つである（図1）。個人は、カルトから勧誘を受けて入信する一方、家族とコミュニティは、カルト入信の間接的要因となりうると同時に、入信した個人の脱会に伴う受け皿となったり予防的介入を実施する立場となりうる。

このうち個人については、先行研究が数多くおこなわれている。信者を対象とした場合では、6教団の信者を対象とした勧誘前との心理的変化についての量的調査や、1教団の信者を対象とした結婚や家族形成についての質的調査がおこなわれている。脱会者を対象とした場合では、入信中のカルトによる心理操作や、カルト脱会後の症状と心理的問題についての量的調査が、また、脱会後の不適応状況や、入信から脱会までのプロセス、事例検討による脱会後の適応過程について、それぞれ質的調査がおこなわれている。

一方、家族に関する研究では、数は少ないものの、入信発覚後に生じる家族の心理的課題について、家族システムと家族ライフ

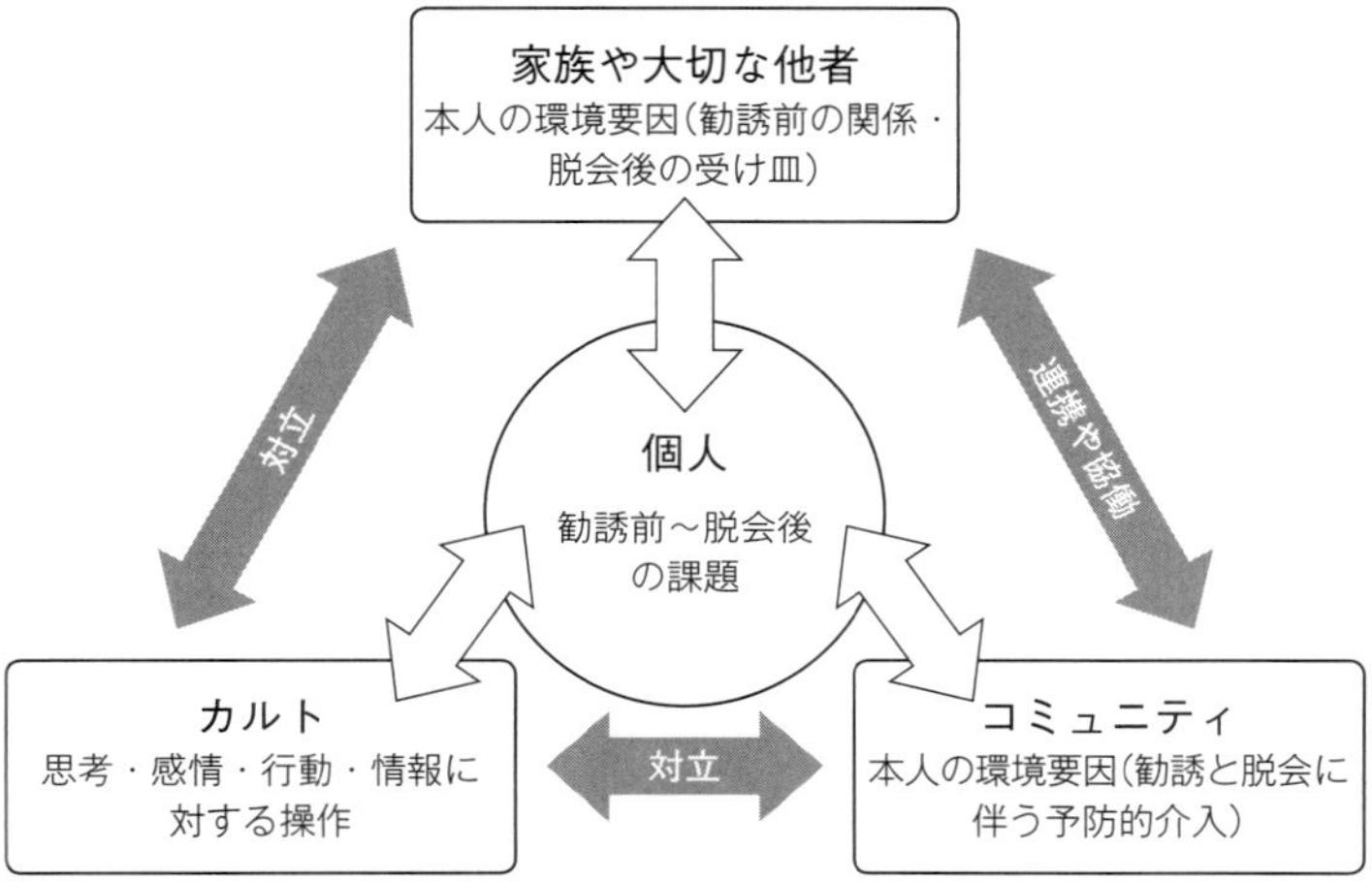

図1 カルト入信者と家族や大切な他者・コミュニティ・カルトの関連

サイクルからの視点による脱会までの家族治療について、それぞれ事例や文献をもとにまとめられている。

これらを踏まえて、本研究では、先行研究で十分調査されていない、脱会者における勧誘前と脱会後の家族関係の認知変化を調査対象とすることとした。

（2）研究方法の絞り込み

研究の制約と対応：カルト問題を対象とした場合、この問題特有の制約に直面することとなる。たとえば、カルトの協力を得て現役信者を対象とした場合、カルトに好ましい結果をもたらすと思われる信者が選別されやすい問題があげられている[14]。一方、脱会者の場合では脱会カウンセリング[15]による問題があげられている[16]。

こうした制約を孕んだカルト問題の調査に対して、本研究では**ミックス法**を採用することとした。ミックス法とは、量的方法と質的方法を組み合わせる研究デザインであり、量的と質的各々の弱みを補える相補性や、現実の複雑さを理解できる理論的洞察の向上などの利点があげられている[17]。現在、ミックス法は看護学などのヒューマンサイエンス分野で用いられ、脱会者を対象とした研究でもミックス法が採用されている[18]。本研究では、ミックス法の研究デザインのうち、量的調査と質的調査を並行的に実施して、解釈や分析で両者を統合するトライアンギュレーション[19]を採用することとした。

[13] Ross & Langone（1988）前掲書

[14] Singer, M. T.& Lalich, J.（1995）*Cults in our midst : The hidden menace in our everyday lives.* San Francisco, CA : Jossey-Bass Inc.［中村保男訳（1995）『カルト』飛鳥新社］を参照。

[15] 日本脱カルト協会編（2014）『カルトからの脱会と回復のための手引き』遠見書房を参照。

[16] 池本桂子・中村雅一（2000）「宗教からの強制脱会プログラム（ディプログラミング）によりPTSDを呈した1事例」『臨床精神医学』29(10), 1293-1300。

量的調査：D・H・オルソン[20]が開発した家族機能尺度（Family Adaptability and Cohesion Evaluation Scales；以下FACES）は、家族成員がお互いに抱く情緒的絆である凝集性と、状況的・発達的危機に際し家族システムの在り方を変化させる能力である適応性という2つの下位尺度から家族機能を検討できる。特に、脱会プロセスで重要とされる家族との情緒的関わりや意思疎通を検討するうえでは、FACESの凝集性と適応性の概念が適していると思われる。本研究では、最新版のFACES－Ⅲ[21]と、家族満足度尺度（Family Satisfaction Scales；以下FSS）[22]を用いることとした。

質的調査：KJ法は、新しい概念の構築と構造分析に長けており[23]、具体的手法としては、第3者の協力のもと分析をおこなうグループKJ法がある。本研究では、著者が所属していた大学院修了生3名に依頼してグループKJ法を用いることとした。

3　本研究の結果

（1）量的調査

調査協力者はA教団脱会者134名、そのうち有効回答86名を分析対象とした。

家族機能と家族満足感の変化：FACESの凝集性と適応性における勧誘前と脱会後の得点比較のため分散分析を実施した。その結果、凝集性と適応性ともに、勧誘前と比べ脱会後はより機能的な状態へ変化しており、特に適応性は凝集性と比べより機

[17] Polit, D. F., & Beck, C. T. (2004) *Nursing research: Principles and methods (7th ed.)*. Philadelphia: Lippincott Williams & Wilkins.［近藤潤子監訳（2010）『看護研究原理と方法』医学書院］および川口俊明（2011）「教育学における混合研究法の可能性」『教育学研究』78(4), 386-397.

[18] Buxant, C. & Saroglou, V. (2008) Joining and leaving a new religious movement: A study of ex-members' health. *Mental Health, Religion & Culture,* 11(3), 251-271.

[19] Creswell, J. W., & Clark, V. L. P. (2007) *Designing and conducting mixed methods research*. California: SAGE Publications.［大谷順子訳（2010）『人間科学のための混合研究法——質的・量的アプローチをつなぐ研究デザイン』北大路書房］

能的な状態へ変化していることが明らかとなった。

また、ＦＳＳにおける勧誘前と脱会後の得点比較のためt検定を実施した。その結果、家族満足感は勧誘前と比べ脱会後はより高まっていることが明らかとなった（図２）。

ＦＳＳと因子得点の相関：ＦＡＣＥＳとＦＳＳ以外に実施した入信中の家族関係に関する質問など、20項目について因子分析をおこなった。その結果、14項目による３因子が抽出され、「信者としての自己受容欲求」因子、「入信中の家族親和希求」因子、「信者としての被心理的拘束」因子と命名した。

次に、これら３因子とＦＳＳの相関について分析をおこなった。その結果、３因子と勧誘前のＦＳＳとの間に有意な相関はみられなかった一方、「信者としての自己受容欲求」因子得点と脱会後のＦＳＳの間に弱い正の相関がみられた（表１）。

（２）質的調査

調査協力者はＡ教団脱会者９名である。半構造化面接を実施し、面接内容のラベル化をおこない、ラベルを勧誘前、入信中、脱会後に分類し、それぞれとグループ編成と図解化を実施した。

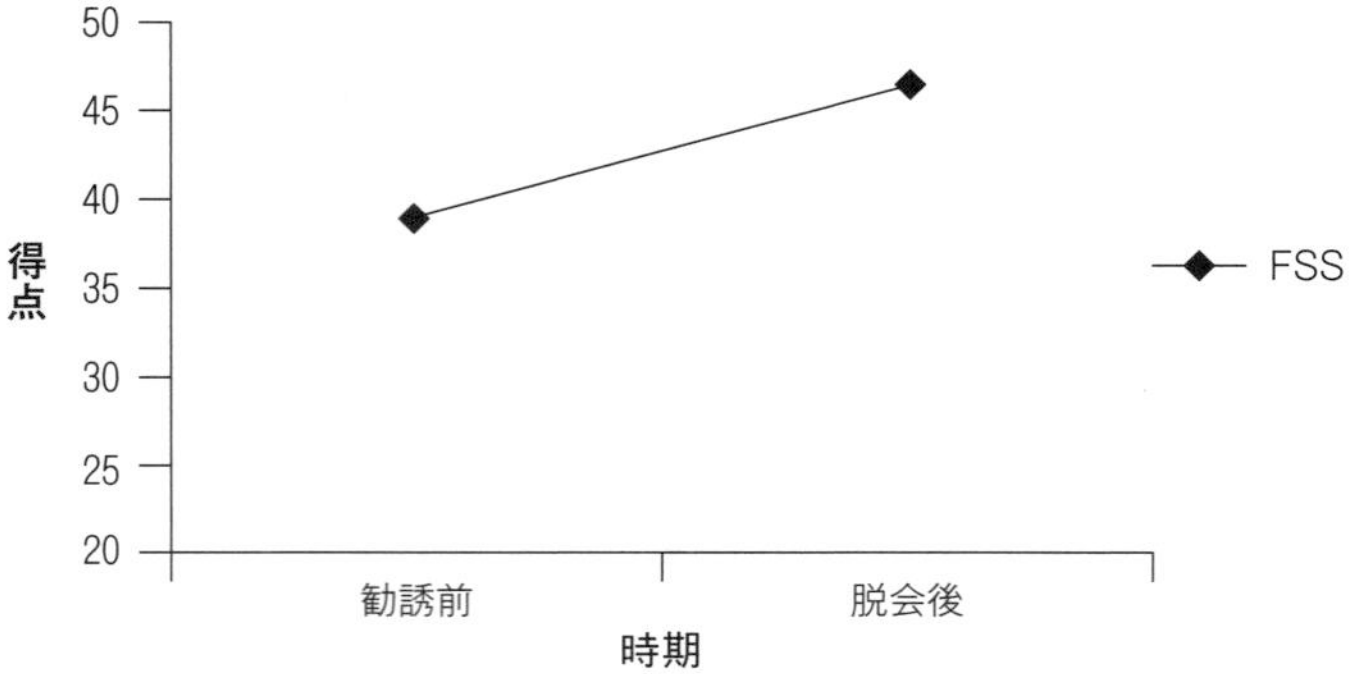

図２　勧誘前と脱会後におけるFSS得点の変化

勧誘前：ラベル数は477であり、最終的に①家族環境のマイナス要因、②家族関係の情況、③家族と本音で関われないスタイル、④自分自身の課題、⑤コミュニティとの関係の5グループに集約された。

入信中：ラベル数は389であり、最終的に①勧誘を受ける準備性、②形成された信者としての自己、③家族と教団との葛藤、④教団へのマイナス感情、⑤教団からの圧力、⑥教団をやめられない状況、⑦家族を大事にするもともとの想い、⑧コミュニティとの関係の崩壊、⑨入信発覚の家族の反応、⑩家族に解ってほしい想いの10グループに集約された。

脱会後：ラベル数は545であり、最終的に①家族との関係修復のための試み、②新たな気づき、③家族関係の再構築、④自己の変化、⑤脱会に伴う教団への認知、⑥自己の再出発、⑦双方向的な関係への変化、⑧変化しない家族関係、⑨自己回復の苦闘の9グループに集約された。

これらより、脱会者は、勧誘前では「バラバラな家族」「息苦しい家族」を認知しており、家族とのコミュニケーションでは、表層的関わりや対立回避の傾向、過剰適応の傾向という本音で関われないスタイルであった。しかし脱会後では、家族からの関係修復への主体的姿勢のもと、カルト入信の問題や勧誘前の自己の課題とともに、勧誘前に抱えていた家族との関係の問題に取り組んでいた。家族との語り合いを通して、家族から自分に対する関心や理解、受容に気づき

表1　脱会後のFSSと3因子得点の相関

	FSS脱会後	信者としての自己受容要求	入信中の家族親和希求	信者としての被心理的拘束
FSS脱会後	—	.31*	.00	.13
信者としての自己受容要求		—	.12	.22
入信中の家族親和希求			—	.02
信者としての被心理的拘束				—

$^{*}p < .01$

「素の自分でいられる」「言いたいことが言える」関係へ変化していた。また、家族が自分を大事に想い信頼してくれていることに気づくこととなり、家族に対する新たな認知を獲得して家族関係の再構築が進められていたことが明らかとなった[24]。

4　本研究の統合結果とコミュニティ心理援助への示唆

最後に、量的調査と質的調査の結果を統合した。その結果、脱会者は、勧誘前よりも脱会後に、家族との情緒的つながり感が高まり、家族がより柔軟に対応するようになって、家族がよりよく変化したと認知し、また家族への満足感が高まったと認知していることが明らかとなった。家族は、カルト問題という危機状況に対して自らの機能を変化させて対処し、家族の発達的移行を促進させていたと考えられる。これにより、脱会者と家族への心理援助としては、家族が機能的な方向に変化すること、特に脱会者が家族の変化を認知できるような介入が重要であることが示唆された。

　また、信者としての受容欲求と家族への満足感とのあいだに相関関係がみられた。脱会者は脱会過程で、信者としての自分と家族メンバーとしての本来の自分という両者の揺れや葛藤の中で、家族からの受容を認知して「家族に受けとめてもらえたうれしさ」を感じるとともに、家族満足感の上昇と家族機能の変化を認知して、さらに家族関係の再構築とカルト問題の解決を促進させていたことがうかがわれた。脱会者にとって家族はカルト入信の要因であり得るものの、勧誘前の「自分を理解してもらえ

[20] Olson, D. H., Russell, C. S., & Sprenkle, D. H. (1983) Circumplex model of marital and family systems: IV. theoretical update. *Family Process*, 22(1), 69-83.

[21] 草田寿子・岡堂哲雄（1993）「家族関係査定法」岡堂哲雄編『増補新版 心理検査学——臨床心理査定の基本』垣内出版 pp. 573-581. および草田寿子（1995）「日本語版 FACES Ⅲの信頼性と妥当性の検討」『カウンセリング研究』28(2), 24-32.

[22] Olson, D. H. (1990) Family circumplex model: Theory, assessment and intervention. *Japanese Journal of Family Psychology*. 4, Special Issue 55-64.

[23] 川喜田二郎（1986）『KJ法——渾沌をして語らしめる』中央公論社。

ない感覚」や入信中の「家族と解り合いたい想い」は、脱会過程での家族からの受容や理解のもとで解決へ向かったと考えられる。これにより、家族は、脱会者に対する受容や理解といった情緒的サポート資源として重要であることが示唆された。

5 今後の課題

(1) 本研究の限界

本研究の限界の第一は、過去を振り返るというレトロスペクティブな調査であった点である。現時点から思い起こすために、当時の認知そのものと異なる可能性がありうる。しかしながら、プロスペクティブな研究デザインによる調査の実施は不可能であり、倫理的にも慎重でなければならない。カルト問題を扱う研究デザインの限界を踏まえた上で、妥当性のあるデータ分析につなげる工夫が必要と思われる。

第二は、家族関係の認知に関して、カルトからの心理的操作を受けた影響が残っている可能性である。特に勧誘前の家族に関する認知には、カルトの心理操作によるバイアスの影響が考えられる。今後は、カルトによる要因を除外して検討することが必要と思われる。

第三は、今回の調査結果が他のカルトの場合は異なる可能性がありうる点である。第二の限界の問題と合わせて、今後より細やかに検討することが必要と思われる。

[24] 高杉葉子(2016)「カルト脱会者における勧誘前と脱会後の認知変化に関する質的検討――家族関係と自己の心理的課題およびコミュニティとの関係について」『コミュニティ心理学研究』20(1), 62-80を参照。

(2) カルト問題研究の今後の課題

カルト問題の研究は、心理学の歴史と比べると始まったばかりであり、明らかにされていない点は多い。たとえば、脱会後の心理的課題について研究が進められているものの、カルトごとの差異は明らかにされていない。また、今後検討すべき課題としては、本人との関連では、勧誘前のレジリアンスや愛着の課題との関連、入信中のビリーフによる脱会後の心理的影響など多様である。特にコミュニティとの関連では、図1で示したカルトと家族、カルトとコミュニティの対立の問題のほか、宗教的風土とカルトの教えとの関連など、現代社会が直面している課題にもつながっている。

カルト問題は、決して他人事ではなく、むしろ身近に起こり得る問題であり、家族など周囲が気づいた時には、既に早期対応が難しい場合が多々見られる。今後は、このフィールドへの関心がより高まり、コミュニティ全体を対象とした予防策が充実されるとともに、研究をとおして臨床現場への理解が深まることを期待したい。

〔高杉葉子〕

5-3

性同一性障害当事者の体験を援助に活かすには

――修正版GTAを用いたプロセス理論の生成

履歴書に性別欄なんかなければ……。壇上で就職体験談を語る性同一性障害当事者の頬に、涙がつたいました。日本でも「性同一性障害」[1]の存在を知る人が増え始めていた、2006年頃の出来事です。当時、性別移行を試みる当事者たちの前に立ちはだかる社会的障壁の存在感はまだまだ圧倒的なものでした。

彼らが笑顔でいられるために、何かがしたい。心理カウンセリングコースの学部生だった私は、半構造化面接で彼らの「声」を集めて分析し、その結果によって彼らの想いを代弁することにしました[2]。これが、性別移行に関する、私の研究の出発点です（私のいう「性別移行」は、「出生時に指定された性別に即した生き方からその人独自の性自認に沿った生き方へと移行していく過程」を意味します）。性同一性障害を自認する者同士による自助的活動にも、関心を持って取り組むようになりました。

研究と実践を通し、男と女の二元論でも、男と女を両端とした数直線でもない、立体的広がりとして、性別を捉えられるようになりました。こうした多様性への意識覚醒は、私がこの研究から得た、もっとも豊かな学びと言えるでしょう。

［1］性同一性障害（Gender Identity Disorder）は、アメリカ精神医学会発刊の「精神疾患（障害）の分類と診断の手引」に掲載されていた診断分類名だが、二〇一三年の第5版発刊を機に、「性別違和（Gender Dysphoria）」という診断分類名に改変されている。しかし本項執筆時点の日本では、「性同一性障害」として世間一般によく知られており、専門家集団主体の学会や当事者団体も、多くが「性同一性障害」やその略語である「GID」を含む名称を掲げている。これらを鑑み、本項では「性同一性障害」と表記しているが、異なる名称が日本で広く知られるようになった際には、該当部分を適宜読み替えられたい

［2］西野明樹（2007）「性同一性障害（GID）当事者が語る社会適応のあり方――FTM及び、その周辺群への心理的援助に関する一考察」『埼玉大学教育学部卒業論文』（未刊行）

1　生態学的視座から捉えた性同一性障害当事者

社会的少数派は、多数派優位な社会から受ける不当な差別や搾取、そして、当人自身にまで内在化された社会的偏見が抱かせる自己否定感により、無力化された状態に置かれやすい。無力化された者たちが主体性を取り戻し、心理社会的課題を主体的に解決していける力を獲得できるように励ます**エンパワメント（empowerment）**は、コミュニティ心理学的アプローチにおける重要な援助形態の1つとされている。[3]

雌雄で対を成す有性生殖を理論的根拠とし、「人の性別（sex/gender）は男（male/man）と女（female/woman）に分けられる」とする考えを、性別二元論（sex dualism）という。性別二元論に基づけば、生物学的性（biological sex）と性自認（gender identity）が合致しており、性的指向（sex orientation）が異性に向く社会的多数派の者たちを、男・女という2集団に簡単に分けることができる。しかし、性別二元論は、男・女のいずれかに振り分けられる多数派とそうでない性的少数者（sexual minority）を隔たらせもした。性的少数者への社会的烙印（social stigma）は、今も多くの当事者が背負い続けている。

性同一性障害当事者も、性的少数者の一類と言われている。彼らは、指定された性別（assigned gender）の特徴を反映した身体に嫌悪感や忌避感（性別違和感 gender dysphoria）を抱き、指定された性別とは異なる性別となることを望む。[4] 自殺企図や希死念慮の経験率は一般人口に比して極めて高く、[5] これまでは、身体の性別の特徴を

[3]　本書第Ⅰ部参照

[4]　日本精神神経学会・性同一性障害に関する委員会（2012）「性同一性障害に関する診断と治療のガイドライン（第4版）」『精神神経学雑誌』114, 1250-1266.

[5]　中塚幹也・江見弥生（2004）「思春期の性同一性障害症例の社会的、精神的、身体的問題点と医学的介入の可能性についての検討」『母性衛生』45, 278-284.

反対の性別に近づける「身体的治療」によって、性別違和感の軽減が図られてきた。ところが近年、身体的治療だけでは、その人の全般的なメンタルヘルスを十分に改善できないことが明らかとなってきた。[6][7] 性別適合手術（Sex Reassignment Surgery）を済ませた者のメンタルヘルスが社会的偏見によって脅かされているとの見解もある。[8]

性同一性障害当事者が抱く生きづらさを**生態学的視座**から捉えると、図1のようになる。医学的治療には限界があり、社会的障害にアプローチしうる心理社会的援助と相補的関係にあることが、端的に理解されよう。

これらをふまえ、本項では、MTF/X自認者[9]の語りをもとに、「性自認に沿った社会的あり方を獲得していく過程」[10]を説明する動的理論を生成した質的研究を紹介する。臨床的課題の多さが指摘されているMTF/X性別移行に関する内的体験過程（心理的変化）を当事者的視点から捉え、彼らの潜在的ニーズに適う心理社会的援助実践に示唆を得るという、現場への還元性を念頭に置いた研究といえる。

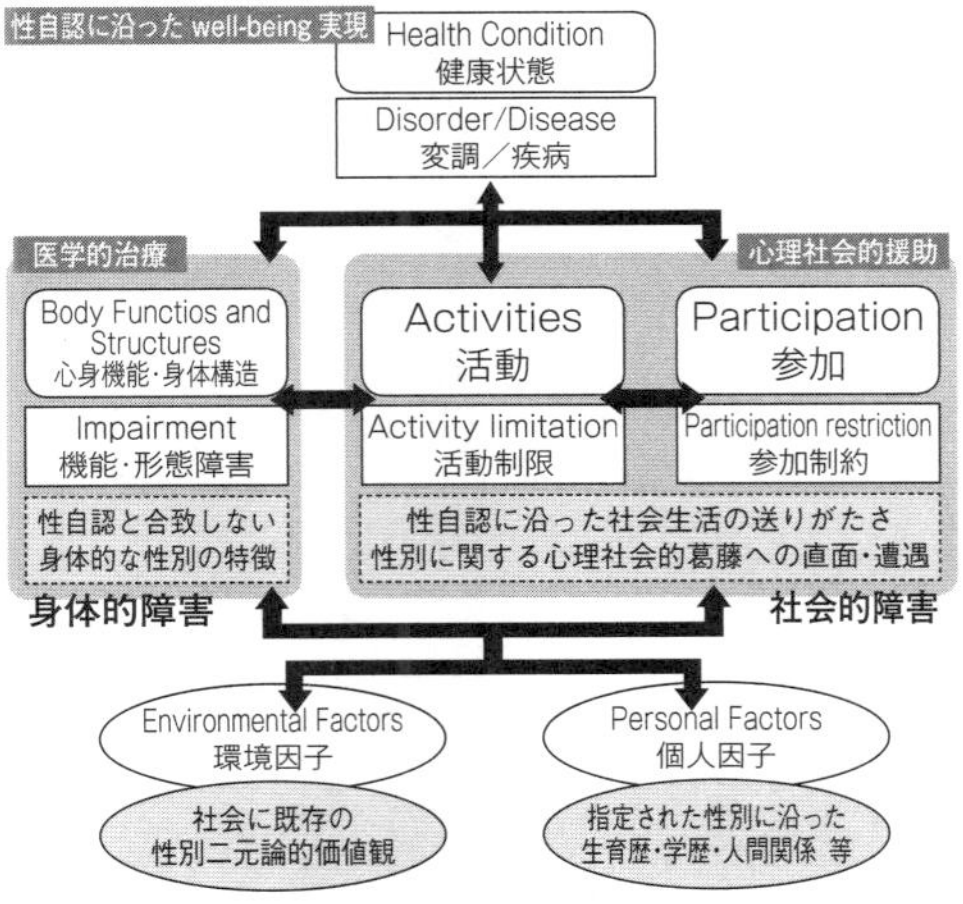

図1　生態学的視座から捉えた性別違和を有する者の生きづらさ

（西野明樹（2011）「性同一性障害を自認する当事者の性別移行のなかにみる社会適応再構築プロセス――FTMへの半構造化面接から」『コミュニティ心理学研究』14(2), 166-189. を一部改革）

[6] Udeze, B., Abdelmawla, N., Khoosal, D., & Terry, T. (2008) Psychological functions in male-to-female transsexual people before and after surgery. *Sexual and Relationship Therapy*, 23(2), 141-145.

2　性別移行過程の性質に合った質的研究法としての修正版ＧＴＡ

質的研究の質（結果の信頼性）は、目的意識の首尾一貫さ、選択的判断の論理性、バイアス対策の厳密さに大きく左右される。この3点は研究の計画段階から論文執筆までの全行程にかかわり、しかも採用する分析方法よって必要な手順や考え方が異なるため、分析方法は、遅くともデータ収集の前までには決定したい。

本研究の分析方法には、**修正版ＧＴＡ（grounded theory approach：以下、ＧＴＡ）**[11]を採用した。ＧＴＡ諸派は、データ（語り）の徹底的重視（grounded on data）と、継続的な比較検討による概念の精緻化などを特長とするが、他のＧＴＡと修正版ＧＴＡとでは、結果の信頼性確保に関する考え方が異なる。前者は、語りの切片化・コード化によって研究者の主観性を排除しようとする。一方後者は、語りの言葉よりも意味を重視し、研究する人間には語りの意味を文脈的に理解・解釈していくことを求める。その主観的思考プロセスを言語化して記録しておけば、他者がそれを追認して分析過程ひいては結果の信頼性を確認できる、という考え方である。

本研究に修正版ＧＴＡが最適と判断した決め手は、以下3点による。

（一）性別移行の性質である、時間的プロセス性と社会との相互作用を包含した理論生成をもっとも得意とする。（二）切片化せずに語りの意味を解釈していくことで、体験者の内面により深く迫った理論生成が見込める。（三）各面接協力者が持つ性自認の多様性をヴァリエーションの豊かさとして肯定的に活かせる。

[7] Dhejne, C., Lichtenstein, P., Boman, M., Johansson, V. L., Långström, N., & Landén, M. (2011) Long-term follow-up of transsexual persons understanding sex reassignment surgery: Cohort study in Sweden. *PLoS ONE* 6(2), e16885. doi:10. 1371/journal.pone. 0016885.

[8] Sànchez, F. J., & Vilain. E. (2009) Collective self-esteem as a coping resource for male-to-female transsexuals. *Journal of Counseling Psychology*, 56(1), 202-209.

[9] male to female（or some alternative gender different from male/man）の略。精神科医から性同一性障害あるいは性別違和との診断を受けていない者も含むことを明示するため、自認者と表現している。

[10] 西野明樹（2014）「性別違和を有する者の性別移行過程に見ら

修正版ＧＴＡを含むＧＴＡ諸派では、データ収集の際に「理論的サンプリング」[12]をおこなう。本研究では、年齢、自認する性別の属性、雇用形態、性別違和感に因る現在の苦しみの強さ、精神科医による性同一性障害診断の有無、現在のジェンダークリニック通院状況、身体的治療の完遂度、戸籍の名の変更の有無という、８つの観点から理論的サンプリングをおこなっている。

これとは別に、特定の価値観を持つ者ばかりが面接協力者の候補となる可能性（選択バイアス）への対策として、性別違和を有する者が参加する集会での広報と公募によって、面接協力者の候補を得ることにした。面接協力者の安全性を確保するための倫理的配慮という観点からもいくつかの要件を設けた[13]。

半構造化面接では他者との相互作用が想定されるカミングアウト（coming out）を具体的な切り口とし、「出生時に指定された性別から現在までどのように性別移行してきたのか」というリサーチクエスチョンのもと、性別移行体験を時系列で尋ねることとした。面接実施期間は２００１年７月から９月、面接場所は都内大学施設である。MTF/X自認者の操作的定義は、「性別違和感を有するMTF/X当事者であることを自認しており、MTF/X当事者性を持つことで社会適応上の葛藤を有している者」とした。

データの収集後も、修正版ＧＴＡの特徴的分析手技を遵守し、「性別移行を通して自分らしく生きている感覚を獲得していくプロセス」を分析テーマ、「性別移行過程

れる心理社会的アイデンティティ再構築プロセス――ＭＴＦを自認する当事者16名との半構造化面接から」『コミュニティ心理学研究』17, 199-218.

[11] 木下康仁（2003）『グラウンデッド・セオリー・アプローチの実際――質的研究への誘い』弘文堂

[12] あらかじめ着目することに決めた集団（分析過程では面接協力者を集合させた「分析焦点者」と捉えていくことになる）が共有する固有の特性を的確に捉えるような分析焦点者の限定範囲を明確にし、その範囲内で多様な属性を持つ者から網羅的にデータを収集していくこと。

[13] 18歳以上であること、自身の性別移行体験について話すことに強い精神的負荷を予感していないこと。

のなかに見られる自他に対する向き合い方」を分析の着眼点とした理論生成をおこなった。

3　性別移行における心理社会的アイデンティティの再構築

先述の8つを観点とした理論的サンプリングの結果、面接協力者は、MTF/X自認者16名となった（26〜53歳、平均40・0歳（SD=8.93)）。これをひとりの分析焦点者と見立てた分析作業をおこない、最終的に、23概念8カテゴリーからなる、「心理社会的アイデンティティ再構築プロセス」が生成された（図2）。

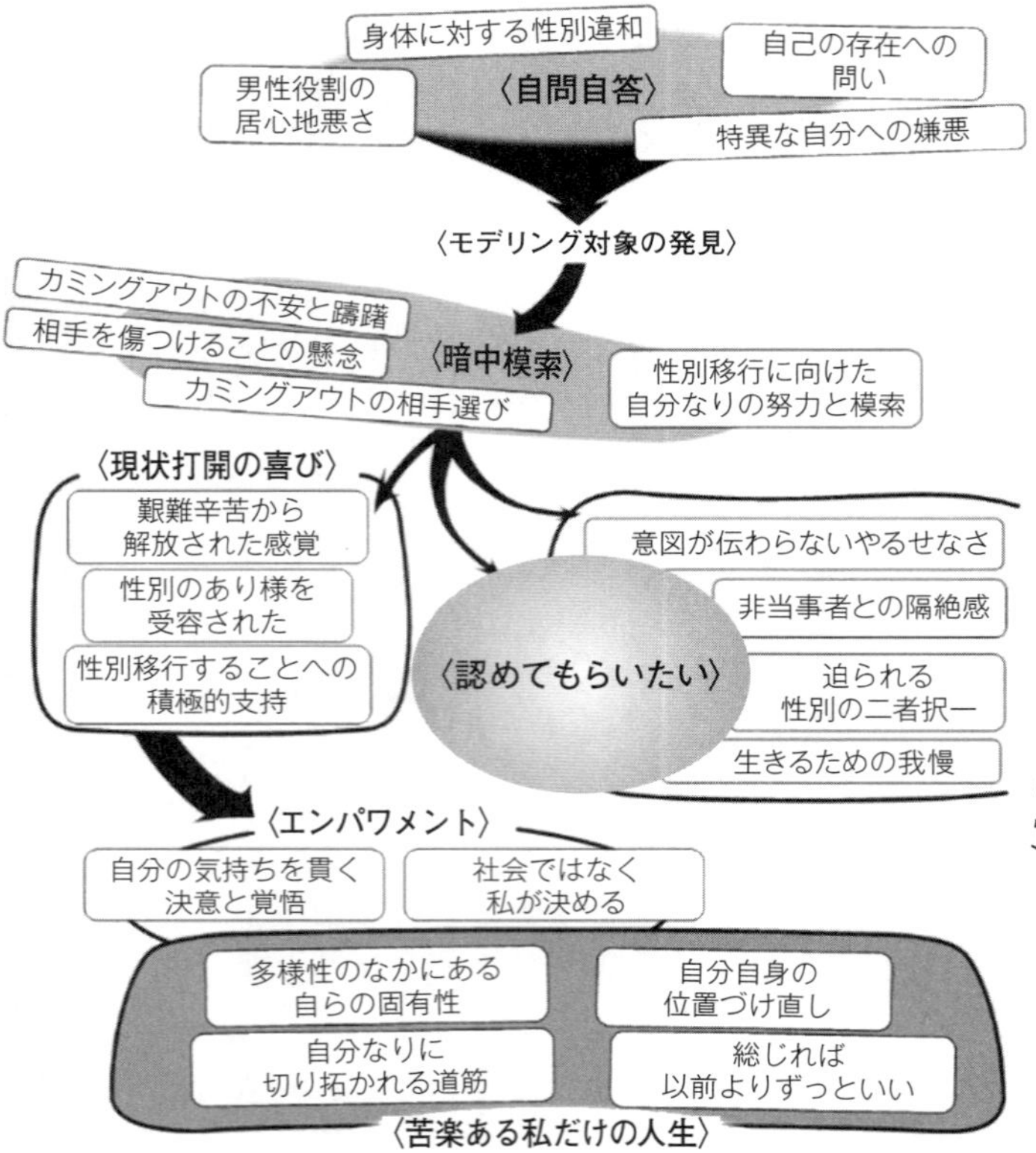

図2　MTF/X 性別移行における心理社会的アイデンティティ再構築プロセス
（西野（2014）前掲論文より）

修正版GTAの結果はストーリーラインとして示される。ここでは紙面の都合上、概略のみを示す。なお、【　】は概念、〈　〉はカテゴリー、「　」は実際の語りを指す。

当初彼らは、【身体に対する性別違和】を抱きつつも、「なんとか、男性としてやっていこう」とする。だが、「女の子に近い」「いったい何者なのか」という【自己の存在への問い】が心に浮かぶ。【特異な自分への嫌悪】も抱かれる。そんななか、同じ境遇の当事者との出会い〈【モデリング対象の発見】〉は、「まさに劇的な出会い」となり、性別移行の先にある希望に啓かれる契機となる。しかし、そこからの道のりは平坦ではなく、〈暗中模索〉を要する。ようやく性別移行に歩み出せても、相手の反応や態度によっては、【意図が伝わらないやるせなさ】や【非当事者との隔絶感】が抱かれる。「更衣室」や「あらゆる性別記載欄」などで【迫られる性別の二者択一】に遭遇し、「心理的に追い詰められていく」。女性であることを〈【認めてもらいたい】〉との想いは思慕や渇望にまで高じ、「なりふり構わず」必死になる。だが、その必死さゆえに、女性として認めてもらえない「こころの傷つき」も深くなっていく。

一方で、〈現状打開の喜び〉が得られることもある。「男（性）」として過ごさねばならなかったときには得られなかった「これが本当の自分なんだ」という感覚は、【艱難辛苦から解放された感覚】をもたらす。カミングアウトした相手から【性別のあり様を受容された】ことは「何よりもありがたく」、【性別移行することへの積極的支持】は「驚くほどうれしく」体験される。次第に、人になんと言われようと【自分の気持ちを貫く決意と覚悟】が定まっていくと、自分の性別のあり方は【社会ではなく私が決める】のだという意識が芽生え始める（〈エンパワメント〉）。「典型的なMTF」「男女どちらかっていう枠」にこだわらない【多様性のなかにある自らの固有性】が見いだされれば、「完全に自分の希望するように」ではなくとも、【自分なりに切り拓かれる道筋】が確かにあることにも気づきが生じる。こうして、【総じれば以前よりずっといい】という「現状満足」のもと、〈苦楽ある私だけの人生〉を歩み進められていくのである。

4 結果の考察と心理社会的援助実践への示唆

「心理社会的アイデンティティ再構築プロセス」は、当事者的視点からM to F/X性別移行を説明する理論といえる。複数名の語りを基に生成されているため、説明可能範囲が広く、多様なMTF/X性別移行の理解に活かしうる。ここから心理社会的援助実践への示唆を得るには、考察が必要となる。いくつかを列挙しておく。

①当人や各関係者の心情を理解する際に、性別二元論の影響（〈特異な自分への自己嫌悪〉〈迫られる性別の二者択一〉等）を考慮する。②性別移行の試みが〈現状打開の喜び〉をもたらすものとなるよう、周囲に心理教育をおこなう[14]。③コミュニティ

[14] 本書1章参照

のキーパーソン（学校教員や上司等）との協働関係を構築し、コミュニティ内における活動制限や参加制約の組織的打開を図る。④各個が有する性自認の多様性を社会に発信し、性別二元論に囚われない生き方への意識覚醒（consciousness raising）を促す。⑤社会的障壁ともなる不要な二元的性別区分の再考を社会に求める。[15]

[15] 本書1章参照

5 身近な生活場面でのよりよい心理社会的援助実践に向けて

MTF/X性別移行は、指定された性別に即して生きてきたMTF/X自認者が本来の性自認に沿った生き方を回復していく、主体的な試行錯誤過程とも捉えられる。心理社会的援助実践に求められる基本的発想は、当人と周囲との相互協調を励まし下支えすることといえよう。今後は、若年者の学校におけるカミングアウトや在職トランジション[16]、婚姻関係の伴わないパートナーとの関係性構築など、より身近な生活場面における心理社会的援助実践に資するような知見の蓄積が期待される。

〔西野明樹〕

[16] 指定された性別にて雇用され、そのまま指定された性別の者として一定期間就業していた職場で、性別移行をおこなうこと。

第6章

◉ プログラム開発・評価

6-1

支援をおこなう前にすることとは

――心理援助サービスにおけるニーズアセスメントの視点

普段生活をしていて、ふとした疑問やアイデアが浮かぶことはないでしょうか。そういった疑問を解決したり、アイデアを形にしたりするために、誰かに聞いたり、調べたり、自分なりに工夫したりすることもあるでしょう。研究は、その延長上にあると考えています。研究と聞くと、何だか敷居が高いものに感じてしまうかもしれません。しかし、日々考えている疑問や課題、そのために実行しているいくつかの方法、そしてその過程は、すでに研究となっているともいえるのです。

本項にて紹介する研究は、私たちが日々の活動において感じていた「より良い心理援助サービスを提供するにはどうしたらよいか」という疑問が出発点となっています。その疑問を解決するために、現場で問題を考え、文献を通して考え、いくつかの方法を試し、また方向修正して考え、を繰り返してきました。本項では、そういった過程、また、過程を経て考え出されたアイデアを紹介します。

1　個人と環境の適合を念頭においたニーズアセスメント

「個人と環境の適合」はコミュニティ心理学における中核概念であり、さまざまな心理－社会的な問題を「人と環境の相互作用ないし関係の産物」としてみることを促す。[1]そして人が経験する心理－社会的問題には何らかの人と環境の適合の悪さが関係し、問題の解決ないし軽減にはその適合を高める必要があると考える。つまり、人と環境との適合を改善するためには、個人の内的諸要因の改善だけでなく、その個人をとりまく環境的諸要因への働きかけと変革が重要となる。[2]支援を始めるにあたっては、情報を収集し、どのようなニーズがあるかを把握、査定するニーズアセスメントが不可欠だが、そのニーズアセスメントにおいても、個人だけでなく環境の側にどのようなニーズがあるかを把握し、支援の方針に反映させることが重要である。私たちは、ニーズの的確な捉え方を検討することとし、アクションリサーチにもとづいた研究をおこなっている。

2　アクションリサーチとは

アクションリサーチとは、K・レヴィンによって提唱された研究法である。[3]これは、集団・組織・社会などで生じている問題を緊急で解決するとともに、その問題が生じている社会システムについての科学的な知見を得ることを目的に、実務家と研究者が共同でおこなう実践的研究とされている。[4]アクションリサーチの定義については

[1] 北島茂樹（2006）「人と環境の適合」植村勝彦ほか 編『よくわかるコミュニティ心理学』ミネルヴァ書房 pp. 20-23.

[2] くわしくは、本書「第1部「1-4　コミュニティ心理学の中核概念」を参照

[3] Lewin, K.（1946）Actionresearch and minority problems. *Journal of Social Issues*, 2, 34-46（末永俊郎訳（1954）「アクション・リサーチと少数者の問題」『社会的葛藤の解決――グループダイナミックス論文集』東京創元社 pp. 269-290.）

[4] 渡辺直登（2000）「アクション・リサーチ」下山晴彦編『臨床心理学研究の技法』福村出版 pp. 111-118.

表1　アクションリサーチの過程（マニュアル）

企画（plan） ① 現実場面を分析検討し，改善問題を設定する ② 心理学の知見を駆使し，改善策の仮説をたてる **実行（do）** ③ 改善策を具体的に実施する。場合によっては実践のための訓練・教育を行う **評価・考察（see）** ④ 改善策の効果を科学的に測定し，改善策（仮説）を評価・考察する ⑤ さらに持続して改善すべきなら，①〜④の手続きを重ねる ⑥ 改善目標が達成されたら，他の場面へ応用し，一般化と限界を検討する

（大野木（1997）論文より）

諸説あるが、理念的には表1のような一連の過程としてまとめられる。具体的には、企画（plan）にあたる過程（①②）で、現場を観察し分析することから解決すべき課題を具体化し、改善の工夫を立案していく。そして、実行（do）にあたる過程（③）で効果を導き、評価・考察（see）（④）に至るものである。[5] つまり、このようなサイクルを進めることで、問題状況の解決に向かう研究手法である。

[5] 大野木裕明（1997）「アクションリサーチ法の理論と技法」中澤潤ほか編『心理学マニュアル―観察法』北大路書房 pp. 46–53.

3　アクションリサーチの手法にもとづくニーズアセスメントの視点の研究

多様な領域から心理援助サービスが求められる昨今、「心理援助サービスの出発点は、専門家の側にあるのではなく、利用者のニーズにある」[6] という発想が基本とされるべきである。しかし実際には、利用者のニーズに即

[6] 箕口雅博（2006）「サービス提供のあり方」植村勝彦ほか編『よくわかるコミュニティ心理学』ミネルヴァ書房 pp. 52–55.

していない心理援助サービスはまだまだ多い。より良いサービスを提供するためには、心理援助サービスの利用者が持つニーズを的確に把握し、アセスメントすることが肝要であろう。それでは、心理援助サービスにおいては、どのような視点にもとづいてニーズアセスメントをすればよいのだろうか。私たちは、心理援助サービスにおける**ニーズアセスメント**の視点について検討を重ねてきた。以下はその企画（plan）、実行（do）、評価・考察（see）の過程である（図1）。

4　ニーズアセスメントの視点の模索（plan）

（1）心理援助サービスは誰のためのサービスか：ミクロ／マクロの利用者

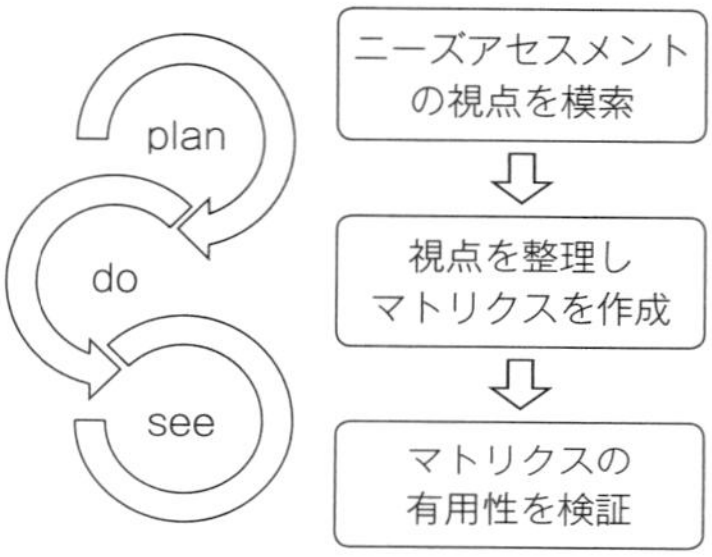

plan：課題に対し、主に文献研究を通して、心理援助サービスにおけるサービス利用者とニーズの概念を整理し、ニーズアセスメントの視点を模索。

do：ニーズアセスメントの視点としてマトリクスを作成。半構造化面接の手法により妥当性を確認し、実際に使用。

see：サービス提供場面でのマトリクスの有用性を検証し、今後への活かし方を検討。

図1　アクションリサーチの手法に基づくニーズアセスメントの視点に関する研究

ほとんどの事業が少なくとも2種類の顧客（利用者）を持つとされる[7]。これは、心理援助サービスも例外ではなく、サービスを直接受益する利用者（心理援助サービスにおいては、クライエントと呼ばれるのが慣習であ

[7] Drucker, P. F. (1973; 1974) *Management: TASKS, RESPONSIBILITIES, PRACTICES* [上田惇生 編訳 (2001)『マネジメント――基本と原則 エッセンシャル版』ダイヤモンド社]「生活用品のメーカーは主婦、小売店という二種類の顧客を持つ。主婦に買う気を起こさせても、店が品を置いてくれなければ何にもならない。店が目につくよう陳列しても、主婦が買ってくれなければ何にもならない」。

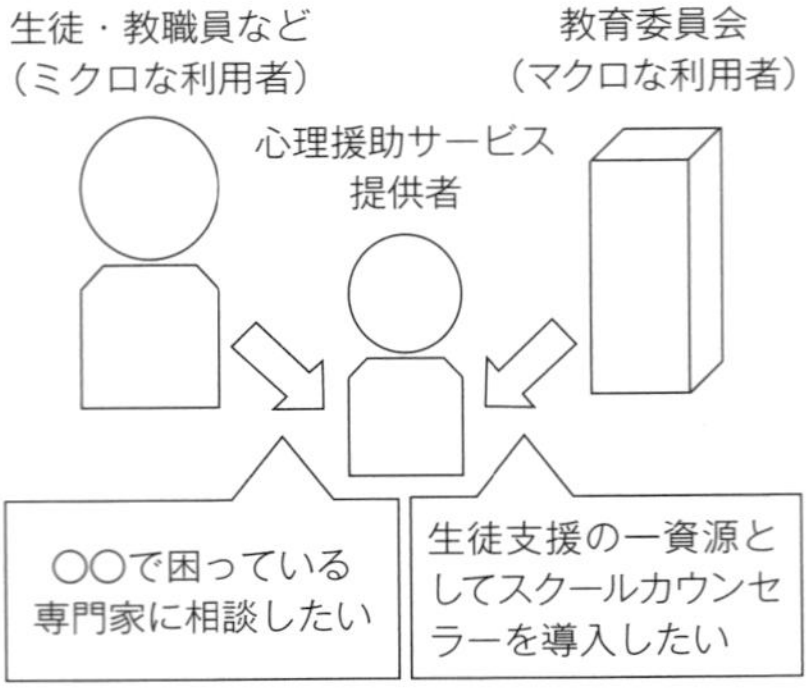

図２　スクールカウンセリングにおける２種類の利用者の例

る）と、人的・経済的資源を提供、投入する立場としてサービスを利用する利用者（社会要請や雇用主、ステークホルダー）がおり、[8] 個人と環境の適合というコミュニティ心理学の基本となる発想に照らしても、個人に加え社会的な環境が支援対象、つまりサービス利用者とされる。また心理援助サービスの一形態であるスクールカウンセリングを例にとっても、教職員・児童生徒・保護者等の直接の利用者はミクロと捉え、学校全体をマクロと捉える発想などが提唱されている。[9] すなわち、心理援助サービスの利用者には、直接サービスを受益する利用者（ミクロな利用者）と、間接的にサービスを利用する利用者（マクロな利用者）とが存在するわけである（図２）。

（２）心理援助サービスは何に対するサービスか：潜在的／顕在的ニーズ

それでは、心理援助サービスにおけるミクロ、マクロな利用者のニーズを把握する際、どのような点に着目すればよいのだろうか。

[8] 安田節之（2011, pp. 25-26）『ワードマップ　プログラム評価――対人・コミュニティ援助の質を高めるために』新曜社。安田によれば、ステークホルダーとは資源や評価結果に対して利害を持つ人であり、プログラムの実施にいたる重要な決定権に関わる存在であることから、ステークホルダーを確認する作業が有用であるとしている。

[9] 福田憲明（2008）「学校アセスメント――コミュニティのニーズに応じた支援の構造化のために」村山正治 編『現代のエスプリ別冊　臨床心理士によるスクールカウンセリングの実際』至文堂 pp. 42-52.

まずは、ニーズという言葉が意味するものについて整理しておく必要がある。なぜなら、ニーズは、その言葉が使われる目的や文脈によってその意味の解釈が異なり、対人援助サービスに限って考えても、ニーズには領域別の違いが生じていて[10]、その定義づけには困難さがつきまとうためである。

こうした領域によっても異なるニーズを整理し、包括的に捉える基準としては、J・ブラッドショーによるニーズの4類型、すなわち、感じられたニーズ（felt need）／表明されたニーズ（expressed need）／規範的なニーズ（normative need）／比較されたニーズ（comparativeneed）が有用である[11]。感じられたニーズ、表明されたニーズは、利用者が問題に対して持つ主観的感情、規範的なニーズは、専門家の置いた「望ましい基準」に達していない場合ニーズがあると捉える視点、比較されたニーズは、同じ状態にある個人・集団において、片方はサービスを受けているにもかかわらず、もう一方はサービスを受けていない場合、ニーズがあると判断する視点とされる（表2）。

規範的なニーズと比較されたニーズは、専門家がサ

表2　J・ブラッドショーによるニーズの４類型

感じられたニーズ felt need	個人が自覚しているニーズ wants と同義とされる
表明されたニーズ expressed need	上記が明らかに示されたニーズ demand と同義とされる
規範的なニーズ normative need	専門家の置く望ましい基準に達していない状態をニーズがあるとする
比較されたニーズ comparative need	他の個，集団との比較によりニーズがあるとする

[10] 安田（2011）前掲書 p.59 経済的ニーズ、教育的ニーズ、心理社会的ニーズといった例をあげ、ニーズの領域別の違いについて触れている。

[11] Bradshaw, J.（1972）A taxonomy of social need. In G. McLachlan (Ed.) *Problems and progress in medical care: Essays on current research, 7th series.* London: Oxford University Press, 70-82. 安田（2011）前掲書 pp. 60-64 が詳しい。

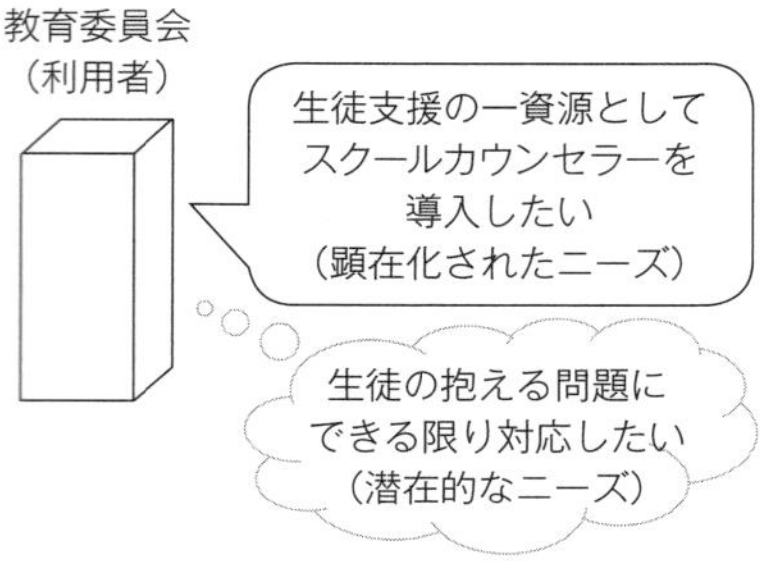

図3　スクールカウンセリングにおける顕在的ニーズと潜在的ニーズの例

ービスを提供する中で配慮していくものであると考えられる。そこで私たちはブラッドショーの4類型のうち、主に、利用者が持つ主観的感情である2つのニーズに目を向けた。表明されていないもの（wantsと同義とされる）である感じられたニーズ、および表明されたニーズ（demandと同義とされる）である。これはまた、心理援助サービスにおけるニーズ概念を検討する際、「顕在的なニーズのみではなく、潜在的なニーズも含めた「真の」ニーズをとらえることではじめて、治療や援助の目標設定が可能になる」といった指摘とも親和性がある。[12] 上記より、心理援助サービスにおいては、顕在化された（表明された）ニーズに加え、潜在的な（感覚的な）ニーズに着目し、アセスメントをおこなうことが有用であると考えた（図3）。

[12] 馬渕麻由子（2009）「心理士として」『精神科臨床サービス』9, 39-43.

5　実行（do）、評価・考察（see）、そして新たな企画（plan）へ

このように、心理援助サービスにおけるニーズアセスメントにおいては、サービスの利用者（ミクロ、マクロな利用者）を認識し、それぞれの利用者のニーズ（問題に

対する主観的な感情）を把握することが有用だ、との知見が得られた。そこで私たちは、利用者の区分（ミクロ・マクロ）とニーズの質（潜在・顕在）とを同時に視野に入れ、取りこぼしなくアセスメントができるようマトリクスを作成（図４）した。

そして、このマトリクス、すなわち利用者の区分とニーズの質を組み合わせたニーズアセスメントの４つの視点の妥当性を明らかにすることに取り組んだ[13]。

研究の手法としては半構造化面接を用いた。およそ10年の心理援助経験を持つサービス提供者5名を対象に面接を実施したところ、援助場面においては、マクロ顕在部分のニーズ（社会要請、雇用主、ステークホルダーの顕在化されたニーズ）は絶対にはずすことのできないニーズである、ミクロ・マクロ問わず、潜在的なニーズには慎重に対応する、といった知見が得られ、結果として、心理援助経験と照らし合わせてみてもマトリクスには妥当性があるという回答が得られた。

妥当性の検証を経て、続いて、実際のサービス提供場面でのマトリクスの有用性を検証した。スクールカウンセリング事例を題材とした検証では、このマトリクスはサービス提供場面への応用も可能であることがわかった[14]。加えて、このマトリクスを取り入れたニーズアセスメントツールを開発し、サービ

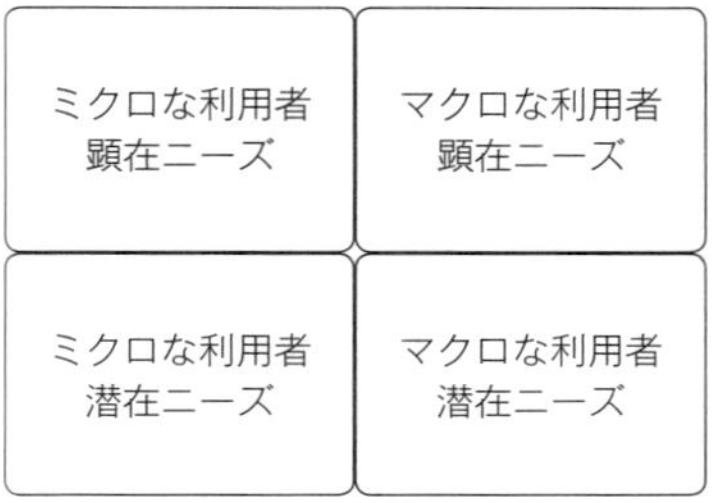

図４　心理援助サービスにおけるニーズアセスメント４つの視点

［13］久野光雄ほか（2010）「心理職におけるニーズ把握の視点――4つの視点に着目して」『コミュニティ心理学会第13回大会 大会プログラム・発表論文集』pp. 38-39.

［14］上江昇一（2011）「スクールカウンセリングにおけるニーズアセスメントについて」『第12回日本サイコセラピー学会』24.

ス提供場面への応用を検証したところ、マトリクスの発想やツールを使ったアセスメントは、特に初学者に対しニーズを把握し整理するうえで有用であろう、という知見が得られた[15]。

アクションリサーチの手法にもとづけば、評価・考察（see）にて浮き上がった課題は、次なる企画（plan）へとつながっていく。私たちは、**プログラム評価**の手法[16]にもとづき、心理援助サービス初学者に対し、本項におけるニーズアセスメントの視点を普及・啓発していくことを目的とした研修プログラムを作成し、その効果を評価している[17]。出発点の課題である「より良いサービスを提供するには」を目指し、このマトリクスの視点をいかに普及させていくか、が次の企画（plan）となる。

〔**久野光雄・上江昇一・竹内ゆり**〕

[15] 久野光雄ほか（2013）「心理臨床サービスにおけるニーズ把握を目的としたツールの開発——試作版の作成と、利用可能性の検討」『日本心理臨床学会第32回秋季大会発表論文集』579.

[16] 安田（2011）前掲書

[17] 久野光雄ほか（2015）「心理臨床サービスにおけるニーズアセスメント研修の効果評価Ⅰ——臨床心理士養成大学院大学院生を対象として」『日本コミュニティ心理学会第18回大会プログラム・発表論文集』pp. 42-43.

6-2

子どもが育つコミュニティの組織化

――子育て支援コーディネーター養成プログラム開発の試み

子どもがその育ちを阻害するほどの不安を感じることなく生きていける社会を作ることは大人の責務であると思います。幼少期から苦しさを抱え無力さに打ちひしがれてきた私は、就学前には「人を助ける力をつける」と決意し、高校の頃には「将来、自分のような思いをする子どもを一人でも少なくする大人になる」と自分に約束していました。そうして、心理学を学びましたが、次々と増加する子どもの問題に対し、心理臨床だけでは追いつかないと考えるようになり、子の育つ環境そのものの改善に働きかけるために、ソーシャルワークや子育て支援、教師教育を研究するようになったのです。それはそもそも精神科医小倉清先生の下で研修していた折に「治療者が働きかけなくとも子どもたちが自然治癒する病棟を作る」「そこでの最終責任は取る」という姿勢、あるいは保育士北原和子氏の「子どもが園内で生活している中でバランスよく育つ」保育実践に触れたことが大きいと思います。その後、世界各地を巡り、子育て環境を比較する機会を得た私は、ウェルビーイングな社会の実現を、病棟や園という限定的な場ではなく、地域や社会のレベルで実現できればという夢を抱くようになりました。

本項は、秋田県において、全国に先駆けて企画実施されてきた**子育て支援コーディネーター**の養成プログラム開発にコミュニティ心理学がどのように寄与したかを記述し、実践と研究を往還するコミュニティ心理学研究の1つのモデル事例を提示するものである。

(1) 実践研究が始まるまで

秋田県では2008年「次世代育成支援協働フォーラム　まあるくつながるべ～地域の絆」の開催を発端とし、県内ネットワーク構築の動きが始まった。子育て支援関係者がフラットな関係作りを模索し「私たちが理想とするネットワーク」のただき台を作って、2011年に子育て支援系NPOの集合体「あきたキッズネットワーク(AKN)」を設立。AKNでは、さまざまな事業展開を構想する中で、コーディネーター養成の**プログラム開発**を企画することとなった。

(2) コミュニティワークの開始

一方、先立つ2002年に、武田は『社会で子どもを育てる』[1]を出版し、この中で、子育て支援コーディネーターの配置を提言していた。この提言は、2003年の国庫補助事業「子育て支援総合コーディネート事業」に結実し、その後、改正児童福祉法により事業は市町村の責務に位置付けられた。しかし、武田がその後しばらく子

[1] 武田信子(2002)『社会で子どもを育てる』平凡社新書

育て支援から離れざるを得ない状況となり、提言した「子どもが自然に育つコミュニティを組織化し、市民をエンパワーして社会を変革していくことができるコーディネーターの配置」という考え方がうまく伝わらないまま事業は継続し、既存組織の誰かが形式上の役職として支援の調整役を務めるということが全国的に起きていた。その状態に問題を感じていたAKNのメンバーは設立直後に本格的なコーディネーター養成を企画し、そのプログラムの監修を武田に依頼してきたのである。

それは、秋田県内を、県北、県央、県南と3地域に分け、それぞれに2名ずつの子育て支援総合コーディネーターを要請して配置することで県全体の子育てを変えていく、という大きな企画だった。

1　市民のエンパワメントによる支え合いのコミュニティの構築

彼らの計画を慎重に検討の上、武田は、プログラムを開発、実施し、フォローまでおこなう事業を引き受けた。NPOが獲得していた県からの補助金は事業の実施に不足なかった。また、第三者による**プログラム評価**を入れて行政に事業の成果を見せることが望ましいと判断し、認定NPO法人水戸子どもの劇場の横須賀聡子氏および本稿共著者坂田に事業評価に対する協力を要請した。

プログラムの開発、実施に当たっては、武田が全般の監修をするが、実際にはこちらからの情報提供とスーパーヴァイズにもとづきAKNのメンバーが企画を進めるという形を取り、資料作成なども彼らに主体的に進めてもらうことによって、彼らの企画力、実践力を高め、彼ら自身がコーディネーターとして今後活動していける力を育成することを大切に進めた。武田はコミュニティワーカーとして組織外部からコミュニティに関わり、あくまでも事業の主体は彼らであることを確認し、また長く深く関与しないことを前提として、彼らがそれぞれの力を最大限発揮し、支え合いながら活動できるようエンパワーしながら事業を進めていった。

２　「秋田子育て支援コーディネーター養成プログラム」の開発からフォローまで

企画にあたって、コミュニティの組織化と変革については、カナダの**コミュニティワーカー**であるマクマスター大学准教授ビル・リー氏の実践と理論にもとづき[2]、一方、子の育ちや子育て支援コーディネーターの育成に関する内容の部分については、臨床心理士かつ教師教育者であり、子育て支援や保育、家庭教育の研修を多数こなしてきた武田の理論と実践を背景にプログラムを開発した。ちなみにリー氏はいくつものコミュニティで市民の組織化を成功させ、変革を実現してきたワーカーで、２００６年の武田らによる来日招聘時[3]には、日本コミュニティ心理学会の研修会においても講師を務めた。本プログラムの多くのグループワークは、リー氏らの実践書[4]に基づくものである。

ＡＫＮのメンバーには、参画型ワークショップのファシリテーションに長けた人

[2] Lee, B. (1999) *Pragmatics of community organization.* Common Act Press.［武田信子・五味幸子共訳（2006）『実践コミュニティワーク』学文社］

[3] 武田信子ほか「次世代育成支援対策推進法に基づく地域の子育て支援者研修のあり方に関する研究」平成16年度（財）こども未来財団児童関連サービス調査研究等事業報告書（財）子ども未来財団

[4] Lee, B., & Blackwill M. (1999) *Participatory planning for action : Popular education techniques to assist community groups to plan and act.*［武田信子・五味幸子共訳（2006）『実践コミュニティワーク　エクササイズ集』学文社］

材、調整役の人材、ネットワークに強い人材などの人的資源が揃っており、武田の提示したプログラムを教材化してカリキュラムを組み、行政にも働きかけてプログラムを進行することが可能であった。

第1期養成講座基礎コースは2012年1月、3日間にわたって、武田がトレーナー兼講師となっておこなった。参加者は県北、県央、県南から集められた実績ある子育て支援者たちであった。プログラム実施前と実施後に坂田・横須賀がプログラム評価をおこなった他、全体としての事業評価も実施した。3日間のコース修了生には修了証を授与すると同時に、半年以内に実習として自分の所属団体において講座を開催し、養成講座で学んだことを団体メンバーに研修するという宿題を課した。また、8か月後からフォローアップ講座を3日間実

表1　コーディネーター養成関連日程（坂田作成）

日程	日数	タイトル	受講者数	SV参加	評価実施	備考
2012.1.8.	3	第1期秋田子育て支援総合コーディネーター養成講座基礎コース	12	○	○	事前･事後･実践レポート
2012.1.9.		講座2日目：公開シンポジウム「社会で子どもを育てる」	12	○	○	
2012.1.29.		講座3日目	8	○	○	
2012.10-12	3	第2期秋田子育て支援総合コーディネーター養成講座基礎コース	6		○	事前・事後
2013.1.	2	秋田子育て支援総合スーパーコーディネーター養成講座	3	○		
2013.3.	1	第2期フォロー実践課題ワーク	6		○	実践ワーク
2013.7.	3	第一回つながるべ～合宿交流会	82		○	事前･事後･2か月後
2013.9.	3	第3期秋田子育て支援総合コーディネーター養成講座基礎コース	5		○	事前・事後 実践ワーク
		第3期フォロー実践課題ワーク	1			
2014.7.	3	第二回つながるべ～合宿交流会	125	○	○	事前･事後･2か月後
	3	第4期秋田子育て支援総合コーディネーター養成講座基礎コース	9		○	事前・事後
		第4期フォロー実践課題ワーク	9			実践ワーク
2015.8.	2	第三回つながるべ～合宿交流会	108		○	事前･事後･2か月後

施し、その後、毎年秋3日間の講座を開催し、フォローもおこなっている。それらのフォローアップに対しては、坂田がプログラム評価の結果をもとに、講評を行ってきた。

コーディネーター養成事業の一連の日程は以下の通りである。第2期からの講座は、講師も含めて第1期の受講生が企画運営・実施した。

3　官民協働の子育て支援ネットワークの構築と活性化

講座に参加したメンバーのうち、約半数がその後、自団体において講座で学んだ研修を実施し、特に研修を企画したコアメンバーたちは、翌年から毎年、秋田県内の子育て支援者や行政関係者を一堂に集めてともに学ぶ合宿を企図し、官民交えたネットワークを構築していくようになった。一方、1年後に基礎コース終了の中心メンバー3名を対象にスーパーコーディネーター養成講座を実施。国の動向や県・市の子育て支援施策の動向を把握して動くようにという武田からのアドバイスで、最新の施策動向を学び、県での実践につなげるなど、県内外を意識した活動を展開した。さらに、筆者から秋田市職員とのコネクションをつけるようにとのアドバイスを受けたメンバーが画策して、それまで活発でなかった県と市の連携も図られるようになった。

表2　第2期子育て支援総合コーディネーター養成講座基礎コースプログラムと参加者

（坂田作成）

		Aさん	Bさん	Cさん	Dさん	Eさん	Fさん	Gさん	Hさん
1日目 2012年 10月20日	イントロダクション	○	○	○	○	○	○		○
	実践コミュニティ・ワーク	○	○	○	○	○	○		○
	社会資源についての理解と活用	○	○	○	○	○	○		
	コミュニケーションスキル	○	○	○	○	○	○		
2日目 2012年 11月17日	秋田子ども・子育て条例の理解と検討	○	○				○	○	
	仲間の活動事例発表と検討	○	○				○	○	
	コミュニティ・エクササイズ(1) 根本的な原因分析	○	○	○			○	○	
	コミュニティ・エクササイズ(2) メディスン・ワーク	○	○	○			○	○	
3日目 2012年 12月12日	コミュニティ・エクササイズ(3) 地図を用いるエコロジー分析	○		○			○	○	
	コミュニティ・エクササイズ(4) 夢・悪夢・現実	○		○			○	○	
	コミュニティ・エクササイズ(5) 力の場の分析	○		○			○	○	
	コミュニティ・エクササイズ(6) ビジョン・エクササイズ	○		○			○	○	

4　コーディネーター役割の獲得と拡がり

養成講座受講者は、自らの企画も含む継続した研修の積み重ねの中で、コミュニティづくりのグループワークに参加する体験や自ら実施する体験、ファシリテーターや講師の体験を重ねていき、自信をつけ、仲間を増やし、さらに新しい多彩な活動を展開していくようになった。ＡＫＮ代表は、企画２年目に東京で開催された日本コミュニティワーク協会の第２回合宿にも参加し、自らの活動事例を報告する中で、参加者からのアドバイスを得て、市町村職員との関係構築に成功した。

さまざまな活動の中で一貫していたのは、メンバーは他者からアドバイスされるが、当人の実践が尊重され、その実践を成功させることで自己効力感を増してエンパワーされていく、そのエンパワーされたメンバーが、自分の体験をもとに後に続くメンバーを鼓舞し育てていくという円環の形成であった。最初の年に育成されたコーディネーターが次のメンバーを育成し、活動が活性化していく流れができたのである。こうして秋田県全体に渡って、子育て支援に関わる人間が、このチームのメンバーとしてコミュニティ感覚を持ちながら成長していくようになった。

5　自律的な動きの全国展開をめざして

一方、この間、全国的な動きとしてＮＰＯ法人子育てひろば全国連絡協議会による子育て支援コーディネーター調査研究委員会が立ち上げられ、コーディネーターの役割についての研究[5]と研修の企画がなされた。また、子育て支援コーディネーターのあり方について社会福祉の立場からの研究[6]もなされ、今後のコーディネーターのあり方についての検討がおこなわれてきた。これらの経緯と評価結果、国やひろば事業の動向との関連については、文献[7]等を参照されたい。

秋田県における先駆的な実践の進行は、今後の子育て支援コーディネーター養成に対して、以下の示唆を与えることができよう。

1）ＡＫＮ型コーディネーターが目指そうとしているコーディネーターに求められる役割は、図1のように、ネットワーキングによる総合的な支援のスキームを作り、社会関係資本を開発していくことであり、コーディネーターは、

1　ネットワーキングし、地域開発、コミュニティ開発に携わることができる。

2　ビジョンを作り、企画をプロデュースし、それを広げることができる。

3　子育てに関わる社会的問題の本質に気づくことができる。それをもとに具体的問題解決方法を見いだすことができる。

という力量を獲得することが必要である。他のコーディネーター役割と力量に比べ

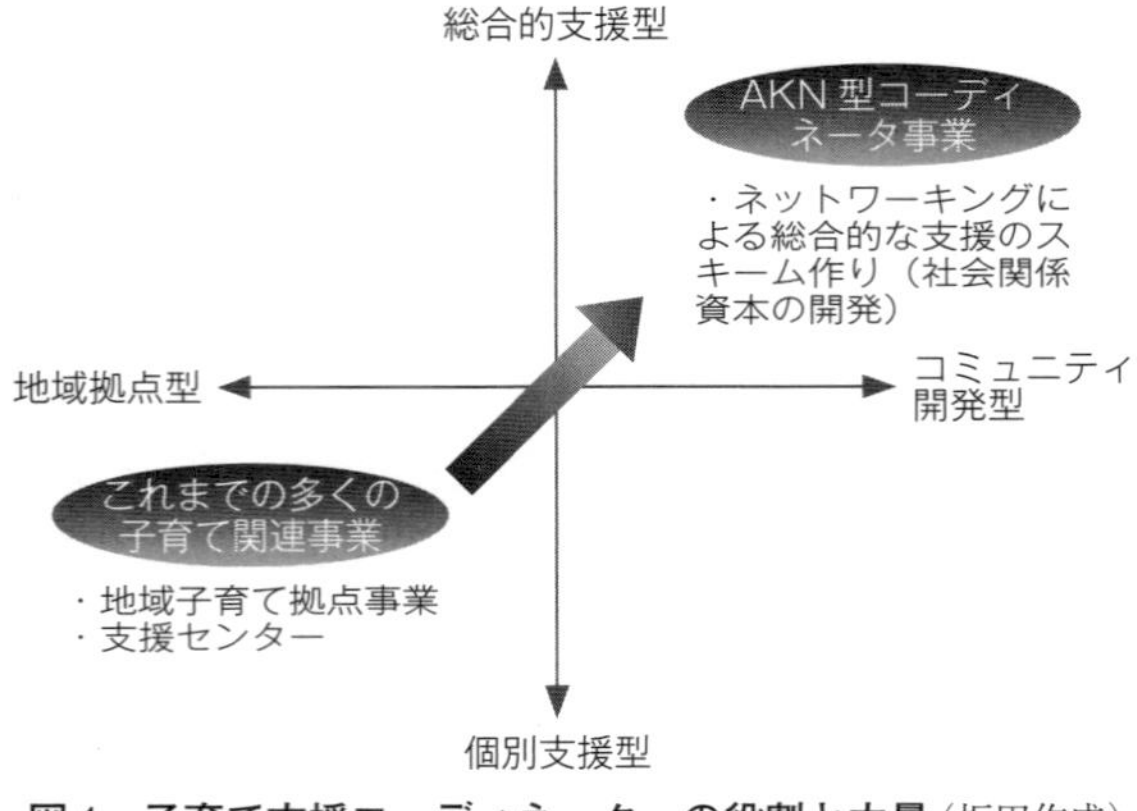

図1　子育て支援コーディネーターの役割と力量（坂田作成）

[5] 子育て支援コーディネーター調査研究委員会（2013）『子育て支援コーディネーターの役割と位置づけ（概要版）』ＮＰＯ法人子育てひろば全国連絡協議会

て、広い範囲の社会的課題をターゲットとした柔軟な活動をこなすことが求められている。

各人が自ら求めれば自ら学べると思われる内容は捨象し、研修は自らの活動をリフレクションしつつおこなわれる実践的なものに集中している。コミュニティワークの理論と実践に関する理解を深めることによって視野が広がり、人間関係の変化、ネットワークの活用、コミュニティリーダーとしての役割の認識変化が起きるようになること、研修終了後には、次の研修を担う講師として人材育成に携わることが期待されている。

おわりに

本実践は、コミュニティワーカーの力量を持った子育て支援コーディネーターという概念を新しく構築しつつ、人材育成し、その成果をコミュニティ心理学の評価手法を用いて分析することによって、行政等へのアピールをおこないつつ次の展開へつなげていくというものであり、コミュニティ心理学の理論を背景とした、極めて実践的な事例であると言えよう。この手法は様々な分野に応用することが可能であり、ぜひ、その可能性を探っていただきたいと願っている。[8]

〔武田信子・坂田哲人〕

[6] 芝野松次郎・小野セレスタ摩耶・平田祐子（2013）『ソーシャルワークとしての子育て支援コーディネート――子育てコンシェルジュのための実践モデル開発』関西学院大学出版会

[7] 武田信子・横須賀聡子・坂田哲人（2012）「子育て支援総合コーディネーター養成プログラムの開発とその評価の試み」『日本コミュニティ心理学会第15回プログラム論文集』pp. 52-53 http://www.cosmoprint.co.jp/digitalbook/15thprogrum/_SWF_Window.html?pagecode=56

[8] 本章執筆後、本プログラムの内容は、東京都世田谷区の２０１４年度子ども子育てコミュニティワーク事業、２０１８年の茨城県つくば市つくば子育てコミュニティワーク発足、２０１８年度の秋田県コミュニティワーカー勉強会、さらに茨城県のコミュニティワーカー養成検討につながった。

6-3 失業者に対する心理的援助プログラムの開発
——失業者が自分らしいライフキャリアを歩むために

筆者が企業で心理職ではなく一般社員として働いていた1990年半ば、バブル経済の崩壊により企業の経営状況が悪化し、多くの人がリストラによって離職しました。会社にとっては必要な選択かもしれませんが、離職者にとってそれはどのような体験となるのか、社会にはどういうセイフティネットがあるのかが気になりました。

しかし当時、心理学的アプローチによる学術的な研究はおこなわれておらず、福祉政策も雇用保険による経済的支援と再就職支援が主で、こころのケアという視点は見られませんでした。高度経済成長以来、終身雇用を守ってきた日本では、失業問題自体が重要な研究テーマにはならなかったのでしょう。

一方、海外では1930年代から失業者の心理に関する研究がおこなわれてきました。問題の形や大きさに多少の違いはあっても、失業は時代や地域を超えて見られる現象です。特に終身雇用が崩壊しつつある日本では、今後も不本意な非自発的離職は一定数起こりえます。非自発的失業が不可避な社会現象であるとすれば、個人が〝会社というコミュニティ〟を失っても〝社会というコミュニティ〟で生きていけるサポートシステムが必要ではないか、そんな想いから、この研究を20年に渡って続けています。

1　失業者の心理的援助研究のコミュニティ心理学的要素

(1)　失業者にとってのコミュニティの二重の意味

失業者の絶対的な共通点は、〝会社（あるいは仕事）を失った状態にある〟という点にある。ハローワークにはたくさんの失業者がいる。しかし、隣にいる失業者と話をするわけではなく、失業者間の連帯感や関係性は存在しない。現在の失業状態は人生の一時的な状態であり、一刻も早くこの状態から抜け出たいと思う人も多いであろう。つまり、失業によってコミュニティを喪失し、新たなコミュニティが見いだせない人生の踊り場にあるといえる。

特に望まざる失業をした人にとって、失業はコミュニティからの裏切りであり、中には、コミュニティを失った孤独感や自尊心の低下から自死に至る人もいる。会社という〝コミュニティを失った失業者〟を〝社会という上位のコミュニティはどのようにサポートするか〟という問題は、二重の意味でコミュニティと大きなかかわりを持つといえる。

(2)　失業者支援におけるコミュニティアプローチ

では、失業者に心理的援助をおこなう場合、いつどの段階で、どのような形で援助をするのが有効だろうか。失業のストレスの中には多くの人が共通して抱くものがあることから、メンタルヘルスが悪化する前に、失業の比較的早い段階で集団による研修スタイルが有効と考えられる。これによって失業によるストレスに**予防的に対処**できるだけでなく、集団であることによって**自助的なサポート**を得て**エンパワー**されることが期待できる。このような視点からの援助はコミュニティ心理学の概念にもとづくものである。

2 基礎調査からプログラム開発まで

(1) 量的調査と質的調査を用いた多面的アプローチによる失業者心理の理解

失業者を支援するためには、まずは失業者のストレスやメンタルヘルスの実態を知る必要がある。そのため、量的アプローチにより失業者のメンタルヘルスの実態を把握するとともに[1]、質的研究をおこない失業体験のプロセスを丁寧に分析した[2]。

その結果、失業者の心理的ストレスの1つとして、失業者に対するスティグマが重要と考えられた。そのため、量的研究により失業者に対するスティグマを測定する尺度を作成し[3]、メンタルヘルスに対する影響を明らかにした[4]。

(2) 介入の効果を測定するための尺度開発

失業者を心理的に援助するためには、ゴールを定めなくてはならない。本研究では失業をライフキャリアの危機ととらえ、その危機をのりこえ自分らしく生き抜くための力を〝ライフキャリア・レジリエンス〟と称し、その改善をゴールとした。そのた

[1] 高橋美保・久田満（2002）「リストラ失業が失業者の精神健康に及ぼす影響」『コミュニティ心理学研究』5, 85-99.

[2] 高橋美保（2008）「日本の中高年男性の失業における困難さ――会社及び社会との繋がりに注目して」『発達心理学研究』19（2）, 132-143.

[3] 高橋美保・森田慎一郎氏・石津和子（2012）「失業者に対するスティグマ意識――失業者に対するスティグマ尺度の作成」『心理学研究』83, 100-107.

[4] Takahashi, M., et al. (2015) Stigma and mental health in Japanese unemployed individuals. *Journal of Employment Counseling*, 52, 18-28.

めに、キャリア発達理論について理論的研究をおこない、不安定な雇用情勢を生き抜くために必要な要素として現実受容・多面的生活・長期的展望・楽観的思考・継続的対処を抽出してライフキャリア・レジリエンス尺度を作成した。[5]さらに、就労の機能を測定する尺度の翻訳をおこない、[6]失業者の状態を測定する尺度の開発をおこなった。

(3) 海外調査・研修参加をベースにした実践的介入プログラムの開発

海外ではすでに求職者のための介入プログラムが開発実施されていることから、[7]まずは海外の実態を把握すべくカナダ、アメリカ、イギリス、オーストラリア、韓国などを訪問し海外のフィールド調査をおこなった。同時に、日本の失業者を対象にストレスマネジメントセミナーを開発し、プログラムの効果評価をおこなった。[8]さらに、海外調査から現実をありのままに受け入れるマインドフルネスが有効と考えられたことから関連する研修に参加し体験的な学習をするとともに、勉強会を重ねた。また、レジリエンスについても海外の研修に参加して理解を深め、日本の失業者に対する心理的援助プログラムを開発した。実践に際しては、上記で作成した尺度を用いて効果評価をおこなった。[9][10]

[5] 高橋美保・石津和子・森田慎一郎 (2015)「成人版ライフキャリア・レジリエンス尺度の作成」『臨床心理学』15 (4), 507-516.

[6] 高橋美保・森田慎一郎・石津和子 (2014)「失業者のメンタルヘルスに対する影響要因の検討――就労の機能に注目して」『臨床心理学』79, 90-99.

[7] 高橋美保 (2010)「失業者への心理的援助に関する展望」『臨床心理学』10 (3), 399-408.

[8] 高橋美保 (2010)「求職者を対象とした認知行動療法を用いたストレスマネジメントセミナーの効果」『臨床心理学』10 (4), 550-560.

[9] 高橋美保 (2015)「失業者のための心理的援助に関する実践研究ライフキャリア・レジリエンスを高めるために」日本発達心理学会第26回大会

3 受容しながらしなやかに生きぬくための日本型プログラム

失業者の心理的状態について量的・質的に分析をおこない、就労者と比べてメンタルヘルスが悪いことを確認した。これは海外の知見と一致する[11]。さらに、日本的特徴として失業者に対するスティグマに注目したところ、失業者に対するスティグマがメンタルヘルスに有意に影響していることが明らかとなった。

しかし、社会あるいは失業者自身が持つスティグマそのものをなくすことは容易ではない。失業のストレスに対して、海外では認知行動療法などを用いて認知を変えるアプローチがとられてきた[12]。海外の介入研究は長期的失業者や移民問題など、経済的にもかなり困窮した状態の失業者を対象としていることもあり、心理援助だけでなく再就職支援も視野に入れている[13]。しかし、海外よりも歴史的に失業率が低く、労働市場の流動性が高くない現代日本では心理的なストレスがより深刻と考えた。日本の失業者が自信を喪失したり、スティグマを感じたり、将来を不安に思うのはむしろ自然な反応である。したがって、現代日本では認知を変えるのではなく、認知そのものにとらわれない対処が有効と考えられた。そのための方法論として、認知行動療法の第三の波といわれるマインドフルネスに注目した。従来の認知行動療法にマインドフルネス的アプローチを加えるプログラムを加えることで、日本らしい援助プログラムとなると考えた。

上記の方針のもとプログラムを開発し、２０１４年度から計5回、プログラムを実

［10］Takahashi M. (2015) The implementation of mental-health care program for the unemployed: From its development to evaluation. Asia Pacific Academy of Psychosocial Factors at Work.

［11］Mckee-Ryan F. M., et al. (2005) Psychological and physical well-being during unemployment: A meta-analytic study. *Journal of Applied Psychology*, 90, 53-76.

［12］Harris E., et al. (2002) Are CBT interventions effective with disadvantaged job-seekers who are long-term unemployed?. *Psychology, Health & Medicine*, 7, 381-395.

施した。２０１４年に実施したパイロットスタディでは、非自発的な離職をした５名を対象に実施したところ、人数が少ないこともあり統計的な有意差は認められなかったが、主観的幸福感の一部の因子、ライフキャリア・レジリエンスの「長期的展望」「継続的対処」「楽観的思考」、心理的ストレスに改善が見られた。結果を受けて、プログラムの精緻化を重ね、最終的にライフキャリア・レジリエンスの尺度の各因子の改善をより明確に意図したプログラムに改良した。２０１６年の実施時には、参加者８名について、参加前後でライフキャリア・レジリエンスの「長期的展望」「継続的対処」の他、精神健康や主観的幸福感の一部の因子にも改善が認められた。

４　失業者の心理的支援の新たな形

本研究は失業者支援を目的としているが再就職支援ではなく、人生の岐路に立つ失業者が、自分自身の現状を受け入れながらも自分らしいライフキャリアをしなやかに歩むことを支援するものである。したがって、既存のハローワークなどの就労支援とも異なるものであり、既存のサービスの改善・発展を志向した研究ではない。既存のコミュニティにはまだないが必要な支援を新たに創造する研究である。

内容的には、海外の実践研究を参照する中で失業の実態や社会の文化・歴史的背景の違いを痛感し、現代日本というコミュニティの特異性をプログラムに具現化することを目指したという特徴がある。さらに、失業という人生の踊り場にあって自身のレ

［13］ Price R. H.,& Vinokur A. D. (1995) *Supporting career transitions in a time of organizational downsizing - The Michigan Jobs Program in Employees, careers, and job creation : Developing growth-oriented human resource strategies and programs* (pp. 191–209). London, M., Jossey-Bass.

ジリエンスを確認するアプローチは、ネガティブに捉えられがちな失業体験を有効に活用する新たな視点であり、失業者支援の在り方を問い直す研究と位置づけられる。

5　社会というコミュニティの中にプログラムを位置づけるために

本研究は新たな支援を創造する研究でもあるため、既存の実践フィールドが確保されていない。この介入をどこで、だれが、どのように実施し、コミュニティにシステムとして位置づけるかは今後さらなる検討が必要である。そのためにも現在のプログラムの精緻化をおこない、有効性を実証する研究を積み重ねる必要がある。

〔高橋美保〕

〔付記〕本論で紹介した一連の研究は科学研究費基盤研究B23402057の助成を受けて実施された。

6-4 学校現場で求められる心理教育とは

――プログラムの開発と評価

「なんで誰も声をかけてくれないんだろ……」ある地下鉄の駅の中。ベビーカーで熟睡している3人の我が子を地面に落とさないようにと気をつけながら、地上につながる長い階段を見上げて途方に暮れました。近くにエレベーターもなくエスカレーターもありません。見知らぬ土地で、核家族として子育てすることは思ったより厳しいものでした。いつしか地域の子どもに関心を持ってもらえる社会ができたらなと思うようになりました。そのためには、子育ての問題をすべての人が自分の問題として考えるきっかけになるものはないかと考え、思いついたのが、中学生という義務教育における心理教育プログラムの開発でした。中学生にとっても意味があり、かつ将来の大人としての学びにもなるプログラムをスクールカウンセラーの立場で開発し、実施しました。先行研究をレビューし、予備調査をおこない、時間をかけてプログラムを導入し、約8年かけて書き上げたものが『中学生のナーチュランスを形成する発達教育プログラム』[1]（風間書房、2012年）です。学校現場における介入プログラムの醍醐味をこの項でお話できたらと思います。

[1] 元となった博士論文「中学生のナーチュランスを形成する発達教育プログラムの開発とその評価」は、つくばリポジトリにおいて、以下のURLで全文公開されている。http://hdl.handle.net/2241/00146423

[2] 厚生労働省は平成10年版「厚生白書」（厚生労働省 1998）で三歳児神話を否定し、社会で子どもを育てることの推進を掲げた。本項では、この社会的子育てを「地域の子どもの養育に対して、地域の大人一人ひとりが温かい関心を示し、地域の子どもの育ちに責任をもって関わっていくこと」とする。

1　学校現場でのアクションリサーチ

本研究は、スクールカウンセラーとして実践した**アクションリサーチ**であり、介入研究の方法としては**プログラム評価**を用いている。アクションリサーチとは、**レヴィン**により提唱された社会改革の方法であり、現場の問題を明確にし、**PDCA**サイクルを繰り返しながら解決に向かい、**エビデンスに基づく実践**をおこなっていくものである。本研究は、社会的子育て[2]の実践に向けて、次世代を担う中学生を対象として、学校臨床の枠組みで、**ナーチュランス**[3]を形成するペアレンティング・プログラムを開発、実践しその効果を測定した。本研究の構成は、4つに大別できる。第一は、社会的子育て観にもとづく中学生のナーチュランスの発達に関する研究、第二は、中学生のナーチュランスを形成するペアレンティングプログラムの開発、第三は、開発されたプログラムの効果測定、そして第四は、開発されたプログラムの実践モデルの構築である。これらの流れをまとめたものが図1である。

2　先行研究をふまえ多面的なデータ収集方法の検討へ

本研究は、4つの部から構成されているが、研究方法は大きく分けて3つに分類できる。第一は、文献研究である。ナーチュランスの概念整理、学校現場での保育教育の移り変わり、ペアレンティング・プログラムのレビュー、そしてナーチュリング・プログラムの分析である。アクションリサーチやプログラム評価では、ニーズ調査が

[3] ナーチュランスとは、A・D・フォーゲルらが「相手の健全な発達を促進するために用いられる共感性と技能」として定義した。本研究では、ナーチュランスを「健全な子どもの育ちを保障するような人間の共感的な認知・感情・行動とそれらが生み出される心理的過程」と定義した。

Fogel, A. D., Melson, G. F., & Mistry, J. (1986). Conceptualizing the determinants of nurturance: A reassessment of sexdifferences. In A. D. Fogel, & G. F. Melson (Eds.), *Origins of Nurturance*. Hillsdale, N. J.: Lawrence Erlbaum Associates, pp. 53-67. 小嶋秀夫(1989)「養護性の発達とその意味」小嶋秀夫編『乳幼児の社会的世界』有斐閣 pp. 187-204.

重視されるが、それと同時に学術的な意義を高めるためにも先行研究の整理は不可欠となる。

第二は、量的調査である。先行研究から得られたナーチュランスの概念モデルから尺度を作成し、因果関係モデルを検証し、有意な規定要因をプログラムに導入するのである。さらに量的研究は、プログラムの効果測定をおこなう場合にも用いた。

第三は、質的研究である。質的研究は、子育て中の人への半構造化面接、プログラムの効果測定の1つとしての参与観察教員への**PAC分析**[4]、そしてプログラムの実践モデルの作成の際である。

文献研究、量的研究、質的研究の3つの研究方法を用いて、データを補完し合い、その時の実現可能性を考慮しながら、データ収集方法を検討していった。

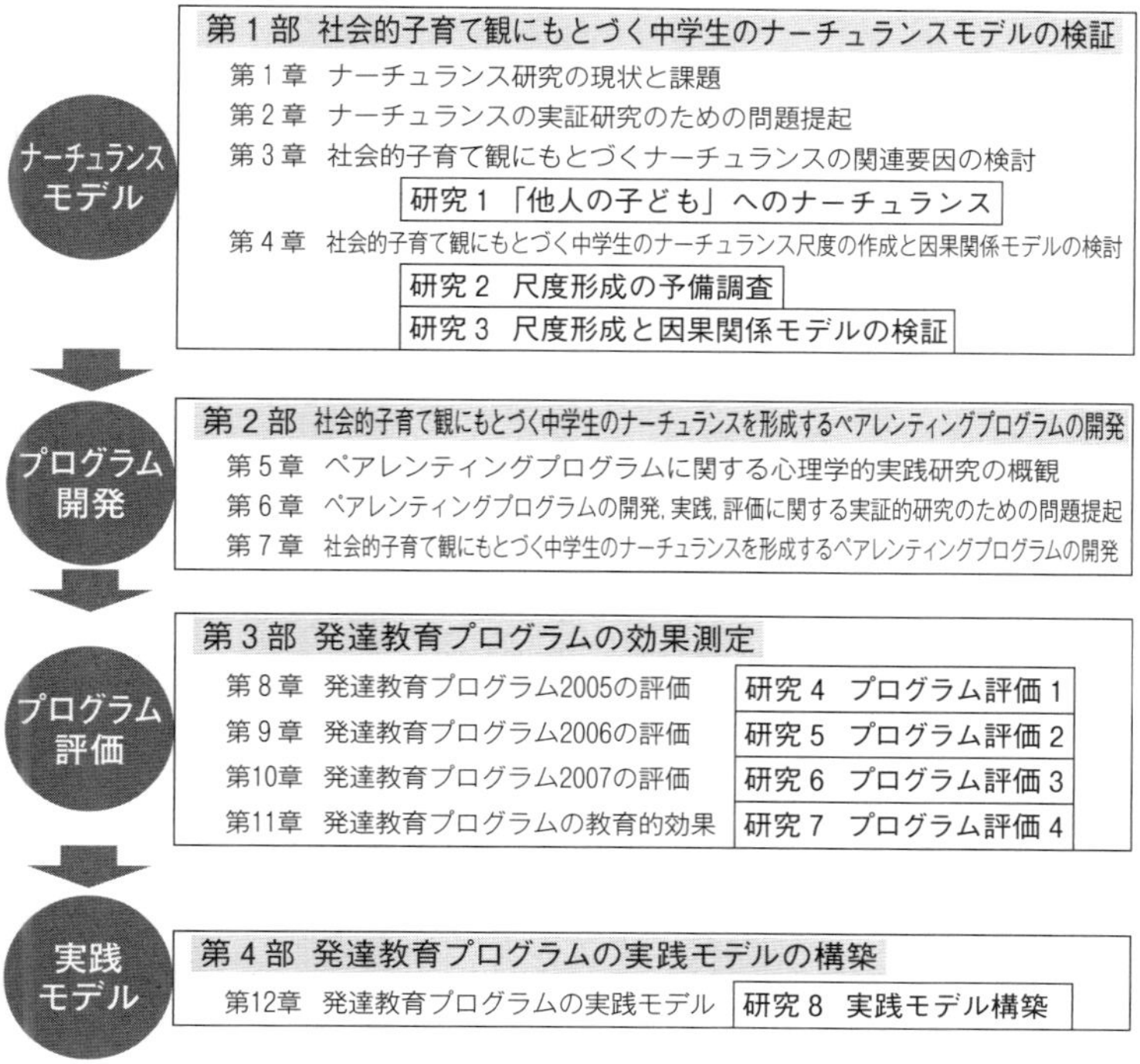

図1　発達教育プログラムの開発とその評価の研究の流れ

3　社会的子育て観にもとづくナーチュランスの概念モデル

はじめに、社会的子育て観にもとづくナーチュランスの概念を明らかにするために、現在子育て中の親に対して、実子ではなく「他人の子ども」への態度に関する面接調査を実施した。その結果、規定要因として、異年齢で遊んだ経験や地域の大人とのポジティブな関係が見いだされた。次に予備調査として、中学生を対象にインタビュー調査をおこない、これらの結果をもとに、中学生のナーチュランス尺度を作成した。

次に、子育て中の親と中学生への予備調査、先行研究を踏まえ、中学生のナーチュランスに関連する変数をまとめ、これらの変数とナーチュランスおよび社会的子育て観の因果関係を検証した。モデルは図2の通り、はじめに個人的要因、関係性要因、社会文脈要因から規定されているプログラム前のナーチュランスがある。そこに、保育体験などを含むペアレンティング・プログラムを実施することで、子ども関係、保育士関係が生じ、それが過去の人物との同一化や対人理解を促し、内的作業モデルに影響を及ぼす。この内的作業モデルを通して、プログラム後のナーチュランスが変容するというモデルを作成し検証した。プログラムの開発においてプログラム前のナーチュランスへの規定要因を抽出し、プログラムの内容に導入した。

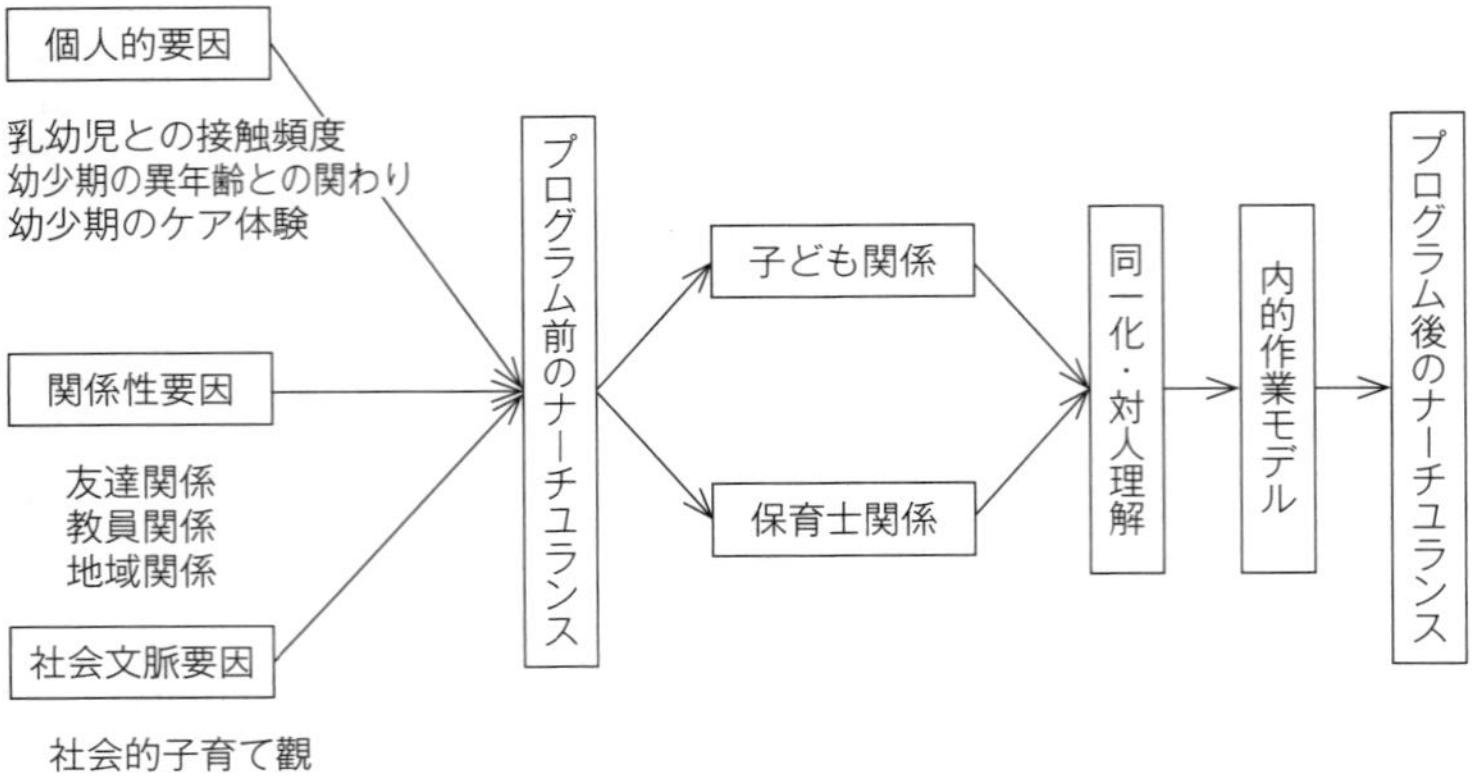

図2　子どもへのナーチュランスの概念モデル

4　発達教育プログラムの開発

ナーチュランスを形成するプログラムの開発にあたっては、はじめに、国内外のペアレンティング・プログラムの内容をまとめた。米国のプログラムでは、対象者のニーズに応じるよう個別化が進んでいることや就学前から高校まで一貫した教育プログラムが存在することが多かった。

日本の子育て期を対象としたプログラムは、各地での実践が盛んになされているが仮説検証型の研究が少なかった。次世代を対象とした、学校現場でのプログラムは、家庭科保育教育を中心として展開されていた。以上の先行研究から得られた知見を踏まえ、子ども理解、自己理解、家族・地域理解を目標としたナーチュランスを形成するプログラム第1版を作製し、学校現場で最終的に、パイロットスタディを実施した。その結果をもとに、臨床心理士、心理系大学教員、保育者、学校教員などと検討し改編を重ね「発達教育プログラム２００５」を完成させた（表１）。

表１　発達教育プログラム2005版の内容

レッスン回数	目的	内容
レッスン１	教員やSC，大学院生の幼少期の遊びを振り返り，子どもにとっての遊びの意味を理解する。 参加者のコミュニケーションを促進する。	新聞紙を使った遊び体験 幼少期の遊びを当てるビンゴゲーム
レッスン２	地域の大人としての保育士と交流することで，子どもを育てている大人の役割を理解する。 子どもと触れ合うことで，信頼されることを体験する。 学校場面以外の友達の新しい側面を発見する。	保育士とのグループディスカッション 保育体験
レッスン３	地域の大人としてのゲストスピーカーの話から，地域の大人や親の気持ちを理解する。	グループディスカッション ゲストスピーカーの話
レッスン４	教員の親としての側面を知ることで，教員という役割とは別に親としての一面を実感し，子どもを育てる親の気持ちを理解する。	教員へのインタビュー

5　発達教育プログラムの評価

発達教育プログラム２００５版は、東京都内のＡ公立中学校3年生92名を対象として実施し、その評価は、量的調査と質的調査を組み合わせた。量的調査としては、学校現場であることからランダム化統制群事前事後テストデザインを実施することが難しいため、Ａ群とＢ群を用意し、Ａ群を先行群、Ｂ群を後発群としてＡ群がプログラムを実施している間、まだ実施していないＢ群を統制群とした**統制群事前事後デザイン**を採用した（表２）。またＢ群に関しては、**単一事例実験法ＡＢＡデザイン**を用いることとした。すべてのプログラムおよび調査に参加できた対象者は、Ａ群51名（男子26名、女子25名）、Ｂ群24名（男子12名、女子12名）であった。質問項目は、社会的子育て観尺度、子どもへのナーチュランス尺度、保育体験過程内容尺度、友人関係および地域関係尺度を用いた。各レッスンにおいてはプロセス評価として満足度や理解度を尋ねた。

一方、質的調査では、保育体験やグループワークの様子をフィールドノートに記載し内容を分析した。さらにプログラム終了後担当教員等にＰＡＣ分析を用いてインタビュー調査を実施した。

続く発達教育プログラム２００６版および２００７版では、量的調査の統制群なしの事前事後テストを実施した。プログラムの内容は修正を重ねながら、かつ２００６年版では同一化などの認知的要因、２００７年版では内的作業要因を測定尺度に加

表２　ウェイティングリストコントロール

	1回目		2回目		3回目	4回目
A群（1組＋2組）	T1	X1	T2		T3	
B群（3組）	T1		T2	X1	T3	T4

え、プログラム後の効果を規定する要因を検討した。パイロットスタディを除く3年間の実践の評価をおおまかにまとめると、プログラムを通して社会的子育て観やナーチュランスの一部が肯定的に変容した。その要因としては、プログラム中の子どもとのポジティブな関係、保育者という地域の大人とのポジティブな関係、対人理解、内的作業モデルの回避が強く影響していた。

6　プログラム実践モデル

本研究では、発達教育プログラムの開発、パイロットスタディ、発達教育プログラム2005版・2006版・2007版の実施と評価という中学校現場での5年間の実践プロセスを分析した。その結果、実践モデルは、関係性、準備性、実践、継続性という4つの段階に分類できた。

はじめに準備性のアセスメントをおこなった結果、本実践では準備性の中の教員との関係性が不足していることが明らかになった。そこで実践モデルでは関係性構築のために、自己開示、共感・積極的傾聴、プログラムのコンセプトの提示という手順を関係者ごとに繰り返しおこなった。次に準備性段階では、他事例の引用、協力体制の形成、プログラムの同意、目標の説明をおこなった。最後に、実践段階では、パイロットスタディを踏まえ、プログラム運営の組織的位置づけをおこなった。途中、教員の異動が何度もおこなわれたため、そのつど新しい教員とは関係性形成のプロセスを

［4］ＰＡＣとは、Personal Attitude Construct（個人態度構造）の略であり、個人別態度構造を測定するために内藤（1993）により開発された。ＰＡＣ分析は、「フロイトの自由連想」「多変量データ解析」「現象学的データ解釈技法」の3つを組み合わせている。

内藤哲雄（2002）『ＰＡＣ分析実施法入門――「個」を科学する新技法への招待』改訂版　ナカニシヤ出版

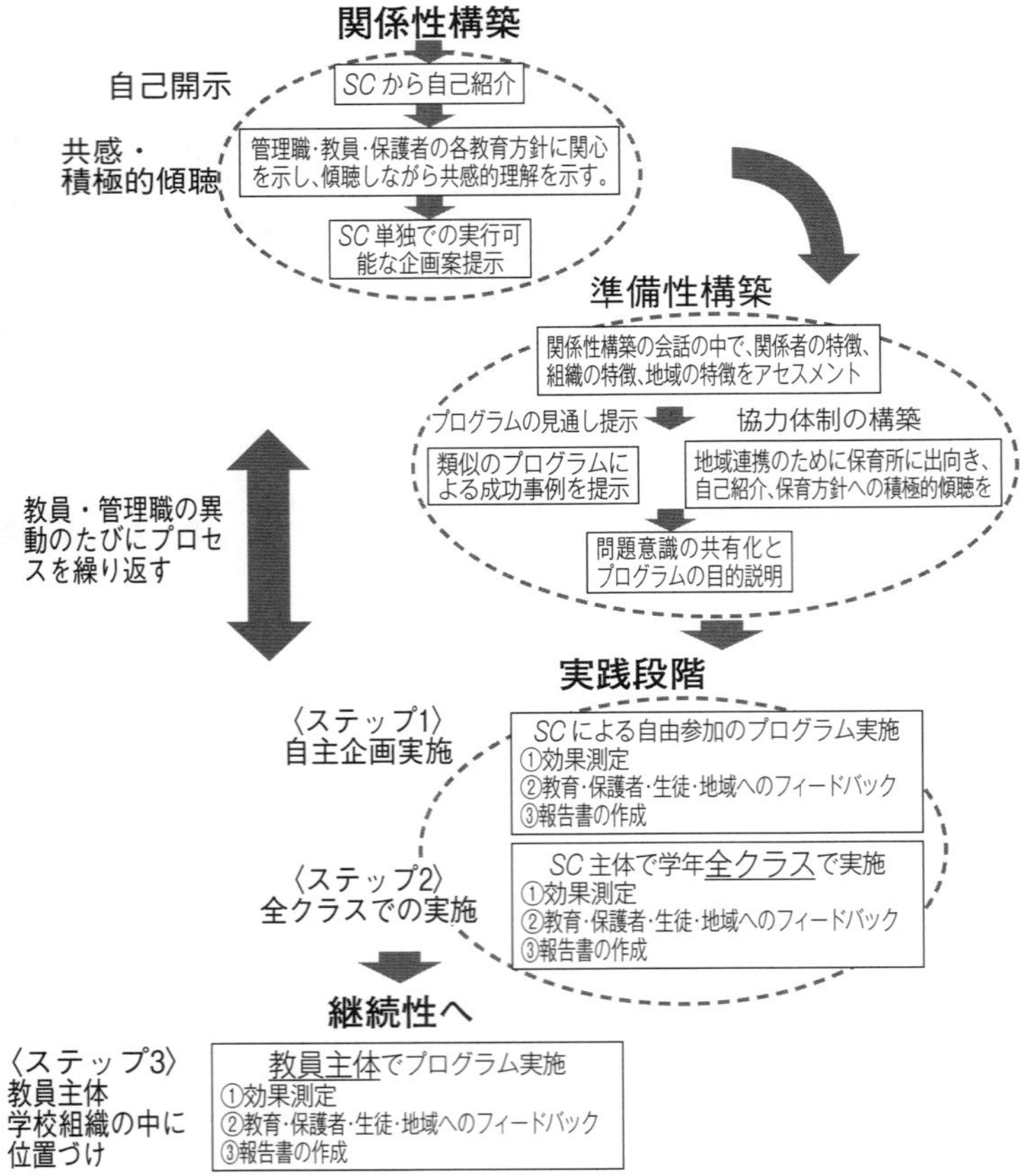

図3　発達教育プログラムの実践モデル

実践した。そして、モデルの最後には、継続性を位置づけ、教員主体のプログラムの実施と組織的位置づけを重視した。これらの流れを示した発達教育プログラム実践モデルが図3のとおりである。

7 おわりに

本研究の最終目標は、地域の大人たちが地域の子どもたちに対する温かいまなざしを獲得することである。つまり、本プログラムの対象となった中学生たちが地域の大人となる何年後かに地域の子ども達に対してナーチュランスを形成しているかを検証する必要がある。しかし個人情報の関係からも今回は追跡調査が難しかった。ぜひ、今後は学校の中で取り扱うプログラムのインパクト評価を目指していきたい。

〔**藤後悦子**〕

6-5

スポーツハラスメントを予防するには

――ハラスメントを防ぐチーム風土づくり

私（藤後）は子育ての中で地域スポーツに関わりましたが、そこで印象深い2つのバスケットボールチームに出会いました。1つは、勝利至上主義で選手がミスをすると罵声が飛んでくるチーム、そしてもう1つは子どもの成長をとことん考えてくれるチームでした。前者は強いチームでしたが、スポーツを通して傷ついていく子どもや親が毎年出現しました。後者も強いチームでしたが、子どもたちは指導者を尊敬しており、子ども同士もお互い良きライバルとして尊敬し、支えあうチームでした。この両チームに関わる中で、私はスポーツの可能性と怖さを、身をもって体験しました。そしてスポーツを通して傷ついている子どもや親たちに、コミュニティ心理学として何かできないかと考えるようになりました[1]。1人では限界があるので、大学の教員を誘って基礎研究を開始し、さらに実践では臨床心理士の浅井氏に声をかけ、ジュニア期のバスケットボールチームへの心理サポート実践研究を開始しました。本項では、スポーツハラスメントに関する問題意識にもとづいて基礎的な調査研究を行い、さらに得られた知見をスポーツ現場での実践研究へと展開していくプロセスを説明します。

[1] 藤後悦子（2011）「小学生の地域スポーツにおける勝利至上主義と心理的マルトリートメント」岸本肇教授退職記念論文集編集委員会編『「からだと心」の発達と教育・体育・スポーツ　岸本肇教授退職記念論文集』pp. 229-245.

1　スポーツハラスメントの予防的介入の必要性

コミュニティ心理学では、問題が発生した後に介入するよりも、問題が起こらないように「予防」することを重視する。本項では、スポーツの現場におけるハラスメントの発生を予防するための心理サポートの実践を紹介する。

「スポーツハラスメント」とは、「スポーツに関わる者の間で生じる、スポーツに関連した嫌がらせ」[2]と定義され、これは指導者の体罰のみでなく、選手同士、応援席の親集団、選手の親からの嫌がらせなども含まれる。スポーツを取り巻くハラスメントとして、指導者の体罰、先輩からの暴力などが新聞やニュースで取り上げられるが、その実態はあまり明らかではなく、特に応援席の親の状況などの研究は皆無であった。そこで、予防的な心理サポートに着手する前段階として、スポーツを取り巻くハラスメントの実態やスポーツハラスメントの規定要因を明らかにすることとした。

とはいえ、スポーツハラスメントなど現場にとってマイナスの内容は、調査に協力してもらえる団体を見つけるのが難しい。そこで身近にできることとして、大学生219名（男子77名、女子142名）を対象とし、スポーツハラスメントの実態を回顧的に調査した[3]。その結果、スポーツハラスメントの被害経験が「ある」と回答した人は156名（全体の71・2％）であり、その時期は、幼稚園／保育園3・8％（6件）、小学校23・1％（36件）、中学校50・0％（78件）、高校23・1％（36件）であった。ある程度の実態が分かったので、次にネガティブな体験がもっとも多い中学時

[2] 藤後悦子・大橋恵・井梅由美子（2017）「子どものスポーツにおけるスポーツ・ハラスメントとは」『東京未来大学研究紀要』12, 63-73.

[3] 藤後悦子・井梅由美子・大橋恵（2015）「スポーツにおけるポジティブ体験・ネガティブ体験とスポーツ・ハラスメント容認志向」『東京未来大学紀要』8, 93-103.

代に焦点を当て、大学生557名を対象に質問紙調査を実施した[4]。その結果から、指導者のハラスメントが部内の格差雰囲気や部内いじめを促し、部内いじめの被害にあった者は神経症的な症状を表出することが示された。さらに、どんなパーソナリティの人がハラスメントの加害行動をとるかを明らかにするために調査をおこなった。その結果、自己中心性、対人希薄、過剰希求が高い人は我が子中心主義になりやすいことが示された[5]。私たちはこれらの基礎研究の知見を踏まえ、選手・指導者・親の不適切な態度が生起する背景にはネガティブな感情があり、こうした感情への建設的な対応を学ぶことが、スポーツハラスメントの予防に有効ではないかと考えた。そして、ネガティブな感情との付き合い方を理論・実践の核とする**森田療法**を導入し、スポーツに携わる関係者がコミュニティ感覚を用いてチームの勝利を目指していけるように、心理サポートによる介入を計画した。

2　心理サポートの一環としてのワークシートの開発

心理サポートの端緒として、森田療法の視点から感情との付き合い方を分かりやすく学べるよう企図した、選手用ワークシートの開発に着手した[6]。

予備的検討として、競技に関わる選手のネガティブな感情や体験内容を明確化するために、ジュニア・バスケットボールチームに所属する選手18名（男子9名、女子9名）に自由記述による調査を実施した。さらに調査の実施後、選手4名（男子2名、

[4] 藤後悦子・大橋恵・井梅由美子（2018）「中学校の運動部指導者の関わりが部内の人間関係および生徒の精神的状態に与える影響」『社会と調査』20, 55–66.

[5] 藤後悦子・井梅由美子・大橋恵（2016）「子どものモチベーションを高めるスポーツ・ペアレンティング」『こども環境学研究』12(2), 38–44.

[6] 藤後悦子ほか（2016）「中学生のバスケットボールチームへの森田療法を用いた心理サポートの可能性――森田療法的メンタルトレーニングワークシートの開発と改善」『モチベーション研究――モチベーション研究所報告書』5, 25–37.

[7] 藤後ほか（2016）同上論文

[8] 大橋恵・藤後悦子・井梅由美子（2018）『ジュニアスポーツのコーチに知っておいてほしいこと』勁草書房より

女子2名）に補足的なグループインタビューを実施した。自由記述では、「バスケットボールを通して、今までに嫌な経験がありましたか」「試合前の問題としてどのようなものがありますか?」「不安になったり緊張した時にはどのような状態になりますか?」「不安になったり緊張した時にどのようなことを考えますか?」などの質問にコメントを求めた。この結果は表1、表2の通りとなった[7]。

ワークシートの内容構成に当たり、スポーツ心理学を専門とする大学教員、チームのコーチ陣、臨床心理士による心理サポートチームのメンバーで協議をおこなった。また森田療法に関する記述が適切かについて、森田療法を専門とする臨床家の助言を求めた。こうしたプロセスを経て、スポーツハラスメントの予防に向けたワークシートが開発された。ワークシートの内容の一部を図2として示した。

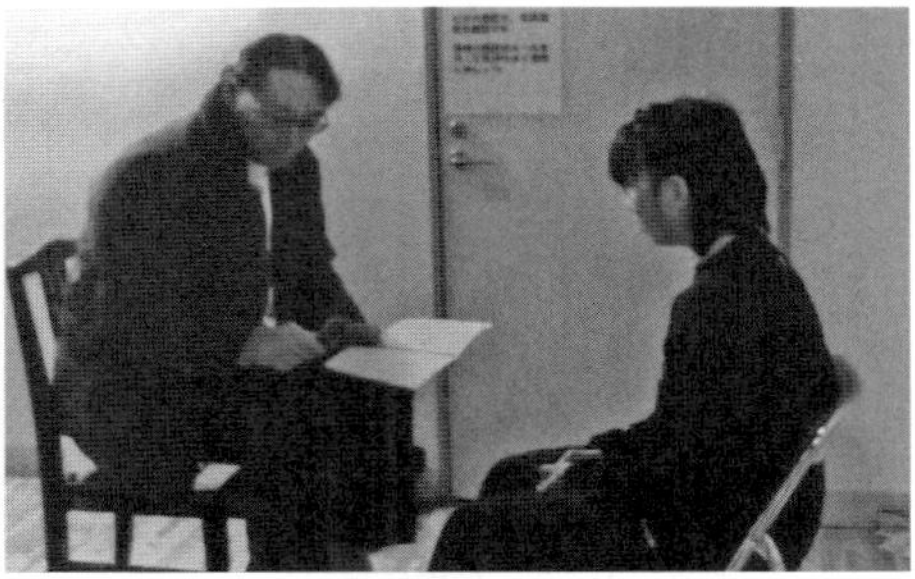

図1　親とコーチへの面談[8]

3　心理検査の実施とフィードバック

競技に関わる選手のパーソナリティや心理状態を調べるために、選手18名に対して質問紙と投映法の心理検査を実施した。使用した質問紙は、競

[9] 文章完成法とは、未完成の文章の続きを、被験者に自由に記述してもらうものである。その内容から性格などを判断する投影法の一種である。

[10] バウムテストとは、ドイツの心理学者コッホが草案した描画法である。被検者に樹木を描いてもらい、そこから被検者の人格や心理状態を理解していく。

[11] 藤後悦子（2016）「スポーツ分野における競技不安への森田療法の活用」『メンタルヘルス岡本記念財団研究助成報告集』27, 61-66.

[12] 大橋恵ほか（2017）「地域におけるスポーツのコーチの喜びと困惑——コーチ対象の調査の内容分析」『コミュニティ心理学研究』20(2), 226-242.

表 1　試合や練習時の選手の不安

分類	対象者	内容
プレーへの不安		・ミスしたらどうしよう。 ・ゴールが決まらなかったらどうしよう。 ・言われたことができなかったらどうしよう。
評価への不安	コーチから	・下げられたらどうしよう。 ・コーチから怒られるのが怖い。 ・何もしていないのに私だけ怒られる。
	親から	・親から怒られるのが怖い。
	応援席から	・文句を言われたり，ため息をつかれるのが嫌だ。 ・暴言をたくさん言われる。 ・いろいろ事細かく言ってくる。
	仲間（同級生・後輩・先輩）から	・選手同士で，ばかにされたり見下されるつらい。
相手への不安		・相手は自分より強いに違いない。 ・マークマンの相手が自分より強そうなので負けたらどうしよう。
怪我への不安		・怪我したらどうしよう。 ・怪我がひどくなったらどうしよう。

表 2　不安によって生じる反応

症状	内容
身体反応	・お腹が痛くなる。／何度もトイレに行きたがる。 ・体が思うように動かなくなる。 ・頭が真っ白になる／焦る。 ・緊張する。
無気力	・やる気が出ない。 ・気持ちが盛り上がらない。
回避的行動	・試合や練習に行きたくなくなる。 ・人の前でシュート練習をしたくなくなる。
攻撃性	・イライラする。
躁的反応	・そわそわする。 ・落ち着かない。
過敏性	・人の顔色や言葉が気になる。 ・相手の選手のことが気になってしまう。
失敗へのとらわれ	・失敗しないかと考えてしまう。 ・自分の悪いところを考えてしまう。 ・試合に負けたことを考えてしまう。

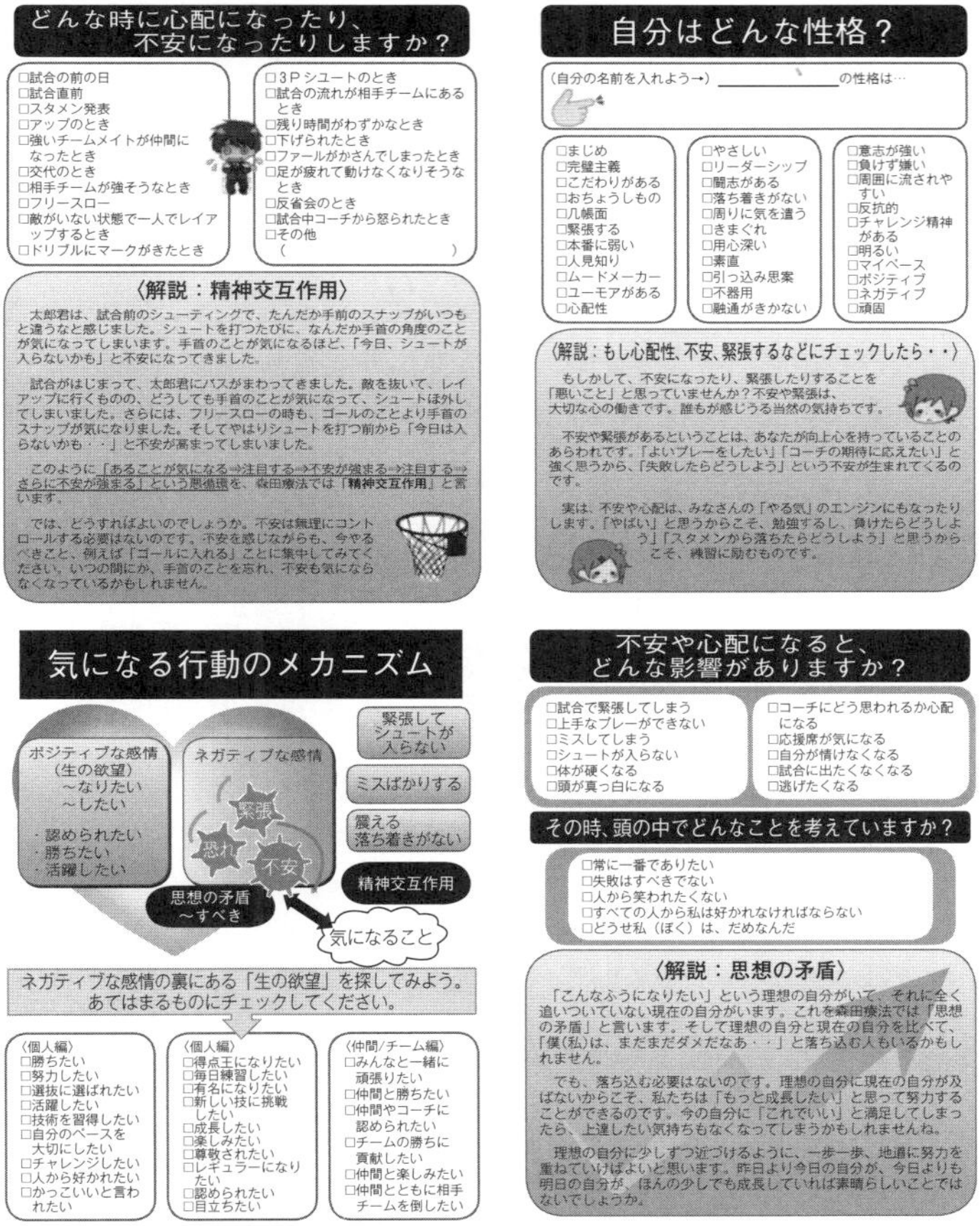

図2　選手用ワークシートの内容

選手用に加え、コーチ用・親用のワークシートについても以下のＵＲＬからダウンロードすることができる。https://togotokyo101.wixsite.com/mysite/1

技能力の自己評価を測る「心理的競技能力診断検査」と、不安の程度を測定する「スポーツ選手用　特性・状態不安検査」であった。投映法は**文章完成法**[9]と**バウムテスト**[10]である。

その後、各選手に心理サポートチームの臨床心理士が面談し、心理検査の結果についてフィードバックと森田療法にもとづく助言をおこなった。あわせて親とコーチにも面談し、結果のフィードバックと関わり方の助言をおこなった。

4　介入後の評価

6ヵ月後、心理サポートの効果を調べるために、再び「心理的競技能力診断検査」「スポーツ選手用　特性・状態不安検査」を実施した[11]。選手の入れ替わりなどにより、2回とも検査を実施できたのは10名にとどまった。介入前後の尺度得点をt検定により比較したところ、「他者からのサポート」の得点が有意に高まった（表3）。

5　おわりに――ワークシート開発からHPによる情報発信へ

選手用のワークシート開発後、コーチ用および親用と全部で3種類のワークシートの開発を行った。なおコーチ用は英語バージョンも作成した。勝利へのプレッシャーが強い強豪校の指導者は様々なネガティブな感情を抱えており[12][13]、これらのネガティブな感情が時には選手へのハラスメントの背景要因となりえる[14]。また親もわが子が活躍

表3　介入前後の尺度の平均値とt検定結果（n=10）

	pre		post			
	M	(*SD*)	*M*	(*SD*)	t値	
森田神経質	66.50	(16.20)	62.40	(15.52)	1.22	*n.s.*
あるがままの態度	30.10	(3.75)	29.80	(4.39)	0.29	*n.s.*
スポーツ特性不安	53.20	(16.03)	55.10	(11.93)	−0.63	*n.s.*
他者からのサポート	32.90	(3.45)	35.60	(3.27)	−2.29	*
競技へのモチベーション	19.50	(0.97)	19.90	(0.32)	−1.80	*n.s.*

*$p<.05$

できなかったり、試合中ミスして指導者から怒鳴られたりしていると、自分のことのように傷つきネガティブな感情が生じてしまう。[15]このネガティブな感情が、子どもに向かうと過干渉や支配的になったり、指導者に向かうとクレームになったりするのである。つまりスポーツを取り巻く大人たちのネガティブな感情がスポーツハラスメントに結びつきやすいのである。[16]だからこそ、コーチや親が自身のネガティブな感情との付き合い方を学び，ネガティブな感情に巻き込まれず、選手の成長を温かく見守るチーム風土を作り上げていくことが大切なのである。

筆者らは、ワークシートの開発とともに、基礎研究から得られた知見を映像動画にまとめ「子どものよりよいスポーツ環境構築に向けて」というHPを作成した。ここではワークシートが自由にダウンロードできるようになっている。多くのチームで選手用ワークシートを、選手とコーチのコミュニケーションツールとして活用して欲しいと願っている。

最後になるが、スポーツ現場での介入調査は、チームの活動を妨げないよう細心の配慮をしながら実施するので、方法上の困難や制限も多くなる。こうした状況で現場に役立つ介入を行うためには、関係者と信頼関係を築きながら顕在的・潜在的ニーズを丁寧に読み取ることと、単一の方法にとらわれない、柔軟な研究姿勢を持つことが大切である。今後もハラスメントのない子ども達のよりよいスポーツ環境に向けて、研究を継続していきたい。

〔**藤後悦子・浅井健史**〕

〔13〕大橋恵・藤後悦子・井梅由美子・川田裕次郎（2016）「地域スポーツの指導者が直面している課題――指導者の指導力向上に向けて」『スポーツ産業学研究』26(2), 243-254.

〔14〕藤後悦子・井梅美子・大橋恵（2017）「チームのネガティブな人的環境が小学生のスポーツモチベーションに与える影響」『モチベーション研究』6, 17-28.

〔15〕藤後悦子・三好真人・井梅由美子・大橋恵・川田裕次郎（2018）「地域スポーツに関わる母親のネガティブな体験」『心理学研究』89(3), 309-315.

〔16〕藤後悦子・川田裕次郎・井梅由美子・大橋恵（2017）「小学生の地域スポーツにかかわる親のスポーツ・ペアレンティング」『コミュニティ心理学研究』21(1), 80-95.

6-6 プログラムを評価するとは

――人生リバイバルプログラムの評価研究

ここで紹介する研究は、コミュニティ心理学のなかでも特に私が専門とするプログラム評価（program evaluation）というアプローチを用いて、評価研究者として携わった事例にもとづいています。「人生リバイバルプログラム」と称されたこのプログラムは、企業退職者や現役の中高年者の人生再生を目的として教育機関と地方自治体との協働により開催されたものです。

このプログラムは企画・開発の段階から、ただ単にプログラムを実施するだけでなくその効果をデータで示す必要性、つまりエビデンス提示の必要性が認識されていました。そのようなか実施責任者の先生より外部の研究者として評価を依頼され、評価実践の経験を積むうえでまたとない機会と思い、（実際のところふたつ返事で）お引き受けしました。

昨今、地域コミュニティでは多種多様なプログラムが実施されています。それらを〝やってみることに意義がある〟とするのも一理あると思います。しかし一方で、プログラムの効果を確かめる（＝評価する）ための方法論を学び、より良いプログラムの在り方を考えることも大切な作業です。

1　エビデンスにもとづく実践

心理学を含む様々なヒューマンサービス領域で**エビデンスにもとづく実践**（evidence-based practice）が重視されるようになって久しいが、その考えにも通じる**実証的基盤**（empirical grounding）という概念は、エンパワメントやコミュニティ感覚などと同様に、コミュニティ心理学における重要な価値基盤の1つとされている[1]。特に、コミュニティ心理学における援助では、社会生態学的な視点で個人を援助するアプローチ、つまりマクロ（例：コミュニティ）・メゾ（例：組織・集団）レベルに働きかけることによりミクロレベルである個人（例：利用者・クライエント）の適応や変化を促すアプローチが主流である。そのような援助や介入実践で活用されるのが、人が中心となって行われる介入を意味するプログラムである。そしてプログラムを評価するための活動が**プログラム評価**（program evaluation）である。

本項では、中高年者の人生再生を目的に教育機関と自治体との協働によって実現した人生リバイバルプログラムを事例として、一見捉えにくいプログラムをどのように構造化し、実証的に評価するかを検討する。

2　人生リバイバルプログラム

雇用・就業形態を含む社会の構造的変化に伴って個人が孤立し、現代社会には〝生きづらさ〟が蔓延している。このようななか、中高年者の人生再生（リバイバル）を

[1] Dalton, J., Elias, M., & Wandersman (2001) *Community Psychology : Linking individuals and communities* (*2nd ed.*). Thomson Wadsworth.［笹尾敏明訳（2007）『コミュニティ心理学——個人とコミュニティを結ぶ実践人間科学』トムソンラーニング］

表1　プログラムの概要

第1講	私たちの存在と社会／中高年者の生き方
第2講	中高年者のメンタルヘルス（1）
第3講	若々しく生きるために／中高年者の心と体
第4講	中高年者のメンタルヘルス（2）
第5講	人生転換の心構え（1）
第6講	人生再設計の進め方・再出発の経験と心構え（2）
第7講	自治体の紹介
農業体験	
第8講	人生を真剣に楽しく過ごす生き方（1）
第9講	人生を真剣に楽しく過ごす生き方（2）
第10講	人生再設計／再出発の経験と心構え（2）
第11講	人生転換の心構え（2）
第12講	まとめ上げセミナー

支援するために自治体と教育機関（大学）との協働により実現したのが、人生リバイバルプログラムである。[2]

このプログラムは、参加者（受講者）が具体的な身体性に媒介された場所である人間関係を通して、人生の転機で「生きること」を学び・語り合うことをゴールとしている。そのために、企業や地域からの参加者が大学での講義という〝日常空間〟と農業体験という〝非日常空間〟の双方で、自己そして他者（仲間）のなかにいる自己を見つめ直す機会を得ることを想定したメニュー（表1）が開発され、プログラムの実施・評価が行われた。[3]

3　プログラムの構造化

[2] 牧野篤・安田節之・人生リバイバルプログラム実施委員会（2012）「つながりが人を救う――人生リバイバルプログラム実施報告書」（東京大学大学院教育学研究科学習基盤社会研究・調査モノグラフ）

[3] 実施時期は2011年11月・12月であり、参加者は40代から70代の計19名（男性10名・女性9名）で平均年59・79歳（SD=8・61）であった。

プログラム評価の枠組みや方法は数多く存在する。[4] どの枠組みを用いてプログラム評価をおこなうにしても、対象となるプログラムの可視化（〝見える化〟）は不可欠である。プログラムの可視化、より厳密には構造化の作業なくしては、その先の評価は望めない。

（1）活動方針・ゴールの明確化

第一に大切になるのが、プログラムの活動方針・ゴールの明確化である。通常、活動方針やゴールはプログラムの実施前に（計画段階で）共有されていることが多い。しかし、なかには曖昧な活動方針や無意味なゴールしか掲げられていないプログラムも存在し、その場合、実施中のさまざまな不具合や維持・継続に関する問題が発生しかねない。

活動方針およびそれを具体的に実現するためのゴールには、プログラムの目的や対象（者）が直接的あるいは間接的に含まれている。人生リバイバルプログラムの活動方針・ゴールは次の通りであるが、これらを見るとプログラムが誰に対してどのような目的で実施され、最終的に何を目指しているのかがはっきり分かる。

活動方針：人生の転機に立つ中高年者を応援する。

ゴール①：メンタルヘルス（特に抑うつ）に関する知識を得ることにより、自身のメンタルヘルス向上につなげる。

［4］プログラム評価とは、個別の統計手法（例：t検定）のようなものではなく、一種のアプローチであるといえる。プログラム評価の定義にも、社会科学における調査研究法を重視したもの、プログラムの理論的背景に重点を置いたもの、評価結果や評価プロセスの活用を優先する実用重視型の評価、評価を通したフィールドでのエンパワメントを目的としたエンパワメント評価などがある。くわしくは、安田節之（2011）『プログラム評価――対人・コミュニティ援助の質を高めるために（ワードマップ）』（新曜社）を参照。

ゴール②：仲間（受講者）との関係性のなかに自らを置き直し、自己を見つめ直す。
ゴール③：農業体験という非日常の中で、働く意義を再発見する。

(2) インパクト理論の開発

プログラムを構造化するにあたって、第二に重要なのがインパクト理論の作成である。プログラムの実施中・実施後に参加者（利用者・クライエント等）がどのように変化・変容していくのかを、仮説レベルであっても良いので検討するために評価者が任意のタイミングで作るものがインパクト理論である[5]。インパクト理論は、プログラムを提供する側（例：支援者）が自らの支援やサービスを振り返りつつ、利用者の変化の過程を他の支援者と共有するために活用されることが多い。よって、対人サービスの提供場面や研修プログラムの実施といったプログラムのメニューが比較的限定しやすい際に特に有用となる。

人生リバイバルプログラムは、講義と演習（農業体験）というセミナー研修形式であるため比較的構造化しやすく、また参加者の変化・変容も仮説レベルではあるが捉えやすい。本インパクト理論は次のように示すことが可能である[6]。

①心と体の健康についての知識を深める ⇓ うつの予防 ⇓ メンタルヘルス向上への足がかりをつかむ。

[5] 一方、プログラムを利用する人びとが多様であったり（例：地域に住む子どもやお年寄り）、プログラム活動自体が組織的基盤（例：システム）としての役割を果たしていたりと、具体的なプログラムのメニューが定義しにくい場合には、インパクト理論は必要ないか、あるいはプログラムを過度に単純化することにつながり逆効果を生むことにもなる。

[6] 本来は各記述をボックスと矢印で図示すると良いが、紙幅の関係上、ここではインパクト理論のエッセンスのみを記述した。

②自分自身を客観視する ⇓ 仲間との関係性の中に自らを置く ⇓ 新たな自分を発見する。

③他者の体験談をもとに自らの日常を振り返る ⇓ 実際の農業体験により非日常にいる自分を経験する ⇓ 自身の人生再生（リバイバル）に少しずつ近づく。

（3）ロジックモデルの開発

プログラムの構造化における第三ステップに**ロジックモデル**（プログラムの開始から終了までの論理的構造）の構築がある。ロジックモデルを活用する最大の利点はプログラムをトータルな視点から捉えることができ、それをさまざまなステークホルダーと共有できるところにあるといえる[7]。ロジックモデルを作成し、プログラムの中身や流れ、そして利用者への効果を確認・共有することは、プログラム評価実施の有無にかかわらず、プログラムの質向上に少なくない影響を及ぼすといえる。ロジックモデルの各要因や作成法については他にくわしいため[8]、ここでは人生リバイバルプログラムのロジックモデルを例として図示する（図1）。

4　プロセス評価

プログラム実施の中間地点において実施状況の中間評価をおこなうのが**プロセス評価**（process evaluation）である[9]と定義されるが、その評価手法に関しては、いまだ

[7] 大規模なプログラムであればあるほど、各支援者・運営者が自身の〝守備範囲〟（例：専門サービスの提供）のみに終始しがちになり、プログラムの流れとそれに伴った利用者の変化（効果）を俯瞰しにくくなる。このような点はいわゆるセクショナリズムを生みかねない。

[8] 安田（2011）前掲書
安田節之・渡辺直登（2008）『プログラム評価研究の方法』新曜社

[9] たとえば、「対象となる集団に、意図されたとおりにサービスが届いているかどうかの判断をおこなう評価」と定義されている。
Scriven, M.（1991）*Evaluation Thesaurus*（*4th ed.*）. Newbury Park, CA: Sage publication.

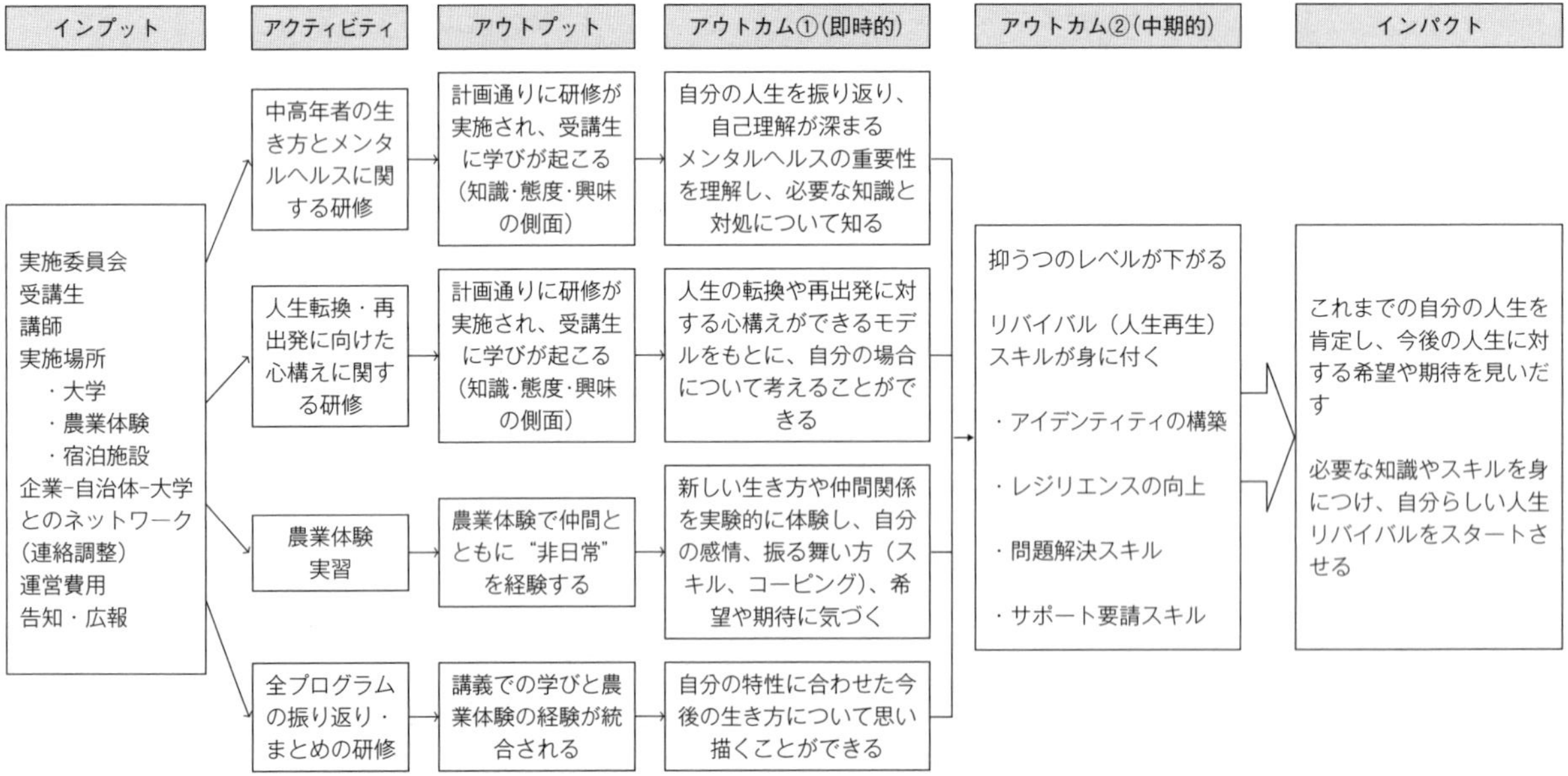

図1　人生リバイバルプログラムのロジックモデル

発展の余地が大きい。プロセス評価では、定義からも分かるように、プログラム（原因）と利用者への効果（結果）との間に存在する因果関係を特定することを目的とはしていない。そのため、評価指標および評価手法を開発・選定するにあたっては、プログラムがどのように提供され、参加者に受け取られているかに焦点を当てる。

人生リバイバルプログラムのプロセス評価では、ロジックモデル（図1）で見たアクティビティからアウトプットの流れを確認すべく、①参加者の講義または演習（農業体験）に関する知識・態度・興味に関しての質問項目（講義：計14項目、演習：計12項目）からなるプロセス指標[10]、②講師側から見た参加者の学びの状況（知識・態度・興味）に関する計17項目のモニタリング指標[11]、③計画段階で予定されていた内容が当日の講義で実施できたか否かを講師側に問う計8項目のインプリメンテーション指標[12]の計3つの指標を開発し、評価をおこなった。こ

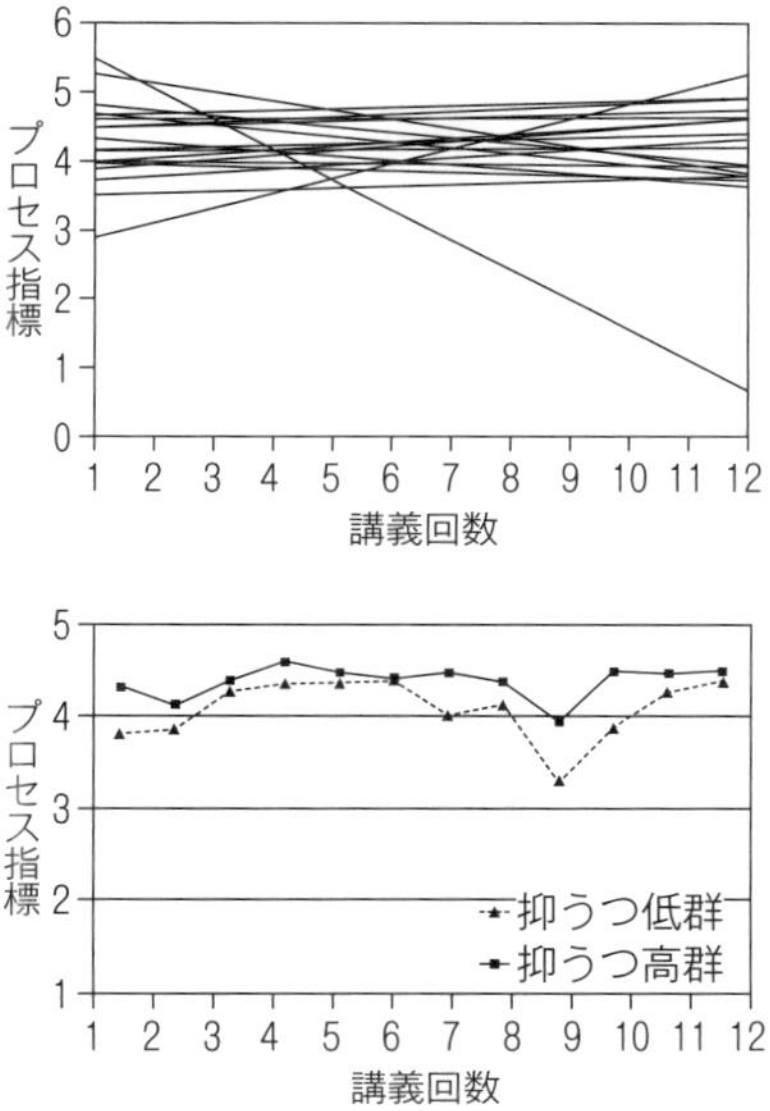

図2　参加者個々人の学びの変化（上図）および抑うつレベル別にみた学びのプロセス（下図）

[10] 項目例：「講義内容を実生活に結びつけて考えることができた」「働くことの意義や意味が再確認できた」（5件法で参加者が回答）

[11] 項目例：「講義内容に即した反応がみられた」「自分の課題に向き合う姿勢がみられた」（4件法で講師が評定）

[12] 項目例：「理論的背景の説明」「事例の紹介」「講師と参加者とのコミュニケーションの促進」（2～3件法で講師が評定）

こでは学びの過程の評価結果を抜粋してみていく。[13]

まず参加者個々人の学びのプロセスは、図2（上図）で示されたように、一部の極端な例を除いて、安定的に高かったことが伺える。また抑うつの高低にもとづく学びのプロセスを見ると（下図）、抑うつレベルが一定以上高い参加者（抑うつ高群）のほうが、常に高い状態で変化していたことも分かる。

同様に、農業体験に関するプロセス指標、講師側から見た参加者の学び（モニタリング指標）と参加者側から見た自身の学び（プロセス指標）との連動性、講義の計画と実施に関する整合性（インプリメンテーション指標）に関しても満足な結果が得られたことより、総じて、プログラムにおけるプロセスの質は確保できていたといえる。

[13] くわしくは、安田節之（2012）「人生リバイバルプログラムプロセス評価報告書」[牧野篤・安田節之・人生リバイバルプログラム実施委員会（2012）「つながりが人を救う――人生リバイバルプログラム実施報告書」（東京大学大学院教育学研究科学習基盤社会研究・調査モノグラフ）pp. 117-189]

5　アウトカム評価

プログラムによって得られる効果・成果（アウトカム）を評価するのが**アウトカム評価**（outcome evaluation）である。人生リバイバルプログラムによって得られる効果・成果は、参加者の抑うつを軽減するとともに、人生再生に向けた準備性（readiness）を育むところにあると考えられるが、これらの心理的効果や〝リバイバルスキル〟を近似する概念として、①抑うつ、[14] ②アイデンティティ、[15] ③レジリエンス、④問題解決スキル、⑤サポート要請スキルの計5つをアウトカム指標とした。

[14] 島悟・鹿野達男・北村俊則・浅井昌弘（1985）「新しい抑うつ性自己評価尺度について」『精神医学』27, 717-723.

[15] 下山晴彦（1992）「大学生のモラトリアムの下位分類の研究――アイデンティティの発達との関連で」『教育心理学研究』40, 121-129.

一般に、アウトカム評価や**効果測定**（outcome measurement）における科学的根拠を確保するうえで最も有用とされるデザインに**ランダム化統制群事前事後テストデザイン**（randomized pretest-posttest control group design）がある。

しかしこのデザインを適用するには、プログラムを受けていない統制群を設けたうえでのランダム化（randomization）を要するなど、困難な点が多い。人生リバイバルプログラムのアウトカム評価では、統制群（あるいは比較群）はそもそも想定しておらず、また実際のところ、プログラム実施の当初は事前・事後データを用いた分析は想定されていなかった。そのため、代案として、統制群を用いずかつ事後データ収集時に回顧的に事前の状況の回答を求める**回顧的事前テストデザイン**（retrospective pretest design）によるアウトカム評価をおこなった（表2参照）。その結果、人生リバイバルプログラムには次のような効果があることがエビデンスとして確認された。

①抑うつ軽減［統計的に有意傾向（p=.05）のある中程度の効果］

②アイデンティティ再確認［統計的に有意（p<.05）な中程度の効果］

③レジリエンス向上［統計的に有意傾向（p=.05）のある中程度の効果］

おわりに

以上、プログラムをいかに可視化し、それにもとづき評価をおこなうかについて、人生リバイバルプログラムの評価事例をもとに検討してきた。プログラム評価という

表2　回顧的事前テストデザインによる評価結果

アウトカム指標	項目数	実施前（回顧的）	実施後	t-value	Cohen's d
1. 抑うつ	20	1.86	1.68	−2.11*	−.56
2. アイデンティティ	5	3.38	3.73	2.24**	.53
3. レジリエンス	5	3.11	3.46	2.08*	.49
4. 問題解決スキル	5	3.51	3.84	1.87	.45
5. サポート要請スキル	5	3.24	3.47	1.71	.43

p=.05*, p<.05**

アプローチはコミュニティ心理学の実践研究において特にその有用性・有効性があると考えられる。一方、関連知識やスキルの習得に向けたトレーニング（教育・訓練）や評価の実践場面における技術支援など、専門性向上のあり方が問われていることも事実である。

〔**安田節之**〕

第Ⅲ部

研究に取り組む

「コミュニティ心理学：実践研究からのアプローチ」の最後となる第Ⅲ部では、実際にどのように研究を行うかについて、主に方法論の観点から掘り下げていきいます。心理学研究の方法を基本としつつも、コミュニティ心理学ならではの研究対象（例：多様なコミュニティで生きる個人）や実践目的（例：コミュニティ介入によるウェルビーイング向上）にどのように向き合っていくのか。ここでは、研究を始めるにあたってどのようにテーマ設定を行い、フィールドとなるコミュニティに関与していくかをまず考えます。そのうえで量的研究および質的研究からのアプローチをそれぞれ検討し、最後に、どのように収集されたデータをもとに研究論文や実践報告書をまとめるかについて詳しくみていきます。

第7章

◉ 研究方法

7-1 研究を始めるにあたって

1 研究テーマの設定の仕方

学部生や大学院生の研究指導をしていると、コミュニティ心理学という研究領域には強く魅力を感じているにもかかわらず、なかなか自分が取り組むべき具体的な研究テーマが見いだせずに苦労しているケースに少なからず遭遇する。また自分自身の研究生活を振り返ってみても、研究テーマの設定に苦労をすることもままあった。ここで議論の対象とする「研究を始めるにあたって」についての問題とは、そうした自分の形にならない曖昧模糊とした、あるいは自分でも無自覚である問題意識を、いかにしてコミュニティ心理学における研究テーマとして具体化し、研究上の問いである**リサーチクエスチョン**として設定していくかというプロセスに他ならない。その議論を始めるにあたって、少し遠回りに思えるかもしれないが、まず、コミュニティ心理学における研究という営為がそもそもどの

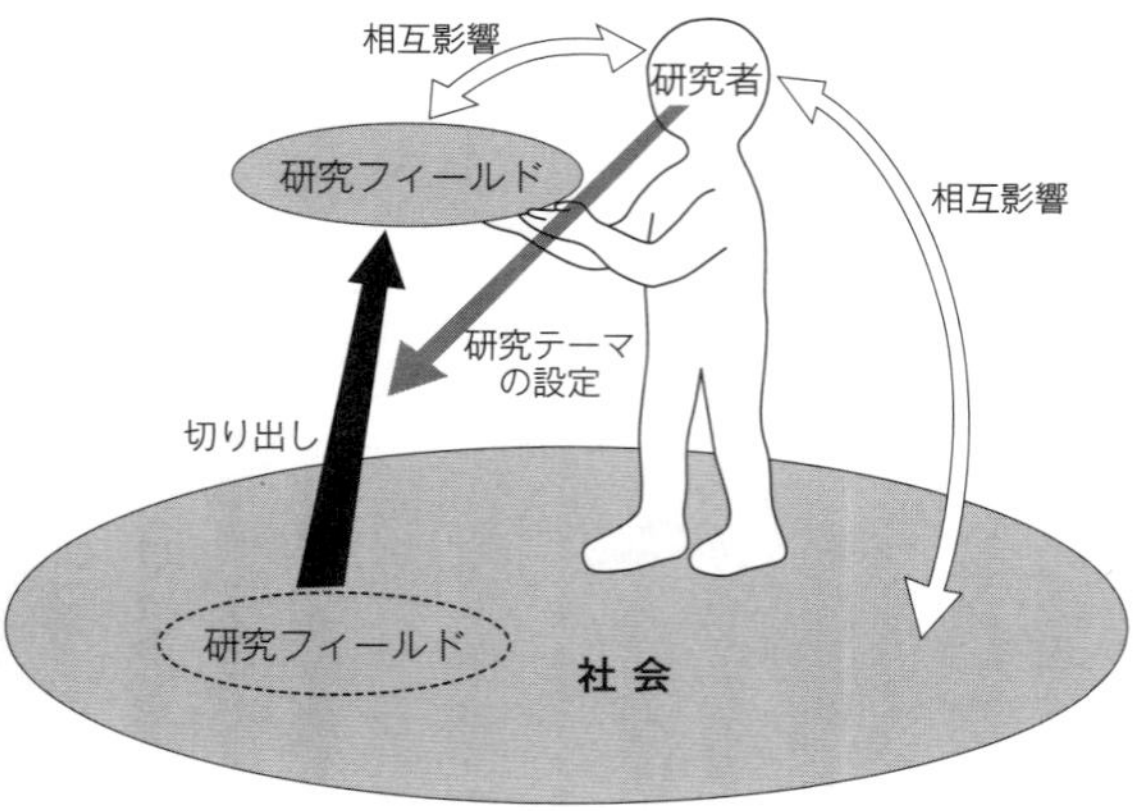

図1 コミュニティ心理学における研究者と研究フィールドおよび社会との相互関係

ようなものであるのかについて、簡単に検討しておきたい。コミュニティ心理学の領域に限らず、すくなくとも社会科学分野における研究活動においては、図1に示したように、研究者は社会から、その部分集合である研究フィールドを明示的に切り取り、対象化することで研究活動を開始する。

つまり、研究テーマをいかに設定するのかは、どのように社会から研究上の問題意識に沿って、研究フィールドを切り出すのかという問題である。そして、その研究テーマに適した方法論を選択し、アプローチすることになる。

さてここでポイントになるのは、研究対象を客観的に捉える研究者自身も社会の中で生活しており、社会からの影響を受けているという点である。したがって、研究テーマを設定するオーソドックスな方法の1つとして、日常生活を送る中での気づきや疑問を出発点として、問題意識を形成し、研究テーマを設定するという道筋が存在する。[1] たとえば、パン屋さんで「カレーパンが当店人気№1!!」といったようなＰＯＰ広告を見るとついその商品を買いたくなってしまうというのはなぜか、というような素朴な疑問から出発して、ＰＯＰ広告が購買行動に及ぼす影響に関する研究に取り組み始めるというようなケースがそれに該当する。特に第7章の7―3で紹介されている質的研究は、こういった素朴な疑問を研究の形へと起こしていく、いわば初動捜査に向いている研究形態であるとされる。[2]

また一方で、研究という活動は、過去も含めて研究者集団によって担われるもので

[1] 市川伸一（2001）「研究の展開　研究計画から発表・論文執筆まで」南風原朝和・市川伸一・下山晴彦編『心理学研究法入門――調査・実験から実践まで』東京大学出版会 pp. 219-240.

[2] 田中共子（2005）「質的研究はじめの一歩」伊藤哲司・能智正博・田中共子編『動きながら識る、関わりながら考える――心理学における質的研究の実践』ナカニシヤ出版 pp. 9-19.

あるので、授業やゼミでの議論の中で、少しでも興味を持ったテーマに関する先行研究を集めて検討し、その中から自分の研究テーマを設定するという道筋も通常の研究をスタートさせる方法として存在する。[3] このように日常経験から出発するケースとこれまでに蓄積されてきた先行研究の検討からスタートする場合と区分はできるが、純粋にどちらかだけ一方の要素だけで研究がスタートするということはむしろ少ないであろう。日常生活で気になったことについて専門図書を読んで調べてみるとある鍵概念で広範な研究が進められていることを発見した、あるいは先行研究を読んでいる中で、自分の問題意識に近いものが見つかったなど、両者を多少含むことが通常といえる。

[3] 市川（2001）前掲書

2　研究テーマ設定としてのフィールド参入

さらにコミュニティ心理学における研究をスタートする第三の方法として、まずは研究のフィールドに飛び込んでしまうということが、実は有効だと考えられる。そもそも研究テーマの設定に迷っているのに、まず研究のフィールドに出てみましょうというのは、矛盾した方針に感じられるかもしれない。しかし例えば、研究上の興味がまったくないわけではないが、それよりもむしろ実践的な関心を持って、発達障害を持つ子どもの子育て支援をおこなうＮＰＯの活動に通常のメンバーとして携わるようになり、その活動をおこなう中で、子育てに対する地域社会のサポート機能をいかにして実現していくのか、というコミュニティ心理学的な研究テーマが明確化した、などのケースは実際には多いだろう。臨床心理学的な研究テーマの場合には、たとえば、就職先として選んだ児童相談所でその地域での喫緊の課題を改めて認識し、それに研究として取り組むようになるなどのケースもあるであろう。実際のコミュニティ心理学における例としては、空き家となっていた茅葺き屋根の父親の実家に古民家としての価値を見い出して、再生していく活動に関する源氏田の研究がある。[4] 彼は再生活動に取り組む中で、他の古民家や伝統的建造物といった地域資源に注目するようになり、それらの保存活動に取り組む地域のＮＰＯ関係者とも知り合って地域での人間関係を形成し、また、その改修した家を活用したコミュニティ活動を展開しているとともに、そういった自らの活動自体を研究対象としている。

フィールドでの研究をおこなうためにはフィールドに参入し、そこでの人間関係を築く必要があるが、[5] 元々メンバーとしての役割を持つ場合には、無関係なフィールドに研究者としてこのような研究を行いますと宣言して参入する場合ほど、参入のハードルは高くない。いわばフィールドでの活動に自ら関わっていくという積極性は有しながらも、研究という面では受動的な、いわば巻き込まれ型のフィールド参入とも呼ぶべき研究活動である。再び、図１に戻って考えるなら、研究フィールドの切り出しという研究テーマの設定を、日常経験や先行研究によるのではなく（もちろん先行研究の参照が重要であることはいうでもないが）、すでに関わりを始めたフィールドで

［4］源氏田憲一（2016）「広島市亀山町における古民家再生の実践活動（1）――「風景」からのコミュニティ・アイデンティティへのアプローチ」『日本コミュニティ心理学会第19回大会発表論文集』pp. 74–75.

［5］岡本依子（2005）「フィールドに関わる」伊藤哲司・能智正博・田中共子編『動きながら識る、関わりながら考える――心理学における質的研究の実践』ナカニシヤ出版 pp. 49–62.

の現場の人たちとの相互作用や対話を通じて、検討していこうとするアプローチである。あらかじめ純粋な研究としての準備をして、フィールドに参入する場合でも、当初の研究者の問題意識やリサーチクエスチョンが実際のフィールドではそれほど重要でないということがわかって修正していくというプロセスはフィールド研究の醍醐味でもある。巻き込まれ型と表現すると、研究者としての主体性に乏しい、必ずしも望ましくない方法のように受け止められるかもしれないが、実はプロセスとしてはフィールド研究の本道ともいえる。もちろん、巻き込まれ型の研究スタイルをとったとしても、最終的にはフィールドでの研究をおこなうのであるから、現場にいかに研究成果をフィードバックするかという研究者としての意識は重要であるし、また、学問として知の地平を切り開き、研究成果を社会一般に還元していくことが目指されなければならない。また、そのようなアプローチは研究上の効率性が必ずしも高くなく、成果をまとめるまでに時間がかかるかもしれない。が、必要に応じて、質問紙調査やインタビュー調査を活用し、それらの結果ごとに学会での研究報告や論文執筆をおこない、成果をアウトプットしていくことは可能である。コミュニティ心理学という実践的な研究領域においては、このようなフィールドへの関わり方を1つの有力な研究アプローチの選択肢として、皆さんにぜひとも意識しておいて欲しい。〔**石盛真徳**〕

7-2

量的研究からのアプローチ

コミュニティ心理学における実践研究は、量的（定量的）と質的（定性的）な研究とに大別される。ここでは、前者の量的研究からのアプローチについてみていく。具体的には、研究目的とリサーチクエスチョン、構成概念、尺度化・信頼性・妥当性、相関分析と因果関係の分析、実験・準実験デザインの側面から**量的研究**について検討する。

1　何のためか、何を問うか：研究目的とリサーチクエスチョン

研究をおこなう上で、自らの問題意識が大切であることは言うまでもない。しかしいくら問題意識が大切だからといって、〝そんなことが分かってどうするのか（so what?）〟あるいは〝そんなことを研究して何になるのか（for what?）〟と言われてしまうような研究では元も子もない。[1] そうならないために、まず研究の意義や目的つまり「何のために研究をおこなうのか」ということをしっかりと考えることが肝要である。

[1] 南風原朝和・市川伸一・下山晴彦（2001）『心理学研究法入門』東京大学出版会

コミュニティ心理学における実践研究では、自らの研究関心だけに留まらない、別の何かが求められる。その何かとはすなわち、「個人のエンパワメントにつなげるため」「コミュニティのウェルビーイングを向上させるため」といったコミュニティ心理学の価値基盤に沿ったビジョンであり、より良い個人やコミュニティの在り方を追求するための働きかけや変化・変革に向けたアクションである。

研究（リサーチ）と行動（アクション）とが表裏一体であるのがコミュニティ心理学の特徴であるが、もしここでコミュニティ心理学研究の意義とは何か、質の高い研究とは何かを問うとすると、端的にそれを示すものは何か。ここで言う「質の高い研究」とは、流行のテーマを追究している、調査対象のサンプルが大きい、難易度の高いデータ分析法を使用している、といったことで決まるものではない。その研究において何を問うか、すなわち**リサーチクエスチョン**の質が、その研究の質を端的に示す度量衡となる。[2]

コミュニティ心理学研究における質の高いリサーチクエスチョンとは、自らの問題意識を出発点として、それが研究という営みを通してデータによって可視化され、その情報をもとにしたアクションにつなげられるものでる。なかでも、コミュニティ心理学研究では実証的基盤（empirical grounding）が重視されるが、[3] これは、問題意識を研究の俎上に乗せ、対象となる問題の中身や解決法についての**科学的根拠（evidence）**を示すことに他ならない。その意味で、コミュニティ心理学における量

[2] リサーチクエスチョン（research question）は文字通り、研究をおこなううえでの疑問点であるため、解明課題とされることもある。また、理論的背景や実証的な先行研究などを参考に明らかにしようとする事柄に対して仮説（hypothesis）が設定されることもある。

[3] Dalton, J., Elias, M., & Wandersman (2001) *Community Psychology: Linking individuals and communities* (*2nd. ed.*). Thomson Wadsworth.［笹尾敏明訳（2007）「コミュニティ心理学——個人とコミュニティを結ぶ実践人間科学」トムソンラーニング］

表2　主観的ウェルビーイングと心理的エンパワメント（顕在化・活用・社会化）の相関係数

	主観的ウェルビーイング	顕在化	活用	社会化
主観的ウェルビーイング	1.0			
顕在化	.37*	1.0		
活用	.31*	.37*	1.0	
社会化	.32*	.36*	.50*	1.0

注：* $p<.01$

たことが分かる。つまり、心理的エンパワメント（の各尺度）が高くなればなるほど、ウェルビーイングも高くなることが相関分析によって示唆されたのである。

相関分析では要因間の関連性を示すことが目的であったのに対して、次の因果分析では要因間に潜む原因と結果の分析をおこなうことが目的とされる。そもそも因果関係が成立する条件には、①先行性（原因が結果より先行している）、②関連性（原因と結果とが関連している）、③唯一性（結果は原因のみによって説明され他の要因では説明されない）の3つがあるとされている。[9] そして、これらの条件を部分的またはすべてクリアするために、実験的な研究デザインが活用されるのである。この研究デザインについては、後にみていく。

一方、データ自体には因果関係が想定されない（例：横断データ）、いわゆる、相関データを用いた因果モデル（causal model）を設定し、分析がおこなわ

［9］詳しくは、安田節之（2011, pp. 195-198）『ワードマッププログラム評価――対人・コミュニティ援助の質を高めるために』新曜社

表 3　主観的ウェルビーイングの規定因：重回帰分析の結果

	モデル 1			モデル 2		
	β	p 値	偏相関	β	p 値	偏相関
性別	−.06	ns.	−.06	−.02	ns.	−.02
年齢	.01	ns.	.01	−.07	ns.	−.08
顕在化	--	--	--	.28	p<.05	.27
活用	--	--	--	.14	ns.	.13
社会化	--	--	--	.16	ns.	.15
R^2	.00			.20		

（安田節之（2016）前掲書）

れることも多い（例：回帰分析）。因果モデルという言葉で表されるように、原因と結果が想定されるのは〝モデル〟であって〝データ〟ではないことに留意すべきである。ここでは、適切な因果モデルが設定され、そのモデルにデータがどの程度、適合（フィット）するかが分析されるのである。

その因果モデルを設定する際に参考にするのが、要因間の関係性を説明する理論的枠組みである。例えば、「自分らしく良く生きる」という状態は、コミュニティ心理学の視点からは、個人が自らの持つ能力やスキルを多様な社会的文脈のなかで発達・向上させると捉えることができる。これは、個人が「良く在る（〝being well〟）」ため、先にみた、その人自身が心理的に〝エンパワー〟された状態を指している。

つまりここに、心理的エンパワメント（原因）は主観的ウェルビーイング（結果）に影響を及ぼすという因果モデルが想定できるのである。この因果モデルに基づいて重回帰分析をおこなった結果、性別と年齢を投入したモデル（モデル1）では、主観的ウェルビーイングを統計的に有意に予測した変数は確認されなかった（表3）。一方、心理的エンパワメントの変数を投入したモデル（モデル2）では、顕在化が正の有意な説明要因（β＝.25；p＜.05）となっていた。モデル全体での説明率は20％（R^2＝.20）となっていた。以上より、自らの強みや長所を知ることが（顕在化させることが）、少なくとも本データにおける大学生がより良く在る（主観的ウェルビーイング）ことにつながると結論づけられるのである。

5　実験・準実験デザイン

本項の冒頭において、コミュニティ心理学における量的研究の主目的は、エビデンスに基づく実践の促進であることを確認した。ここでみていく実験・準実験デザイン（experimental and quasi-experimental design）による量的研究は、そのエビデンスをいかに方法論的に厳格なアプローチを用いて構築するかが鍵となる。コミュニティにおける実践活動は、より専門的に**介入**（**intervention**）[10]と呼ばれることがある。ここでみていくアプローチとはすなわち、コミュニティや組織に対して介入をおこなった際に、どのような効果が認められたかを、さまざまな外生要因（extraneous factors）の影響を統制（コントロール）したうえで、検証するため方法論である。これが実験・準実験デザインを用いた研究アプローチである。

[10] 介入は、特定の目的を持って人が中心となっておこなわれる活動を意味するプログラム（program）を活用しておこなわれることが多い。詳しくは、安田節之・渡辺直登（2008, p.5）『プログラム評価研究の方法』新曜社。相関分析をおこなう研究を調査研究（research study）と呼ぶのに対して、介入の効果検証や評価をおこなう研究を評価研究（evaluation study）と呼ぶことが出来る。

因果関係の成立には3つの条件が必要であった（先行性・関連性・唯一性）。それらの条件をクリアするために最も有効なのが、ランダム化統制群事前事後テストデザイン（randomized pretest-posttest control group design）と呼ばれる実験デザインである。このデザインでは、①介入群と統制群が存在する、②実験参加者をどちらかの群に無作為（ランダム）に配置する[11]、③介入の事前と事後にデータを収集するところが重要な点となる。これらの手続きをとることにより、因果関係を成立させるための阻害となる外生要因のほぼすべてがコントロール可能であるとされている[12]。一方で、介入がおこなわれているフィールドでは、無作為化（無作為配置）はもとより、比較群を設置することも困難となることも多い[13]。実験・準実験デザインは多岐に渡るため、ここですべては検討できないが、このランダム化統制群事前事後テストデザインを理想形としつつ、フィールドの状況や技術的な側面を考慮したデザインを組むことが目指すべき方向性となる。

〔**安田節之**〕

[11] 無作為化（randomization）

[12] くわしくは、安田（2011）前掲書 pp. 205-228

[13] たとえば、【6―6 プログラムを評価する】でみた介入プログラムの評価には、回顧的事前テストデザイン（retrospective pretest design）が用いられた。

7-3 質的研究からのアプローチ

コミュニティ心理学における**質的研究**にはその醍醐味と難しさがある。まず難しさをあみげると、「コミュニティ（人びとの集まり）」・「心理学（個人の内面を扱う学問）」なわけであるから、一見相反するものを両方検討しなければならないという点である。特に質的研究では、インタビューや参与観察といった「個人」へのアプローチと、その個人が生きる「社会や集団」（コミュニティ）へのアプローチがパラレルになることが多い。この作業には相当なパワーと時間がかかる。

次に醍醐味である。何と言っても「人びととの直接な交流」であろう。実在するコミュニティを研究するということは、（うまくいけば）研究成果がダイレクトに「研究する私」を通じて「コミュニティ」に還元される様子を見ることができる。当然、量的研究でも研究成果がコミュニティに還元されることを目指すのであるが、質的研究の場合、調査における「インフォーマント（対象者、研究協力者）」との距離が近くなるためにより研究者の責任も高まると同時にやりがいも出てくるだろう。[1] さらに、コミュニティ心理学では、「コミュニティエンパワメント」・「コミュニティ感

[1] 現場や対象者に対してどのくらい距離をとるか、どのような位置に立つかについては、質的心理学のなかで多様な議論がある。フィールドに参与しておこなうフィールドワークについては、宮内洋（2005）『体験と経験のフィールドワーク』北大路書房、にリアリティに満ちた言及がされている。

覚」・「社会システムの変革」・「ウェルビーイングの向上」・「協働」・「危機介入」・「資源開発」など、主要な理念や目標が揃えられている。このことで、どのような目的を持って研究しているのかという意識を明確にすることができる。〝研究のための研究〟のような批判を浴びることなく、膨大な質的データに埋もれることなく、何のために研究するのかという視座を保ち続ける準備ができるのである。

コミュニティ心理学的質的研究のプロセス例

質的心理学における参考図書は近年数多くの良書が出版されている。切り口やアプローチもそれぞれであり、ひとくくりに「質的研究」と言っても非常に多様な展開があり、ここで「質的研究」をまとめて紹介することはできない。さらに質的研究と言うと、どうしても「データ分析」の「方法」に注目が集まることが多いのではないだろうか。近年の質的研究の隆盛の背景には「方法（論）」の探求が少なからずあると思われる。しかし、コミュニティでの研究プロセスには、先にあげた「理念や目標」が基盤にある。そこで本稿では、筆者の内省と反省の意味も込めて、筆者の研究実践をもとにコミュニティのなかで質的研究することを検討できればと思う。

1　研究フィールドへ入る

筆者は、神経症症状を抱える参加者の**セルフヘルプ・グループ（以下、ＳＨＧ）**である「NPO法人・生活の発見会」を対象に研究をおこなっている。このグループを研究しようとしたきっかけは、筆者が臨床心理学を勉強するなかで興味を持った「森田療法」を基盤にしたグループであったからだ[2]。このSHGは、森田療法に関心のあるものなら誰でも参加することができる。筆者はとある地域の代表者に連絡をとり森田療法へ関心を持ち研究をする臨床心理学専攻の大学院生として、現場への参加の許可をお願いした。生活の発見会は非営利組織であり全国のミーティングを束ねる「本部」が存在するが、まずはこうして地域のミーティングに参加することから始まった。つまり筆者はインフォーマルな場で許可を願うスタイルであるボトムアップ的[3]にフィールドに参加したことになる。筆者はこの時点で明確なリサーチクエスチョン(RQ)を持っていたわけではない。月に2回程の参加を半年間程くりかえすなかで、この会を対象とした研究計画を立てた。詳細を、3「データを得る」にて後述。

そして、その後「本部」へ研究協力の打診をおこなっている。具体的には理事長・理事会へ研究計画書・協力書を提出し、管理者の立場から許可を得るトップダウン的にも研究の承諾を得ることができた。また、筆者が参加していたミーティングの代表者や幹事会と呼ばれるミーティングの前におこなわれる世話人の集いでも研究計画の説明をした。その際に、筆者が強調したのはSHGという参加者の出入りが固定されていない自由な構造のコミュニティを対象とするため、明示的に研究への協力を打診し許可を得られた参加者のデータのみを研究に用いるということであった。つまり、

[2]「生活の発見会」とは社交不安障害・強迫性障害・パニック障害などの問題を抱える参加者が森田療法の理論をもとに回復を支え合うSHGである。比嘉(2009)によれば、この会は、通常月に1度開催される「ミーティング」を全国130ヵ所に設けている全国組織から成る。活動の開始は1970年であり、最も規模が拡大した1990年代には会員数が6000人を数え、1998年には長年のメンタルヘルス活動への貢献により厚生労働省などから贈られる「保健文化賞」を受賞した。活動35周年を迎えた2005年には特定非営利活動法人(NPO)化したという日本のなかでも有数の規模と歴史を持つ老舗のグループである。一方で、近年参加者の減少、高齢化、固定化、財政難といった問題を抱えていることが明らかとなってもいる(比嘉 2009)。

比嘉千賀(2009)「神経質症者の自助グループ「生活の発見会」とメンタルヘルス活動への展開」『臨床精神医学』38(3), 303-311.

すべての参加者への説明は不可能と判断し筆者がインフォーマルな場面で見聞きしたことはデータとしては用いず、「個別インタビュー」の契約を結んだ参加者のみを研究のインフォーマントとすることを条件とした。このような方針の理由には、筆者が森田理論を学習する院生としてミーティングには一参加者の立ち位置で参加していたこと（筆者は都内のいくつかのミーティングに参加していた）があり、すべての参加者へ説明することができなかったことの反省もある。コミュニティ心理学では、自らも参加者としてコミュニティに関わりながら研究を進めることもあるが、フィールドでの自身の立ち位置の問題はとても繊細なものである。

[3] 岡本依子（2005）「フィールドに関わる」伊藤哲司・能智正博・田中共子編『動きながら識る、関わりながら考える』ナカニシヤ出版 pp. 49–62.

2　研究方法を学ぶ

フィールドとの研究交渉および参加の前に、筆者は「質的研究」の学習へ入った。木下[4]は研究法を学ぶことに関して、「例えば、修士論文を書く年度に入ってから学習を始めるとか、調査を開始してから学習を始めたりすることは、泳法の解説書を手に水泳大会に出るようなものであり、少なくとも、実際に調査に用いる前に知識としてでも学習しておくよう心がけてもらいたい」と警鐘を鳴らしている。また、木下[5]は質的研究という方法論の「在り方」全般を学ぶことと、具体的なテクニック（技法）である特定の研究方法を学ぶことを両立させて研究を進めていく必要があるとも述べている。このことは当然の事実であり、実践されるべきことである。

[4] 木下康仁（2003）『グラウンデッド・セオリー・アプローチの実践――質的研究への誘い』弘文堂.

[5] 木下（2003）同上書

しかし、卒業論文・修士論文を作成する時間は限られており、コミュニティの研究（先行研究・文献調査も含め）と個別のインタビュー調査などをこなしながら、質的研究を学習する時間を設けることは現実的には厳しい。

筆者はグラウンデッド・セオリー・アプローチ（GTA）を方法論として選択するのであるが、その理由は対象としたSHGを説明するローカルな理論生成を志向したこと、データを分析しながら段階的なサンプリング手法を用いていく時間が幸いにもあったこと、「人という行為者が社会的状況をどのように交渉し、管理するのか、そして彼らの行為が社会的プロセスの展開にどのように貢献するかに興味を持っている」[6]こと、などを対象としたコミュニティの実在的なテーマを扱いたいと考えたからであった。一方、これらの理由はでっちあげたものではないが〝優等生的な建前〟としての側面もある。もう一方では、研究室の先輩がよく用いていた、相談することができる研究者がGTAで論文を公表した経験があった、などが理由としてある。質的研究は、量的研究のように現実を客観的に見ることができ、そのための「唯一の科学的方法」が存在するというスタンスをとるわけではない。また質的研究法は依って立つスタンスが違うことが前提のため各研究法間を比較選択することも少ない[7]。これらの理由から、自分の研究の相談相手になってくれたり、研究法を理解している先を行く者が身近にいるということは大きいのである。ここでアドバイスをすれば、分析段階の相談相手は学会誌に質的研究法を用いた論文を掲載しているような者が望まし

[6] Willig, C. (2001) *Introducing Qualitative Research in Psychology: Adventures in Theory and Method.* Buckingham: Open University Press.［＝2003『心理学のための質的研究法入門――創造的な探求に向けて』上淵寿・大家ますみ・小松孝至共訳、培風館］

[7] たとえば、Eatough, V. (2012) Introduction to Qualitative Methods. In G. M. Breakwell, J. A. Smith, D. B. Wright (Ed.) *Research Methods in Psychology* (pp. 321-341). London: Sage. などがある。エートゥはリサーチクエスチョンのタイプによってどんな分析方法が向いているか議論している。

い。どれほど研究テーマに精通した研究者でも「質的研究」をやったことがなければ的確なアドバイスができないケースがある。それほど質的データを扱うということは「やってみなければ分からない」ものだと筆者は考えている。積極的に研究会や学会に参加して、相談にのってもらえる良き理解者を得ることも研究を遂行する手立てになるだろう。

3　データを得る

本研究ではインタビュー法を用いることについて研究許可を得たのであるが、許可を得る前に「何をきくのか？」という問いを立てている。何をするのかが伝えられなければ、許可を得ることはできないだろう。筆者の立てたテーマは「心の問題に関わるSHG（非営利組織）における回復要因と組織運営困難の抽出」である。フィールドに参加するなかで、色々な参加者から活動の問題点や組織の維持の難しさがあることを教えてもらっていたことにより、「SHGを運営する難しさはどのようなものか」という**リサーチクエスチョン（RQ）**が立ち上がった。このように、フィールドに関わりながら研究へのRQが出てくることも**コミュニティを基盤とした質的研究**の醍醐味とも言える（もちろん先行研究に当たることも重要である）。そして、筆者自身も「会の運営を手伝って欲しい」と持ちかけられ、実際に会を維持する「維持会員」となり運営を手伝っている。コミュニティ心理学における研究では、フィールドに調査者が参与・介入することは珍しくない。

参加者に協力を打診し、説明の理解・協力の同意が得られた参加者へ2つの研究テーマに分けてインタビュー調査を実施した。テーマ別の2度の調査は「参加による回復要因」（テーマ1）と「会を運営する立場になったことでの問題や困難」（テーマ2）に分けて実施した。なお、テーマ1とテーマ2は同時におこなったものではない。組織における問題や困難を当事者からききとることは場合によっては難しいテーマと捉えられる。しかし、テーマ1の「回復」研究のなかに、「会の運営に関わったことで回復が導かれたが、大変なことも多い」といった語りが多く見られ、インタビューのなかで積極的にその話をする者もいた。また先述したようにフィールドに参加するなかでも問題の話を多く聞き、筆者自身も運営を手伝うようになっていた。そのため、テーマ2に「問題や困難」を設定することで、コミュニティの理解を深めることとしたのである。運営を扱った研究をするにあたっては、筆者の出会った運営に関わる参加者ではサンプルが少ない状態であった。その際にはインタビューを受けてくれた参加者が他のミーティングの運営者を紹介してくれるという「雪だるま式サンプリング」でもインフォーマントを募ることができた[8]。

［8］サンプリングについては、能智正博（2004）「理論的なサンプリング」無藤隆他編『質的心理学 創造的に活用するコツ』新曜社 pp. 78-83.

4　データを分析し、論文を執筆する

質的研究におけるデータが膨大なものになることは想像に難くないだろう。**インフ**

オーマントの発話量とどれだけ詳細な逐語起こし[9]をするかにもよるが、筆者の今回の研究ではテーマ1に9名とテーマ2に11名と計20名のインフォーマントのデータを対象としている。20名分のインタビュー記録は1人平均1時間半ほどであり、起こした文字数は平均して2～3万文字であった。合計30時間分・50万文字の逐語起こしをおこなったことになる。タイピングの速度にもよるが、筆者の場合はだいたい10分を起こすのに1時間弱はかかる。作業にものすごい時間と労力がかかった。しかし、この作業を疎かにしてはいけない。録音記録を聞き直し、文字に起こす間に分析のための色々なアイディアが出てくるからである。また、それだけでなく次のインタビューへの改善点等も検討することができる。もっといい質問の仕方はなかったか、なぜこの話題をもっと掘り下げられなかったのか、話しにくそう（逆に聞きにくそう）な状態でなかったか。言いよどみやくり返しも感じることができる。ただ音声を文字にする作業ではないのである。そのため、この作業はできるだけ記憶が新鮮なインタビュー直後に実行することが望ましい。一遍にデータを取らなければいけない場合もあるが、反省を繰り返しながら取れればデータの質が上がってくる。

準備ができたら、実際に分析する段階に入る。コミュニティに入っているとき、インタビュー中、逐語起こし等々で、すでにどのような分析結果になろうか見当がついているかもしれない。しかし、ここではそのような先入観を取っ払い、もう一度データと向き合う作業をおこなうこととなる。さて、ここで面白い研究を進められるか

［9］発話されたことをすべてそのまま書き起こすこと。

（研究が面白いと思えるか否かとも言える）を決する分かれ道がくる。まず、逐語記録を紙媒体で読むかパソコン画面で読むかである。最近ではＩＴ機器も発達し電子画面にメモをするソフトもあるが、紙媒体でメモを書き込みながらデータを読んだほうがいい。情報処理能力が上がり、作業が楽しくなるようなひらめきが起こる（はずである）。次に、何度もデータを読み直す気力があるかである。インタビューもしているし、逐語起こしもしてきた。しかし、何度もデータを読むことは分析を進める上で欠かせない作業なのだ。分析に行き詰まったらデータに戻ることは原則である。この分かれ道話は筆者の出身研究室の同朋や指導学生を見てきての経験談でしかないので他にもっといいやり方があるのかもしれない。しかし質的研究を苦しみながらも楽しむコツであると思っている。

先にも言及したが、その後筆者はＧＴＡを用いてデータを分析し、論文としてまとめた。[10] ＧＴＡにおけるデータ分析や論文に書くべきこと等はここでは説明しきない。参考になる良書がたくさんでているので割愛する。[11] しかし、ここで紹介したようなデータに対する地道な作業はどの技法にも共通するので頭に入れて置いてほしい。

5　結果のフィードバック

最後に、研究結果のフィードバックである。筆者の場合、研究結果をＳＨＧが発行する機関誌に掲載してもらったり、本部やミーティング等でプレゼンテーションをお

[10] 今回紹介した研究は以下の２つの論文としてまとめた。
三好真人（2014）「セハフヘルプ・グループ運営者の抱える問題の検討」『臨床心理学』14(5), 693-703.
三好真人（2014）「セハフヘルプ・グループへ参加者が定着することに関する要因の検討」『日本森田療法学会雑誌』25(2), 141-150.

こなった。また、冒頭で筆者が対象としたSHGは森田療法を基盤にしていると述べたが、日本森田療法学会は当事者が参加できる珍しい学会である。そこで当事者の前で研究結果を公表することもできた。質的研究の目的は、当事者の知見を抽出するだけではない。当事者でありながら見えていない部分を研究という行為を通して発掘し、当事者に返すということも目指される。筆者の対象とした生活の発見会は日本のSHG活動のモデル的存在と言われてきたが、現在さまざまな問題を抱えていることも事実である。その問題を解決していくために、筆者の研究をもとに「再生」へ向けて動き出してくれている参加者もいる。筆者も再生に向けて研究知見を紹介している。

おわりに

まとめとして、今回紹介した研究プロセスを通じて筆者がおこなったことをコミュニティ心理学的に解釈したいと思う。まず、問題を抱えているコミュニティをエンパワーする「黒子の役割」である。対象としたSHGというコミュニティは当事者の主体性によって成り立つ。筆者が研究介入することで専門家主導の支配を生み、コミュニティの力を削ぐようなことはしたくはない。筆者としては、コミュニティのニーズとともに研究目的を立ててきたと思っている。ここでは紹介しきれなかったが、本部組織に依頼されて研究を実施したこともあった。[12] 成果を押し付けるのではなく、黒子

[11] Kathy Charmaz. (2006) *Constructing Grounded Theory A Practical Guide Through Qualitative Analysis*. London: Sage.［＝2008『グラウンデッド・セオリーの構築 ―社会構築主義からの挑戦』抱井尚子・末田清子監訳、ナカニシヤ出版］
　木下康仁（2007）『ライブ講義M-GTA―実践的質的研究法 修正版グラウンデッド・セオリー・アプローチのすべて』弘文堂
戈木クレイグヒル滋子（2006）『ワードマップ グラウンデッド・セオリー・アプローチ―理論を生み出すまで』新曜社

[12] フィールドの中でのニーズ（依頼）として行なった研究として、若年層参加者の意識調査を行なった。三好真人（2015）「セルフヘルプ・グループ「NPO法人・生活の発見会」における若年層参加者のニーズと体験の分析」『日本森田療法学会雑誌』26(2), 143-152.

の立場から提示したものが結果としてコミュニティの役に立てばと考えている。

さらに、当事者との「協働」の視点をあげたい。ＳＨＧ運営者は問題を抱えた当事者であり、他者を援助する存在ではない。しかし、「コミュニティ資源」という視点からは運営者の存在はＳＨＧを支えるパートナーとも捉えられる。そのような人々とともに、問題解決や参加者のニーズ発掘といった点で運営に関する協働作業をおこなうことができたのではないかと考えている。

最後に、生活の発見会を対象としたことに言及したい。生活の発見会は森田療法とともに日本の精神医療のＳＨＧをリードしてきた存在である。得られた結果は生活の発見会を舞台としたものであるが、決して生活の発見会だけにしか当てはまらないものではないと考える。先駆的存在を扱ったことで、後発のＳＨＧ「資源開発」への参考になる知見としていくことができれば研究の意義が広がる。質的研究では、このようなローカルな知見からフォーマルな広がりを検討することもできるのである。

〔三好真人〕

7-4

論文・報告書をまとめる

調査や研究を実施したら、それで終わりというわけでは無い。それらの結果を論文や報告書にまとめ、世に公開する必要がある。いくら優れた研究をおこなったとしても、その結果を知っているのが自分だけでは、コストを掛け研究をおこなった意味はないだろう。

公開する上で重要な点は、研究の成果を分かりやすく、正確に伝えるということである。研究の内容によっては、難解な概念が出てきたり、抽象度の高い議論が必要になったりするため、分かりやすく伝えることが難しいと感じる人もいるかも知れない。そもそも、分かりやすく伝えるためには何が必要なのだろうか。本項では、(コミュニティ)心理学に関する研究をおこなった際に、何を書けば良いのか、また、分かりやすく正確な論文や報告書を書くには何が必要かを紹介する。

1 論文や報告書に書かなければならないこと

本書【7―2】、【7―3】でも述べられているように、コミュニティ心理学における研究法には、量的な手法から質的な手法まで様々ある。論文や報告書等をまとめる際、研究法が異なれば、それに応じた独特の書き方があると思われるかも知れない。しかし、研究の方法が異なっていたとしても、論文などに書かなければならない内容はそれほど変わるわけではない。それは、（a）何をおこなったのか、（b）なぜそれをおこなったのか、（c）何を見出したのか、（d）見出されたものは何を意味し、（e）どのような結論に至ったのかである[1]。もちろん、それぞれの研究法に特有の表現や、書くべき事項の多少の違いはあるかも知れない。けれども、分かりやすく正確な報告をおこなう上で、上記の5点については書かれていなければならないし、反対にこれらのことが書いてあれば、必要最低限の情報が提供されたことになる。

たとえば、IMRAD[2]という文章構成がある。これは自然科学、人文科学、社会科学といった分野の違いにかかわらず、実証的研究において求められる文章構造である[3]。この形式をとることで、難解な内容であっても、構造的には理解しやすくなる。日本語で書かれた心理学論文でも、「問題（背景・はじめに）」「方法」「結果」「考察」という4章で構成されるが[4]、R・L・ロスノウらの主張と対応させれば、表1のようになるだろう。また、表1には、各章で読者に何を伝えるた

表1　各章ごとに書くべきことのまとめ

		読者に何を伝える必要があるのか	そのために書くべき事柄
Introduction（問題）	(b)何を行ったのか (a)なぜ行ったのか	この研究には価値がある	・研究の目的 ・学術的意義：定義・先行研究・理論的背景・仮説 ・社会的意義
Method（方法）	(b')何を行ったのか	この研究の方法は正しい	・調査対象者 ・調査手法 ・測定項目
Result（結果）	(c)何を発見したのか	主張を裏付ける事実があり データ処理は適切である	・データの基礎情報 ・データの傾向・相違
Discussion（考察）	(d)何を意味するのか (e)至った結論	研究の主張は〇〇である 研究の主張は証拠に基づき、論理的に導出されている	・目的の振り返り ・結果の解釈と一般化 ・研究の限界

めにその章を書くのかといった、これから紹介する内容も簡単にまとめられている。適宜参考にしていただきたい。

（1）「問題」に書くべきこと

〝何を行ったのか〟、〝なぜ研究を行ったのか〟を書く。〝何を行ったのか〟といっても、具体的な調査の内容を書くわけではない。「問題」に書くべきことは、研究の目的であり、仮説である。[5] リサーチクエスチョンといっても良いかもしれない。そして、その研究やリサーチクエスチョンに意義や価値があると読者に伝えるために〝なぜ研究をおこなったのか〟を書くことになる。なぜ研究をおこなったのかといっても「子どもが好きだったから」だとか「介護施設で働いていて、改善すべきと感じたから」といった個人的な心情や、直観的な理由を書くわけではない。重要な点は、学術的意義（位置づけ）と社会的意義の観点から、なぜこの研究をおこなう必要があったのか、なぜ研究をおこなうべきなのかを書くということである。

学術的意義（位置づけ）として書くべきこと：次の2点について言及すべきである。1点目は用語や概念の定義である。研究をおこなった理由を説明する際には、専門用語や理論、あるいは一般的には知られていない構成概念などを用いる必要が出てくる。読み手が知らなかったり、読み手によって意味が誤解されたりしてはならないので、専門用語や抽象的な概念であれば、その定義を記す必要がある。

［1］ Rosnow, R. L., & Rosnow, M. (2003) *Writing papers in psychology : A student guide to research reports, essays, proposals, posters, and brief reports.* Wadsworth Pub Co. ［加藤孝義・和田裕一訳（2008）『心理学論文・書き方マニュアル』新曜社］

［2］ IMRADとは"Introduction, Methods, Results And Discussion の略である。

［3］ Gastel, B., & Day, R. A. (2010). *How to write and publish a scientific paper.* ABC-CLIO. ［美宅成樹訳（2010）『世界に通じる科学英語論文の書き方——執筆・投稿・査読・発表』丸善］

［4］ American Psychological Association (2009) *Publication manual of the American psychological association 6th edition.* Washington : American Psychological Association. ［前田

2点目は、関連する先行研究で明らかになっていることについてである。すでに過去の研究で、自分が主張したいことのすべてが明らかになっているのであれば、研究をおこなう必要性は低いと言わざるを得ない。自分の研究と関連する専門用語や理論について先行研究で言及されているならば、それらの先行研究の内容を簡単にまとめた上で、自分の研究が先行研究とどこが異なり、何が新しいのか、どのような価値があるのかを明確に示す必要がある。

社会的意義として書くべきこと：その他の領域の心理学研究に比べて、コミュニティ心理学研究における論文や報告書では、社会的意義への言及は特に重要だろう。そもそもコミュニティ心理学が目指す方向性として、個人と環境の適合性を高め、現実の問題に取り組み、変革するというねらいがある[6]。C・C・ベネット[7]の言葉を借りれば、コミュニティ心理学者の役割は参加的理論構成者ということである。さらにS・A・マレル[8]は、コミュニティ心理学者は、社会科学の知見を踏まえないで社会変革に関心を持つべきではないといった旨のことを述べている。「問題」部分には、研究をおこなうことでいかに社会の問題を解決し、人と環境の適合を高めることができるのかについて記す必要がある。

学術的意義と社会的意義が融合することで、研究の価値が保証される。

樹海・江藤裕之・田中建彦訳（2011）『APA論文作成マニュアル第2版』医学書院

[5] たとえば【4−2】では、「子どもの危険認知の特徴を明らかにしたうえで、そのエビデンスを基に安全安心マップを作成し、さらに安全安心マップの効果測定を行う」と書かれている。

[6] これらの点については本書【1−4】にも詳しい。

[7] Bennett, C. C. (1965) Community psychology: impressions of the Boston Conference on the Education of Psychologists for Community Mental Health. *American Psychologist*, 20(10), 832.

(2)「方法」に書くべきこと

〝何をおこなったのか〟を書く。重要な点は、研究で得られた質的／量的データが信頼に足るものであり、自分の主張を裏付けるエビデンスが妥当な方法によって得られているということを読者に伝えることである。調査の結果を根拠に自らの主張をする際、そもそもの調査方法が誤っていれば、主張は説得力に欠ける。砂上の楼閣である。読者に、根拠となるデータや調査の方法が信頼されて、はじめて、論文の主張に納得してもらえる。また、他の研究者が調査対象者や時期を変えて同様のテーマを追試したり、比較したりすることがある[9]。そのためには、何がおこなわれたのかについて正確に明記されていなければならない。それらを伝えるのが「方法」である。書かなければならないのは、調査対象者、調査手法、測定項目、などである。

調査対象者：どのような属性の人びとを何人対象に調査をおこなったのかについて書く。性別ごとの人数や平均年齢は必須であろう。場合によっては学歴や職業、居住地域などの社会属性に関する情報も必要かも知れない。何を記載すべきかについては、データを解釈する上で、影響を与える可能性のある社会的属性である。

また、どのように調査対象者を集めたのかについても書く必要がある。なぜなら、集め方によっては、調査の結果が大きく変わる可能性があるからである。たとえば、貧困の問題を扱うのにインターネットを利用したＷｅｂ調査を実施したのでは、ネット契約者が中心になるという時点で、偏ったサンプルだと言わざるを得ないだろう。

[8] Murrell, S. A. (1973) *Community psychology and social systems: A conceptual framework and intervention guide.* Behavioral Publications.［安藤延男監訳（1977）『コミュニティ心理学——社会システムへの介入と変革』新曜社］

[9] 再現可能性という問題とも関連している。近年、再現可能性の問題についての議論が進んでおり、『心理学評論』59巻1号では「心理学の再現可能性：我々はどこから来たのか我々は何者か我々はどこへ行くのか」と題して特集が組まれている。Web上にも公開されているので参考にされたい（http://team1mile.com/sjpr59-1/）。

そういった問題が無いということを伝えるためにも、調査対象者をどのように集めたのかという情報は必要になる。なお、調査対象者についての情報を記載する際、調査対象者のプライバシー保護の観点など倫理的配慮を忘れてはならない[10]。

調査手法・調査手続き：どのような研究法が採用され、どのように実施されたのかを書く。コミュニティ心理学研究で用いられる研究手法には、フォーカスグループインタビュー[11]、GTA[12]、質問紙調査[13]、プログラム評価[14]、あるいは写真投影法[15]など様々あるが、目的を達成する上で、なぜその手法が適当なのかについて簡単に述べるのが良いだろう。その上で、具体的な実施のプロセスや実施日に関する情報、介入研究ならば、どのようなアプローチがとられたのかなどを書く。また、調査を実施する上で、倫理的な側面への配慮がなされているという点についても言及すべきであろう。

測定内容・尺度項目：質的・量的なアプローチいずれにせよ、何らかの心理的傾向を測定しているわけであり、それをどのように尋ねたのかについて書く必要がある。質問紙ならば、質問文だけでなく回答選択肢、用いた尺度に関する情報が必要になる。既存の尺度や質問項目などを用いず、自ら調査項目を作成した場合には、追試を可能にするためにも、どのように尋ねたのか、その文言についても書く必要がある。

[10] 詳しくは本書【1—5】研究倫理の項を参照

[11] 例えば【4—4】

[12] 例えば【2—1】、【5—3】

[13] 例えば【3—3】

[14] 例えば【3—2】

[15] 例えば【4—2】

(3) 「結果」に書くべきこと

〝何を見出したのか〟を書く。重要な点は、分析が適切な手法でおこなわれており、分析の結果が自分の主張を裏付ける上で意味を持っていることを読者に伝えるということである。また、分析の結果、得られた事実のみを記載すべきであり、結果の解釈は「考察」でおこなうのが一般的である。質的手法の研究と量的手法の研究では、「結果」で書かれる内容は異なるかも知れないが、上述の点は共通している。

データの基礎的情報：量的な調査であれば、基礎統計量（条件ごとの平均値や標準偏差など）を記す必要がある。基礎統計量そのものは研究の目的に直接かかわらないかも知れないが、調査の全体像を把握する上でも重要となる。

データの傾向や相違：仮説や目的に合わせて、条件ごとのデータの傾向や相違、変化を書く。たとえば、介入の前後でどのように変化したのか、社会属性の違いによって何がどう異なるのか、あるいは、どのような変数が重要な影響力を持っているのかなどについて書く。あくまで、研究の目的や自分の主張の裏付けとなる分析の結果や、リサーチクエスチョンへの答えに関連する内容について書くのであり、せっかく分析をおこなったからといって、それらに関係しない分析の結果を記載する必要は無い。

図表による情報提示：図表を用いてデータを提示した方が良いことも多い。例えば回帰分析の結果を文章で説明しようとすると、誰も読みたくなくなってしまうだけでなく、誤解すら与えかねない[16]。適宜図表を用いるべきである。質的研究でも、データの構造や意味するところを図示することで分かりやすくなることも多い。

(4)「考察」「結論」に書くべきこと

〝見出されたものは何を意味し〟、〝どのような結論（主張）に至ったのか〟を書く。重要なのは、自分の主張や結論が、エビデンス（証拠）に基づいて論理的に導き出されており、価値があるということを読者に分かってもらうことである。そのためには、目的を振り返り、調査の結果が目的に対してどのような意味を持っているのか、そして、それがどのくらい一般化できるのかについて書く。

目的の振り返り：読者の理解を助ける意味でも、「問題」で書いた研究の目的やリサーチクエスチョン、仮説についてごく簡単にまとめるのが良いだろう。「考察」においては、ここまで書いてきた「問題」「方法」「結果」を踏まえて自分の主張をするので、それらの内容を読者に再確認してもらうのが良いだろう。

結果の解釈と一般化：事実としての分析結果を確認したうえで、その結果を解釈し、データの意味するところを明らかにする。結果と仮説との関係（仮説が支持されたのか否かなど）や、リサーチクエスチョンに対する結論を示し、予測と異なる結果であれば、その原因を推測しなければならない。

また、研究での主張が今回の調査の場合に限定されているというのでは、研究の価

[16]【2—1】の表2の内容を、文章で表現するわけにはいかない

値が高いとは言えない。今回の調査で得られた知見の一般化可能性について、理論を背景に論理的に検討すべきである。あるいは、調査でおこなった介入が、今回のフィールドだけではなく、どのようにすれば、他のフィールドでも効果があるのかなどについても、理論的根拠、論理的展開によって議論すべきであろう。

研究の限界：最後に主張の限界についても、触れている方がスマートだろう。1つの研究で得られた調査の結果とそれを支える理論だけで、普遍的な原理だというのは無謀である。特に実践的な研究においては、1つの研究であらゆることが分かったり、あらゆる問題が解決するわけではない。また、個別のデータから一般化をすることには慎重でなければならない。別な解釈の可能性や今回の研究から主張できることの限界などについて言及すべきである。

2　論文・報告書を書く上での Tips

難しい内容を分かりやすく正確に伝えるためには、大きく3つのポイントがある。それは、テクニカル・ライティングを心がけることと、論文の構成を常に意識することだろう。そして、蛇足かも知れないが、論文を完成させるためのモチベーションを維持することも重要となるだろう。

(1) テクニカル・ライティング[17]

[17] テクニカル・ライティングについては、以下に簡潔にまとめられている。加藤司 (2016)「『パーソナリティ研究』に採択される方法──投稿論文の問題点とその対応策」『パーソナリティ研究』25(1), 1-9.

パラグラフ・ライティング：日本語で書かれた文章には、どこで段落を区切るのかという段落構成や、文章（センテンス）構成が適当なものが多々ある。しかし、科学論文（特に英語で書かれた論文）では、**ワン・パラグラフ、ワン・トピック**で書かれることが求められている。1つのパラグラフ（段落）の中では、1つのことしか主張をしないということである。[18] 異なった主張をするのならば、新しいパラグラフ（段落）によって書くべきである。

また、**ワン・センテンス、ワン・メッセージ**も重要である。ひとつのセンテンス

[18] さらに、最初の1文目に主張が書かれることが多い。

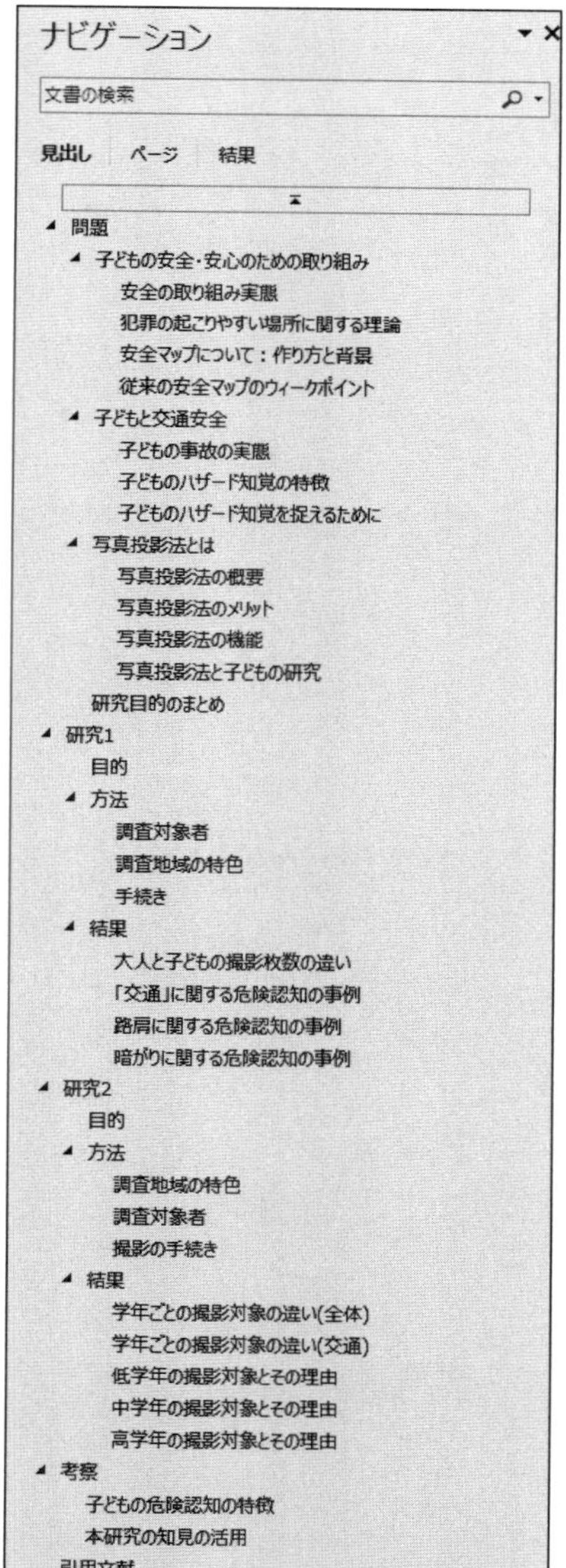

図1　論文の構成と見出し機能・ナビゲーションウィンドウ機能

（文章）で伝えることは1つに絞るということだ。2つ以上伝えたいことがあるのならば、1文で綴るのではなく、句点（。）によって文章を区切った方が、情報を分かりやすく正確に伝えることが出来る。

主張と根拠のセット：パラグラフ・ライティングとも関連するが、なんらかの主張をするならば、どこかにその根拠が書かれていなければならない。根拠としては、先行研究による理論や知見、自分が取得したデータ、論理的展開などがある。主張に対して、その根拠となる情報が続き、それが1つのパラグラフを構成することになる。

（2）全体の構成を考える

小見出しと文章の階層：全体の章立てとして「問題」「方法」「結果」「考察」と構成すべきことについてはすでに述べた。そこに小見出しを階層的に設けることで、理解しやすい文章になるだろう。まずは主張すべきことを小見出しとして書き出し、それをどのような階層を設けて並べれば筋が通り、理解しやすい文章になるのか考えることが重要だろう。小見出しの順番や階層は、執筆中、頻繁に入れ替わることになる。最終的には、小見出しは消すことになるだろうが、視覚的にも内容を整理しやすくなる。

スタイル機能：Microsoft の Word には「スタイル」という機能があり、「見出し1」「見出し2」…とフォーマットが用意されている。これらを各見出しに適用していれば、「ナビゲーションウィンドウ」をクリックするだけで図1のように構造が分かる。図1は、筆者が本書【4―2】で触れた論文を書く際に設定していた見出しである。最初からこのような構成になっていたわけではなく、分かりやすく説明するために、書くべきことを入れ替えていった結果、このような構造になった。

どこから書くのか：どこから書いても構わないが、経験的には「方法」や「結果」から書くのが簡単だろう。「方法」や「結果」は自分がおこなった事実を書くだけなので、どちらかと言えば書きやすい。それに対して「問題」や「考察」は、抽象度の高い理論の話と、具体的な研究の話をつなげなければならず、書き進めにくいだろう。たとえばB・フィンドレイは、論文全体の展開は、砂時計のようなイメージだと述べている[19]（図2参照）。「問題」部分では、一般的な議論や理論的な背景を踏まえ、徐々に具体・個別的な話につなげていく。「方法」や「結果」は必然的に具体的なことあるいは事実しか言及しないことになる。「考察」では、それらの具体的な結果から、研究の主張を導き、理論や事実を元に論理的に話を展開し、それを抽象度の高い一般論へと拡大していく。

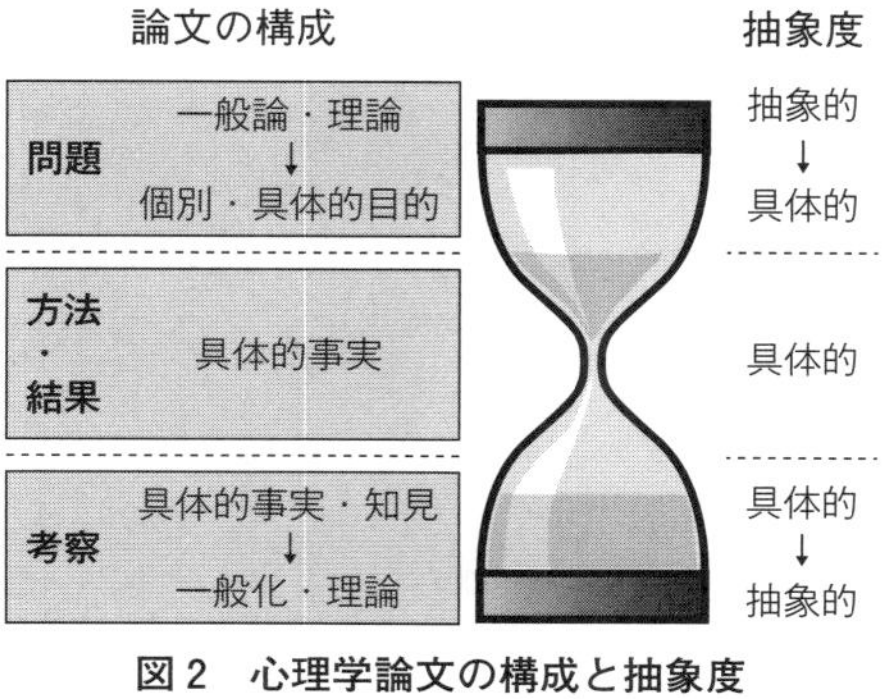

図2　心理学論文の構成と抽象度
（Findlay, B.（1993）より）

[19] Findlay, B.（1993）*How to write a psychology laboratory report*. Printice Hall of Austlaria Pty Ltd.［細江達郎・細越久美子訳（1996）『心理学 実験・研究レポートの書き方――学生のための初歩から卒論まで』北大路書房］

（3）執筆時間の確保とモチベーション

自分への戒めとも言えるが、論文や報告書はコツコツと書き進めることが重要だろう。論文や報告書を書くというのは、楽しくもありつつも、時にツライ作業でもある（その割合は人それぞれだろうが……）。少なくとも著者は、興味深い知見を得た時でさえも、論文や報告書を書きあげることができないことが多々ある。そんな時は、たいていが「忙しくって、論文を書く時間が取れないからだ」と思っている。しかし、シルヴィア[20]によれば、「論文を書く時間を作れない」というのは言い訳でしかなく、そもそも論文を書く時間は見つけるものではなく、授業と同じように、あるいは会議と同じようにあらかじめスケジュールに割り振っておくものだと断言している。割り当てた以上、死守すべきで、メールや事務処理、同僚のうちあわせも、その時間には行なわない。そして達成の記録をつけることで執筆作業を「習慣化」することが論文を書く秘訣だというのだ。その他にも論文や報告書を書き上げられない言い訳はいくらでもあるだろう。だが、この本では、そういった言い訳を1つ1つ論破してくれている。いくら良い研究を実施したとしても、あるいは、その書き方を熟知していたとしても、書き上げることができなければ、何の意味もないだろう。〔**岡本卓也**〕

［20］Silvia, J. P. (2007) *How to Write a Lot: A Practical Guide to Productive Academic Writing.* APA.〔高橋さきの訳（2015）『できる研究者の論文生産術——どうすれば「たくさん」書けるのか』講談社〕

おわりに

本書はコミュニティ心理学会の研究委員会（現：研究推進委員会）が中心となって、２０１２年に企画され、その後、刊行に向けて編集が重ねられてきたものです。学会の委員会活動は基本的にボランティアで、主に週末・休日を使って行われます。委員会の活動は、ともすると純粋な学術的な議論や研究関心をよそに、各種の運営作業に終始せざるを得ないことも多くなります。

このようななか、何かワクワクする新しいことを行うことで研究委員会という「ボランティア活動」を円滑にかつ有意義に行えないかと委員メンバーで考えたのがそもそもの出発点でした。当初は、委員会として定期的にワークショップを開催し会員のニーズに応える案や、より踏み込んで、対人援助やコミュニティ支援といった実践活動を中心にコミュニティ心理学に携わっておられる方々に対してインフォーマルな研究支援を行う案など、たくさんのアイデアが出されました。

最終的に実現可能で委員会として学会全体に貢献できるのは、学部生・大学院生をはじめとする初学者向けに実践研究に関する書籍を刊行し、まずはコミュニティ心理学の醍醐味を伝える機会を作ることではないかとなりました。また委員メンバーの研究活動を広く知ってもらう良い機会になるのではと考えました。

コミュニティ心理学への入り方、つまり研究関心のもち方は人それぞれ違うと思います。一方で、コミュニティ心理学の関連書籍を読み進めていくうちに、えも言われぬ興奮を覚え「これが私のやりたかった心理学だ！」と感じる方が少なからずいるのも事実です。そのような方々、特に初学者の方々に向けて本書を送り出し、持続可能・自立発展的なコミュニティ心理学研究の姿を模索することが研究委員会のミッションとなりました。そのようなミッションを実現すべく執筆に取り組んできました。

本書を刊行するにあたっては、多くの方々にお世話になりました。執筆にご協力いただいた学会員の皆様はもとより、ご支援をいただきました新曜社編集部の高橋直樹様には心よりお礼を申し上げます。

本書が、従来の心理学とはさまざまな面で異なるコミュニティ心理学の醍醐味を味わっていただくきっかけとなれば心より嬉しく思います。

２０１８年10月

コミュニティ心理学会研究委員会を代表して　安田節之

■さ　行

■た　行

索　引

川上華代（かわかみ・はなよ）【3－3】

東京経済大学学生相談室嘱託カウンセラー　カウンセリング心理学、思春期・青年期の心理臨床

石盛真徳（いしもり・まさのり）【4－1】【7－1】

追手門学院大学経営学部教授　コミュニティ心理学、社会心理学

岡本卓也（おかもと・たくや）【4－2】【7－4】

信州大学人文学部　社会心理学、人と場所の関わり

坂田哲人（さかた・てつひと）【4－3】【6－2（共著）】

帝京大学高等教育開発センター講師　組織開発、組織心理

中川浩子（なかがわ・ひろこ）【4－4】

聖心女子大学非常勤講師　コミュニティ心理学、フェミニストカウンセリング

小坂守孝（こさか・もりたか）【4－5】

北翔大学教育文化学部教授　コミュニティ心理学、産業臨床心理学

平野貴大（ひらの・たかひろ）【4－6】

大妻女子大学人間関係学部人間福祉学科助教　社会福祉学

高杉葉子（たかすぎ・ようこ）【5－2】

NPO 法人カウンセリング教育サポートセンター運営理事　臨床心理学、家族支援

久野光雄（くの・みつお）【6－1（共著）】

医療法人ラック心理士長　精神医学、コミュニティ心理学

上江昇一（かみえ・しょういち）【6－1（共著）】

NPO 星槎教育研究所研究員　特別支援、認知行動

竹内ゆり（たけうち・ゆり）【6－1（共著）】

西武文理大学学生相談室カウンセラー　学生相談

高橋美保（たかはし・みほ）【6－3】

東京大学大学院教育学研究科臨床心理学コース教授　コミュニティ心理学、ライフキャリアの心理学

藤後悦子（とうご・えつこ）【6－4】【6－5（共著）】

東京未来大学こども心理学部教授　臨床心理学、発達心理学

浅井健史（あさい・たけし）【6－5（共著）】

明治大学文学部兼任講師　アドラー心理学、グループ・アプローチ

三好真人（みよし・まさと）【7－3】

比治山大学大学院現代文化研究科講師　臨床心理学

著者紹介（執筆順）

武田信子（たけだ・のぶこ）【1－1】【6－2（共著）】
武蔵大学人文学部教授　臨床心理学、教師教育学、教育心理学

安田節之（やすだ・ともゆき）【1－2】【6－6】【7－2】
法政大学キャリアデザイン学部准教授　プログラム評価論、コミュニティ心理学

箕口雅博（みぐち・まさひろ）【1－3】【5－1】
立教大学名誉教授　コミュニティ心理学、多文化間心理学

高畠克子（たかばたけ・かつこ）【1－4】
前東京女子大学大学院教授　多職種との協働、ハラスメント等事案への円環的支援（予防・危機介入・後方支援）

久田　満（ひさだ・みつる）【1－5】
上智大学総合人間科学部教授　コミュニティ心理学、医療心理学

髙岡昂太（たかおか・こうた）【2－1】
産業技術総合研究所人工知能研究センター研究員　臨床心理学、確率モデリング

安田みどり（やすだ・みどり）【2－2】
立教大学現代心理学部心理学科特任准教授　コミュニティ心理学、臨床心理学

大林裕司（おおばやし・ゆうじ）【2－3（共著）】
一般社団法人心理支援ネットワーク心PLUS代表理事／コンサルタント　産業精神保健（EAP）、応用行動分析学

玉澤知恵美（たまざわ・ちえみ）【2－3（共著）】
一般社団法人心理支援ネットワーク心PLUSコンサルタント／カウンセラー　産業精神保健（EAP）、オンラインカウンセリング

吉武清實（よしたけ・きよみ）【2－4】
東北大学高度教養教育・学生支援機構名誉教授　臨床心理学、コミュニティ心理学

丹羽郁夫（にわ・いくお）【2－5】
法政大学大学院人間社会研究科教授　コミュニティ心理学、子どもの心理療法

榊原佐和子（さかきばら・さわこ）【3－1】
東北大学学生相談・特別支援センター特任講師　コミュニティ心理学、障害学生支援

西野明樹（にしの・あき）【3－2】【5－3】
認定特定非営利活動法人がんサポートコミュニティープログラムコーディネーター　臨床心理学、解決志向アプローチ

ワードマップ
コミュニティ心理学
実践研究のための方法論

初版第1刷発行　2019年2月22日

編　者　日本コミュニティ心理学会研究委員会
発行者　塩浦　暲
発行所　株式会社　新曜社
101-0051　東京都千代田区神田神保町3-9
電話 (03)3264-4973(代)・FAX(03)3239-2958
E-mail : info@shin-yo-sha.co.jp
URL : http://www.shin-yo-sha.co.jp/
印刷所　星野精版印刷
製本所　積信堂

ISBN978-4-7885-1587-1　C1011